IMAGE와
중국의 상형문자

IMAGE와 중국의 상형문자

한자와 한글은 사실 하나의 맥으로 통하고 있다고 필자는 생각한다. 모두 상형이되, 눈에 보이지 않는 것도 그려낼 수 있는 이미지의 힘을 이용한 것이다. 이미지는 눈으로 들어오되, 생각으로 그려지고 다시 손으로 나와 입으로 전해진다. 문자가 그렇다. 상형문자인 것이다.

김태완 저

증보판 머리말

진시황제는 최초로 문자를 통일한다. 전서(篆書)였다.

이 통일은 중국의 태초를 열었으며, 지금의 China이다. 그래서 그는 The Emperor of the First이다.

노신은 이 한자를 없애고자 한다. '한자불멸(漢字不滅), 중국필망(中國必亡)' 한자가 없어지지 않으면 중국은 반드시 망한다! 이 저주 같은 예언에도 한자는 살아 움직이는 생명체이기에 그 목숨 줄이 끊어지지 않았다. 오히려 한어병음을 장착한 간체자의 모양으로 살아남았으며, 여전히 힘찬 숨을 쉬고 있다.

한자를 통일하고자 했던 황제와 한자를 없애고자 했던 혁명가, 그러나 이들은 문자의 힘을 알았던 사람들이며, 그것을 통해 세상을 바꾸고자 했던 것이다. 마침내 간체자로 통일이 되었으나, 한자는 중국만의 문자로 고립되고 동시에 과거와도 단절되었다. 그래서 한자에 대한 애증이 교차한다.

이 애증을 어찌할 것인가?

이 지난한 문제를 조선에서 풀었다. 세종이며, 한글이다.

소리의 모양을 딴 부호로 만들어진, 또한 이것은 지배를 위한 문자가 아닌 해방을 위한 문자였다.

시황제의 백성은 문자로부터 괴리되어 지배를 받았으나, 세종의 백성은 문자를 깨우쳐 해방의 힘을 얻게 되었다. 그래서 6국을 멸한 최후의 제국 秦의 분서갱유조차 실현하지 못한 문자의 통일은 조용히 그러나 도도히 지금의 한반도에 이르고 있다.

한자와 한글은 사실 하나의 맥으로 통하고 있다고 필자는 생각한다.

모두 상형이되, 눈에 보이지 않는 것도 그려낼 수 있는 이미지의 힘을 이용한 것이다.

이미지는 눈으로 들어오되, 생각으로 그려지고 다시 손으로 나와 입으로 전해진다.

문자가 그렇다. 상형문자인 것이다.

2010년, 필자는 갑골문의 발현지인 허난성(河南省) 안양시(安陽市)에서 개최한 제2회 중국문자박물관 주관의 「문자와 민족문화」 학술대회」에 참석하였었다. 그런데 나시족(納西族)의 동파문(東巴文)과 수서(水書)에 대한 초보적인 연구 발표를 접한 중국 문자학자들의 반응은 '그런 문자가 있었나?', '참 신기한 문자로구나~' 등이었다. 반면, 2009년 발굴된 안양현(安陽顯) 서고혈(西高穴) 2호묘에서 발굴된 유물들은 위 무왕(魏 武王) 조조(曹操)의 무덤이며 복제나 위작이 아니라는 것을, 회의에 참석한 모두를 버스로 동원해서 발굴중인 명문(銘文)들을 보여주는 열성으로 주장했다.

그 진위를 떠나 중국은 한족 이외에 55개의 일명 소수민족으로 이루어진 국가이며, 그 소수민족은 자신들의 문자와 역사를 갖고 있었다는 것을 잊어서는 안 된다. 이 책에서 다루고 있는 동파문과 수서 그리고 사파문은 모두 어느 민족의 문자이다.

문자 없는 역사는 없다. 이는 곧 이들 나시족과 수족 그리고 이소인들이 자신만의 문자를 가진 고유의 민족이라는 의미이다. 문자는 역사이며 힘이었기에 그것들이 망각되거나 다른 민족의 힘에 의해 결코 사라져서는 안 된다.

이 책은 그렇게 시작되었다.

1부 「한자와 Image」는 상형문자로서의 한자가 특히 그 구조상 상형이 갖는 지대한 역할을 강조하였고, 육서에 대해 분석하였다. 한자를 투영하는 prism인 이 분석은 필자가 감히 자부하는 부분이기도 하다.

2부 「한자와 Typology」는 한자가 그 구성상 형태를 갖는 type이라는 측면에서 그 시작인 갑골문 이후 자신의 type을 어떻게 변형시켰는가를 분석하였다. 또 하나의 type인 훈글은 어떻게 '한자의 바다'에서 '훈글호'라는 배를 띄울 수 있었는지도 살폈다.

3부 「中國의 Pictograph」는 중국이라는 경내에 존재하는 고대의 갑골문과 동파문, 수시, 사피문이라는 아직 보편적으로 알려지지 않은 상형문자에 대해 서로의 연관성과 함께 분석하였다. 이 책의 고유한 특색이라 할 수 있겠다.

구판 『甲骨文과 中國의 象形文字』(학고방, 2012년 1월)와의 차이는 다음과 같다. 구판 제0장 「Image의 역할」은 증보판의 제1장으로, 구판 제1장 「甲骨文과 東巴文, 水書」는 증보판의 제7장 「東巴文과 象形文字」와 제8장 「水書와 象形文字」로 확충하였으며, 구판 제2장 「甲骨文과 象形文字」는 증보판의 제2장 「象形과 六書」로 흡수 및 확충하였다. 제3장 「東巴文과 象形文字」는 증보판의 제7장 「東巴文과 象形文字」로, 구판 제4장 「水書와 象形文字」는 증보판의 제8장 「水書와 象形文字」으로 확충하면서, 증보판에는 새로이 「沙巴文과 象形文字」를 제9장으로 추가하였다. 이외에 이 증보판에 새로이 추가된 장은 제2장 「象形과 六書」, 제3장 「漢字와 甲骨文」, 제4장 「漢字와 書體」, 제5장 「漢字와 한글」 등으로서 모두 5개 장이다.

증보판과 구판의 주된 차이는 한자의 이해 및 분석에 있어서 상형의 역할이 대단히 중요하다고 판단했기에 그 부분을 강조한 데 있다. 이에 자연스레 육서의 해석을 보다 정밀하게 할 필요와 당위성이 발생하였으며, 한자 이외의 사파문을 새롭게 추가하였다. 동시에 구판에서는 다소 부족하였던 육서를 전면적으로 보충한 점이 주된 차이이다.

끝으로, 증보판의 출간을 흔쾌히 허락해 주신 하운근 학고방 대표님께 다시 한 번 감사의 말씀을 드리며, 독자 여러분의 질정을 기다린다.

2014년 12월, 쌓인 눈이 방울방울 빛나는 오후의 용봉동 연구실에서.

구판 머리말 (『갑골문과 중국의 상형문자』 서문)

문자가 왜 필요했을까? 지식의 저장과 전달이라는 사전적인 정의를 차치하고서 던지는 우문이다.

어느 정도 진화에 성공한 인류는 아마도 뭔가를 표현하고 싶었을 것이라 추측해 본다. 격렬한 사냥터에서 동료를 잃고서야 겨우 포획한 들소와 창. 죽어서 조상신 곁으로 간 동료는 어떻게 표현하며, 나의 분신인 창, 그리고 날카로운 뿔이 섬뜩한 들소는 어떻게 표현할까? 죽음, 신, 동료, 창, 들소……. 우선 눈에 보이는 것들을 그대로 그려서 표현하기가 가장 쉬웠을 것이다.

그래서 '사람'은 선과 원으로 그리고, '동료'는 그가 좋아했던 장식과 문신으로 대체하고, '창'은 손잡이와 날을, '들소'는 누구는 전신을 누구는 머리를 그린다. '죽음'은 죽은 자의 뼈와 슬퍼하는 사람을 합치고, '신'은 제단의 모양과 신이라는 발음을 합쳐서 표현한다. 그리고 '창'은 곧 나 자신이 된다. 그들이 거주하는 동굴 벽에, 토기와 창에, 나의 몸에 그리고 새긴다.

이 그림들은 점점 많아지고 다양해져서, 여러 그림들 가운데 공통적인 특징만을 표현하고자 하는 약속이 필요하게 되고, 나아가 그림을 말로 설명하기 보다는 그들이 사용하는 소리로 그림을 대신하게 된다. 문자의 탄생이다.

사실 상형문자는 누구나 그 의미를 파악할 수 있도록 그 방법과 원리가 쉽고 간단해야 한다. 가장 원시적인 단계에서 발생하였기 때문이다.

甲骨文과 東巴文 그리고 水書도 학자들은 세밀하게 분석하지만, 그 원리는 하나다. 눈에 보이는 것을 그리는 것이다. 단, 손이 아니라 눈을 통과한 마음으로 그려냈다. 이때부터 객체[대상]가 아닌 주체[마음]로서 문자가 성립되고, 그 주체를 이해하기 위해 또 다른 객체가 필요하게 되는데, 이것이 典型이다. 그래서 象形은 典型이라 할 수 있다.

일반적으로 상형문자는 시각적이다. 卜(갑골을 불로 지질 때 갈라지는 모양과 소리-복), 雷(천둥 소리-뢰), 鍾(쇠북 소리-종) 등 일부 청각적인 현상을 반영한 글자가 있기는 하나, 근본적으로 청각적이지는 않다.

반면, 시각적이면서도 청각적인 글자가 있는데, 바로 흔글이다. 이 글자는 구강 안의 치아 그리고 혀의 위치와 모양을 형상화하였기에 그 이치를 알면 소리가 보인다. 사람의 입 안에서 벌어지는 발음을 눈으로 볼 수 있는 부호로 만든 것이다. 거기에 天(ㆍ), 地(ㅡ), 人(ㅣ)의 우주관을 반영한 모음까지 더하면 완벽한 문자가 된다. 눈에 보이는 소리, 귀에 들리는 모양!

이는 世宗이 고안한 象形의 典型이며 Design이다. 필자가 느끼기에 최근 타계한 스티브 잡스가 컴퓨터에 글꼴의 아름다움을 심었다면, 566년 전의 세종은 문자에 디자인의 혁명을 완성시켰다.

인류문명의 발전은 사실 디자인의 발전이라 해도 과언이 아니다. 수레가 땅 위를 달리기 위해서는 동그란 모양의 바퀴가 필요했고, 비행기가 하늘을 날기 위해서는 가느다란 유선 모양의 날개가 필요했다. 이 역시 모두 디자인이었다. 이 뿐만이 아니다. 의자는 인체의 선과 움직임을 가장 편하게 반영한 디자인이 고급이자 고가이며, 의복은 실용을 넘어 아름다울수록 소위 명품의 반열에 든다.

한글은 다이아몬드처럼 단순하기에 완벽하며, 상하좌우 대칭의 완벽한 기하학적인 구조이기에 간단하며 미래지향적이다. 그래서 사용하기에 더없이 편리한 한글은 인류사에 길이 남을 '아름다운 혁명!'이다.

상형문자의 모양은 곧 Design이며, 이것을 形象의 典型이라고 볼 때 디자인이 얼마나 중요한지 그 정도를 짐작할 수 있다. 甲骨文과 東巴文 그리고 水書는 디자인에서 일정 정도의 성과를 거두었다. 이 책은 이러한 원리를 중국의 상형문자에서 찾고자 시도한 글이다. 그러나 이 한 권의 책을 통해 그 원리가 명확하게 밝혀질 수는 없다. 필자의 미력함과 게으름이 주요 원인이겠지만, 동시에 인류학 및 고고학과 연관지어, 보다 더 광범위하면서도 심층적인 연구가 필요함을 절실히 느낀다.

『說文解字』를 쓴 許愼은 평생을 두고 탈고를 하지 않았다. 죽기 직전에야 아들에게 책의 進獻을 부탁하고 숨을 거두었다. 책의 군데군데에 '未詳'이라는 문구가 선명하다. 후학들의 완성을 기대한 것이다. 책의 서문이 작성된 것이 기원후 100년이니, 그가 죽고 나서 19세기 淸代의 許學과 段玉裁의 『說文解字注』까지 그의 바람은 지속되었다. 명작이란 이런 것이다. 결코 완성되지 않는 완성작!

이 책은 연구년차 방문한 미국 IOWA 州의 University of Iowa에서 작성하였다. 그러기에 이 책을 집필하는 동안 말없이 아이들을 돌보아 준 아내, 열심히 자신의 시간을 즐기는 은솔・은율・용하, 신자가 아님에도 미국 생활에 정착하도록 도움을 주신 아이오와 온누리 침례교회의 이종구 목사님과 정태식 목사님 및 교회의 여러분들, 초고를 마친 거친 글을 꼼꼼히 읽어 준 대학원생 변계현・임지영・설영화・권용채, 그리고 졸고를 출판하도록 선뜻 허락해 주신 사장님과 직원분들께 지면으로나마 깊은 감사의 말씀을 드린다.

2012년 1월 5일

목 차

제I부 漢字와 IMAGE ··· 17

제1장 IMAGE의 역할 ·· 19
　1. Image란 무엇일까? 　　　　　　　　　　　　　　20
　2. Image의 역할 및 능력-꽃이 되는 文字 　　　24
　3. 漢字에서의 Image 　　　　　　　　　　　　　　28

제2장 象形과 六書 ·· 33

제1절 象形이란? ··· 34
　1. 象形과 文字 　　　　　　　　　　　　　　　　　34
　2. 그렇다면 漢字는? 　　　　　　　　　　　　　　36

제2절 한자와 許愼 : 說文解字 그리고 六書 ············· 41
　1. 說文解字와 文字 　　　　　　　　　　　　　　　41
　2. 『說文解字』의 部首 　　　　　　　　　　　　　52
　3. 部首의 연변과 문제점 　　　　　　　　　　　　63

제3절 六書는 한자를 투영하는 PRISM ····················· 82
　1. 문자의 시작 　　　　　　　　　　　　　　　　　85
　2. 문자의 절정 　　　　　　　　　　　　　　　　　86
　3. 문자의 완성 　　　　　　　　　　　　　　　　　88

제4절 六書說 쉽게 풀기 ··· 89
　1. 六書說 　　　　　　　　　　　　　　　　　　　89
　2. 六書의 숨은 意味 　　　　　　　　　　　　　　91

제2부 漢字와 Typology ··· 103

제3장 漢字와 甲骨文 ·· 105

제1절 人類의 文字 ··· 106

제2절 甲骨文 ·· 108
  1. 甲骨文의 사용 시기 ······································· 108
  2. 漢字의 歷史와 甲骨의 發見 ······························ 109
  3. 龜甲獸骨文字 ·· 114
  4. 甲骨文에 담겨있는 文化 ·································· 120

제4장 漢字와 書體 ··· 127

제1절 字形의 演變, 배우의 얼굴 ······························ 128

제2절 古代 字形 ··· 130
  1. 甲骨文 Oracle bone script − 原形의 얼굴 ················ 130
  2. 金文 bronze inscription − 듬직한 모습 ················· 137
  3. 眞正한 統一의 完成 : 焚書坑儒 ························· 139

제3절 書同文字와 大篆, 小篆 ································· 144
  1. 書同文 정책의 배경 ····································· 144
  2. 篆書 Seal script − 화려하면서 세련된 황제의 얼굴 ······ 148

제4절 近代 字形 ··· 163
  1. 隸書 Clerical script − 화장을 처음 시작한 서민 ········· 163
  2. 草書 Cursive script − 추상화를 닮은 얼굴 ·············· 170
  3. 行書 Semi-cursive script − 신속하되 분명한 사진 ······· 173
  4. 楷書 Regular script − 모범 방정한 얼굴 ················ 176

　　　제5절　漢字와　言語政策 ·· 180
　　　　1.　言語　政策　　　　　　　　　　　　　　　　　　　180
　　　　2.　小篆과　隸變　그리고　繁體字와　簡化字　　　　　181
　　　　3.　簡化字,　지금도　필요한가?　　　　　　　　　　　187

　　제5장　漢字와　한글 ·· 201

　　　제1절　漢字와　世宗의　한글 ·· 202
　　　　1.　네모난　글자　　　　　　　　　　　　　　　　　　202
　　　　2.　漢字의　바다를　유유히　항해하는「한글」호　돛단배　207
　　　　3.　諺文,　그리고　隸書　　　　　　　　　　　　　　211

　　　제2절　朝鮮의『訓民正音』과　中國의　音韻學 ······················· 217

　제3부　中國의　Pictograph ··· 221

　　제6장　象形文字　甲骨文 ··· 223

　　　제1절　중국에　존재하는　문자-상형문자 ································· 224

　　　제2절　甲骨文과　象形字 ··· 226
　　　　1.　繪畫文字　　　　　　　　　　　　　　　　　　　227
　　　　2.　異體字　　　　　　　　　　　　　　　　　　　　229

　　제7장　東巴文과　象形文字 ··· 235

　　　제1절　納西族　및　東巴文의　起源 ·· 236
　　　　1.　納西族의　起源　　　　　　　　　　　　　　　　239
　　　　2.　東巴文과　東巴經　　　　　　　　　　　　　　　242

제2절 東巴文의 造字方法 및 特徵 ······················· 252
　1. 東巴文 造字方法에 대한 研究 — 發表 年代順　252
　2. 境界線에 서 있는 文字　281

제8장 水書와 象形文字 ····························· 291

제1절 水族과 水書 ································· 292
　1. 水族의 起源　292
　2. 水書의 意味와 水書의 內容　296

제2절 水書의 造字方法 : 自源字 ··················· 300
　1. 象形字　305
　2. 指事字　313
　3. 會意字　316
　4. 假借字　317
　5. 反書　319

제3절 水書의 造字方法 : 借源字, 拼合字 ············· 332
　1. 借源字의 造字방법　333
　2. 拼合字의 造字방법　335

제4절 甲骨文과의 比較 ····························· 338
　1. 水文과 古代漢字와의 연관　338
　2. 水文과 古代文化遺跡과의 비교　340

제9장 沙巴文과 象形文字 ························· 345

제1절 爾蘇人과 沙巴文 ····························· 346
　1. 爾蘇人　347
　2. 沙巴文　348

　　제2절 沙巴文의 특징 ·· 351
　　　　1. 沙巴文 單體字　　　　　　　　　　　　　　　351
　　　　2. 沙巴文 圖畫　　　　　　　　　　　　　　　　354
　　　　3. 沙巴文 字素　　　　　　　　　　　　　　　　357
　　　　4. 沙巴文의 造字방법과 表詞方式　　　　　　　365

　　제3절 東巴文과의 關係 ······································ 374
　　　　1. 東巴文은 沙巴文으로부터 발전해 온 것이다.　　374
　　　　2. 沙巴文과 東巴文은 동일한 문자로부터 발전해 온 것이다.　　381

부 록 • 383
　　　　『説文解字』의 540部首 ... 384
　　　　『康熙字典』의 214部首 ... 387
　　　　『漢語大字典』의 200部首 ... 390

일러두기_____

1. 현대 중국인의 인명과 지명 등은 한어병음에 기준한 우리발음으로 표기하였음.
   예) 윈난성雲南省

2. 현대 중국의 서명이나 논문 등은 우리말로 번역한 후 원제목을 병기하였음.
   예)『중국 고문자와 나시 동파문의 비교연구』漢古文字與納西東巴文的比較硏究

3. 이상 표기는 원제목이 간체자라 할지라도 번체자로 바꾸었음.

4. 단, 각주의 설명 부분에서는 번역 및 우리발음 표기가 없는 원제목 및 간체자를 그대로 사용하였음.

제1부

漢字와

IMAGE

제1장 IMAGE의 역할

1. Image란 무엇일까?

나는 지금 미국 IOWA주 Iowa시 University of IOWA에 연구년차 잠시 거주하고 있다. 여러 사람을 본다. 사람들의 얼굴이 제각각이다. 눈 코 입은 모두 같은데, 백인, 흑인 그리고 서양사람, 동양사람 나아가 아랍사람, 아프리카사람 등, 생김새가 모두 다르다. 그리고 그들의 얼굴만 보아도 그들이 대강 어디에 속하는지 나로 하여금 짐작을 가능하게 한다. 이처럼 얼굴은 그가 누구인지를 나에게 알려주는 것이다.

글자도 사람의 얼굴처럼 다르다. 영어는 옆으로 뉘어 쓰지만, 한자는 정방형의 네모꼴이다. 그래서 Iowa Public library는 가로로 새겨져 있지만 北京飯店베이징판뎬 간판은 세로로 길게 세워져 있다. 설령 가로세로의 구분이 없다 하더라도 일단 모양이 확연히 다르다. 다섯 살짜리 막내 녀석은 뜻과 발음은 몰라도 그것이 영어인지, 한자인지 그리고 난생 처음 보는 문자인지 금방 안다. 이처럼 글자의 모양도 그가 누구인지를 우리에게 알려주는 것이다.

모양은 단순한 모습이기 이전에 우리에게 분명한 역할을 하고 있다. 우리는 이것을 문자에서 확인하고자 한다.

한글은 그 원리를 알고 나면 그 숨은 과학성에 감탄하지 않을 수 없다. 바로 상형의 원리가 발음기호 속에 숨어 있기 때문이다. 아설순치후牙舌脣齒喉, ㄱㄴㅁㅅㅇ이 모두 구강口腔 안에서 '움직이고 만나며 터지고 부딪치는' 혀와 이와 입술과 목구멍의 모양을 본 뜬 것이지 않는가? 이처럼 소리를 상형한 글자가 한글인 것이다. 위대한 발상의 전환이며, 그래서 한글은 위대하다.

그러나 한글보다 훨씬 이전의 사람들은 산, 강, 사슴, 코끼리, 수레, 창 등 눈에 보이는 대상을 사실적·회화적으로 그렸다. 그것도 아주 순박하게 그렸다. 처음에는 동굴에 새기다가 점차 토기에 그렸으며 나중에는 파피루스나 갑골에 새겼다. 비단이나 종이에 새기기 시작한 것은 그 보다 한참 후인 기원 0년 전후의 일이다.

하지만 이들 모두가 문자인 것은 아니다. 동굴의 벽화는 형체와 의미는 있지만 발음은 없었을 것이다. 단순히 그림일 뿐이기 때문이다. 우리가 현재 smart phone의 어떤 어플application을 두고 그것을 발음으로 읽지는 않는 것과 같다. 토기에 새긴 그림도 마찬가지였다. 그러다가 이러한 그림 부호들이 어느 순간부터 발음을 갖게 되었을 것이다.

물론 발음은 그 전에도 있었겠지만 그 발음에 일대일로 대응하는 기호는 없었다. 예를 들어 동굴에 그려 놓은 소를 보자.

▷ **소와 사냥꾼** 기원전 1만 5000년경의 라스코(Lascaux) 암각화

    프랑스 중부의 몽띠냑Montignac이라는 시골마을에 위치한 위의 '라스코' 암각화에는 사람, 소, 창, 화살이 함께 그려져 있다.

    기원전 1만 5,000년의 구석기인들은 왜 그림을, 들소를 그렸을까? 이는 아마도 사냥의 성공을 기원하는 일종의 의식일 수 있다. 소에 창과 화살이 꽂혀 있는데, 이는 사냥에 성공하는 모습이자, 두려움의 극복이며, 생존을 위한 투쟁이자, 예술의 시작이다. 그런데 위 그림의 주인공은 그만 소뿔에 받히고 말았다. 소를 사냥하기는커녕 소에게 사냥을 당했다. 불쌍한 사람이다.

그런데 이때 누군가가 벽에 그려진 🐂를 평소에 사용하는 '소'라는 발음으로 불렀다면, 이 🐂는 형체와 의미와 발음이라는 세 요소를 갖춘 문자가 된다. 예술의 시작과 동시에 문자가 시작된 것이다.

이는 어떤 사실을 기록하고자 그 사물의 발음을 그림으로 그린 것과 마찬가지다. 이때 그 그림은 발음을 저장하는 역할을 한다. 마치 그림을 담은 mp3 파일과 같다. 나아가 이 발음은 다른 사람들에게 그대로 전해지는 기능 즉 매체媒體의 역할을 한다. 사람들은 사람과 소와 화살과 창을 별개로 그리기 시작했고 그것들의 발음과 함께 읽었을 것이다. 그림과 개념과 발음은 사실 동시에 발생했다 할 수 있다. 다만, 그것을 문자라 인식하지 못했을 뿐이다.

이처럼 image는 어떤 사물의 모습이기 때문에 그 자체로 의미가 되며, 그것에 발음이 부여되면 문자가 된다.

2. Image의 역할 및 능력 – 꽃이 되는 文字

시인 김춘수의 「꽃」은 다음과 같다.

꽃

김춘수(1952년경 발표)

내가 그의 이름을 불러주기 전에는
그는 다만
하나의 몸짓에 지나지 않았다.

내가 그의 이름을 불러주었을 때
그는 나에게로 와서
꽃이 되었다.

내가 그의 이름을 불러준 것처럼
나의 이 빛깔과 향기에 알맞는
누가 나의 이름을 불러다오. 그에게로 가서
나도 그의 꽃이 되고 싶다.

우리들은 모두 무엇이 되고 싶다.
너는 나에게 나는 너에게
잊혀지지 않는 하나의 몸짓이 되고 싶다.

'내'가 그의 이름을 불러 줌으로써 '꽃'이 존재의 의미를 갖
게 된다. 또 '나'도 '그'가 이름을 불러 줌으로 인해 부재와 허
무에서 벗어날 수 있음을 노래한 시이다. 혹은 사물의 실존철
학을 바탕으로 쓴 시라고도 하는데, 곧 언어가 존재에 미치는

영향을 말한다고 할 수 있다. 이때 '이름'은 '언어'에 다름 아니
고 언어는 곧 의미부여 행위의 매개체다.

  들판에 형형색색 피어 있는 꽃들은 제각기 이름을 가지고
있다. 사람들이 각각 다른 모습을 하고 있으면서 동시에 자신
들만의 고유한 이름을 가진 것과 같다. 사람과 꽃에 있는 이름
은 곧 발음이다. 이 발음은 의미 없는 바람의 소리가 아니라
누구이며 무엇인가를 구체적으로 지시하는 의미를 가진 발음
이다. 문자에서 발음이란 곧 의미를 담보할 때를 말한다. 김춘
수의 '꽃'이 누군가에게 불려 질 때 비로소 의미가 있는 것처
럼.

  사실 꽃은 곧 image이다. 꽃만의 향기와 자태와 연약함을
갖고 있는 image이다. 이 image를 누군가는 연인에게 바치는
선물로 활용하겠지만, 인류는 그전에 그 특성을 그림으로 그
렸고, 그것을 문자로 활용하였다. 들소도 마찬가지다. 상형문
자가 그렇다.

  상형象形, 즉 형체를 그려서 부호로 삼는 문자란 말인데, 이때
부호는 형체를 보여주는 부호이기도 하고, 동시에 발음을 들
려주는 부호이기도 하다. 두 가지 역할처럼 보이지만, 형체는
곧 의미를 나타내고 있기 때문에 부호는 세 가지의 역할을 동
시에 하고 있는 것이다. 꽃을 꽃이라 부르는 순간, 꽃은 문자가
되었다. 꽃이 된 문자이며, 문자가 된 꽃이다.

  이에 필자는 형체, 의미, 발음을 다음과 같이 정의한다.

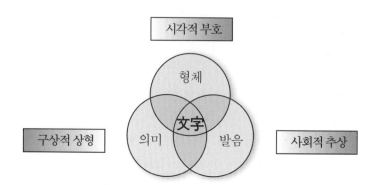

　문자는 형체, 의미, 발음이라는 세 요소가 공통으로 만들어
내는 산물이다. 이 세 가지는 각각 별개로 존재할 수 있다. 각
자의 기능이 있기 때문이다.

　형체는 눈으로 보이는 대상이기 때문에 그 자체적으로 실존
하고 있다. 그 실체를 정밀하게 그린 사실화가 아닌 대략적인
선과 점으로 표현하는 것, 형상形象을 전형화典型化하는 것, 그것
이 문자적인 형체이며, 곧 시각적 부호가 된다. 전형화典型化란
대상이 되는 사물의 특성과 성질을 가장 객관적으로 형상화形象
化하는 model이자 sample이다. 눈에 보이는 대상을 손이 아닌
눈으로 그려 다시 모두에게 보여주는 것이다.

　의미는 시각적 부호를 통해 우리에게 전달되는 '개념의 판
단'이다. [객관적 형체]에 [전형적 부호]의 과정을 거친 후 제

삼자가 보더라도 1차 조자자造字者의 의도와 일치해야 하기 때
문에 특정의 의미가 구상적具象的으로 표출된 것이며, 그래서 구
체적이고 곧 상형적이어야 한다. 이 개념의 판단이 우리가 '상
형적'인 '그림'을 보고서 우리의 두뇌에 떠오르는 '문자적'인
'의미'라 할 수 있다.

발음은 사실 필연적이지 않다. 꽃을 꽃이라 부르건 소라 부
르건 그것은 당연히 우연적이다. 이는 누군가에 의해 시작된
'꽃'이라는 발음이 내 친구에게 그리고 친구의 친구에게 전해
져 어느 순간부터 사회적인 약속이 된 것이다. 눈으로 보이는
부호이거나 구상적이지도 않는, 한 번 듣고 잊어버리면 다시
구현하기 어려운, 그래서 발음은 대단히 추장적임에도 불구하
고, 그 약속은 결코 깨지지 않았다. 즉 사회적으로 약속된 추상
이다. 한편, 이 지키기 어려운 약속을 확실히 하는 데 표음문자
는 대단히 실용적이었을 것이다.

위의 형체, 의미, 발음의 기능과 역할이 서로 합쳐져서 공통
되는 부분, 3자가 교차적으로 만나는 부분이 문자다.

3. 漢字에서의 Image

한자의 경우를 보자.

위의 표에서 일관되게 작용하는 한 가지가 있다. Image이다. 이것은 1인 2역을 넘어 1인 6역의 역할까지도 수행하고 있다. 우선 그는 한 몸에 의미와 발음이라는 두 얼굴을 하고 있다. 이때 의미는 누구나 공감할 수 있는 전형적典型的인 모습이어야 한다. 필자는 이것을 구상적 상형具象的 象形이라 명명하였다. 동시에 이 얼굴은 자신이 누구인가를 마치 이름표처럼 달고 다녀야 한다. 이것을 약속된 사회적 추상社會的 抽象이라 명명하였다.

물론 회화단계의 image는 아직 의미만 갖고 있었으나, 그것을 문자로 활용한 인류는 그에게 '발음'이라는 능력까지 부여하였다. 시각적 부호에 이 구상적 상형과 사회적 추상이 더해진 단계의 image가 문자, 즉 상형문자象形文字다.

한자에 비추어 image가 하고 있는 일들을 필자는 다음과 같이 정의한다. 미리 말하지만, 문자화文字化된 image는 기본적으로 시각적視覺的이며, 동시에 청각적聽覺的이다. 그래서 image의 능력은 실로 대단하다.

IMAGE의 1차적 역할

➡ 상형적 시각 | 지사·회의자의 의미 | 형성자의 형부

IMAGE의 2차적 기능

➡ 추상적 청각 = 상형적 발음부호 = 형성자의 성부

IMAGE의 3차적 확장

➡ 전주 : 1차적 역할[시각]의 극대화

　　가차 : 2차적 기능[청각]의 전문화

1차적으로, 상형적이어서 시각적인 image는 상형자가 된다. 그는 마치 사진처럼 그가 누구인가를 우리에게 보여주는 것이다. 이 상형자에 다른 부호가 더해져서 지사자가 되고, 상형적 부호들이 합쳐져 회의자가 된다. 그리고 이 역할은 형성자에서도 여전히 그 힘을 발휘해서 형성자의 형부形符의 역할을 수행하고 있다.

2차적으로, image의 역할은 이에 그치지 않고 그가 이름표처럼 달고 다니는 청각적인 그것, 즉 발음의 기능을 동시에 가지고 있다. 이 기능은 상형자를 눈으로 읽을 뿐 아니라 입으로 부를 수 있게 한다. 앞에서 말한 그 사진은 다시 청각적으로 우리에게 자신의 이름을 들려주어 그가 누구인가를 말해준다.

그런데 이때의 이름은 반드시 자신의 얼굴과 일치되는 발음이어야 한다. '김태완'이라는 얼굴이 '유지태'라는 이름을 대면 사람들이 헷갈리는 것과 같다. 이때의 얼굴은 고유명사로서

그의 이름과 같아야 하는 것, 곧 사회적 약속이다. 동시에 이 추상적인 청각은 사회적 약속이 되었을 때 이미 상형적인 발음부호가 되었다.

이는 시각을 청각화한 발상의 전환이라 할 수 있다. 그러나 이 시각과 청각은 본래부터 있었던 image의 기능이다. 다만, 이 두 가지 기능을 번갈아 사용하는 것이다. 그래서 엄밀히 말하면 발상의 전환이 아니라 능력의 재활용이라 보아야 맞다. 상형의 모습으로 발음기호의 역할을 하는 것이다. 역시 형성자에서 성부聲符로 기능하고 있다.

한자의 경우 위의 두 역할과 기능에만 머무르지는 않는다. 한자가 비록 5만여 자에 이르고 있지만, 다행스럽게도 인류의 모든 개념과 사물의 이름마다 글자를 만들지는 않았다. 다시 말해 한자가 다른 상형문자와는 달리 지금까지 살아남았고, 앞으로도 생존할 수 있는 숨은 힘이 바로 위 두 역할과 기능의 응용에 있다고 할 수 있다. 이는 곧 image의 응용이며, 확장이다.

본래는 하나였던 1차적 역할과 2차적 기능을 별개로 활용하였다. 즉, 1차 시각적인 역할을 극대화한 것이 의미의 인신引伸인 전주자轉注字이며, 2차 청각적 기능을 전문화한 것이 가차자假借字이다.

일단 전형화된 상형의 부호는 그 형상과 연관되는 다른 의미가 끝임 없이 첨가되게 된다. 수레바퀴가 흙길과 눈길을 구르고, 물줄기가 산과 계곡을 따라 흘러간다. 수천수만 번을 회전한 수레바퀴는 더 이상 애초의 모습이 아니다. 수많은 먼지

와 흙이 달라붙고, 또한 처음 출발했던 위치와 전혀 다른 곳에
와 있지만, 수레바퀴의 본질은 변하지 않았다. 수원水源에서 흘
러나온 한 방울의 물 역시 비를 만나고 썩은 나뭇잎을 만나며,
강을 지나 바다에 도달했지만 물은 여전히 물이다. 이것이 전轉
과 주注, 전주轉注다.

  상형적 의미와 결합한 발음은 필연적이지 않다고 했다. 다
만, 사회적 약속이기에 그것을 저버릴 수 없었던 것이다. 그러
나 한순간 그 약속을 위대하게 파기한 것이 가차假借이다. 역으
로 말하면 어떤 '글자'의 '발음'이 아니라, 본래부터 어떤 '발음'
의 '글자'였음을 다시 확인한 것이다. 때문에 결코 약속의 파기
는 아니다. 가차를 단순히 다른 글자의 발음만을 빌려 쓴 것이
라는 훗날 학자들의 견해는 발음과 기호의 선후 관계를 착각
한 것이다. 즉, 발음이 기호보다 먼저이다.

  어쨌든 사람들은 어떤 모양이든 상관없이 그 글자의 발음을
빌려 썼다. 대단히 편리한 방법이었을 것이다. 새로운 모양의
글자를 만들지 않고서도 다른 의미의 글자로 활용할 수 있는
것, 이는 상형의 본래 기능이었던 형상과 발음이라는 기능을
다시 한 번 전문적으로 활용한 것이다. 이것이 본래의 것이 아
닌 가짜[假가]를 잠시 빌려[借차] 쓴 가차假借다.

  그러나 한자는 형상으로 의미를 나타내는 문자이기에 '창'
(╪, 戈과) 모양을 두고서 '나'(扚, 我아)'라고 하는 데에는 한계
가 있었다. 사람들의 이러한 소위 약속 파기는 전문적이기에
대중적일 수 없었다. 큰 혼란을 야기할 수 있기에, 가차자는 그
수가 극히 적다.

제2장　象形과 六書

제1절 象形이란?

1. 象形과 文字

영희와 철수, 우리 모두는 각각의 문자이다. 얼굴이 있기 때문에 상형문자이자 표의문자이며, 이름이 있기 때문에 상형문자이자 표음문자이다. 꽃을 꽃이라 부르는 순간, 꽃은 문자가 되듯이, 꽃은 문자가 되었으며, 문자는 꽃이었다. 우리도 꽃이 된 영희와 철수이며, 영희와 철수 그들은 문자이다.

상형문자는 간단히 말하면 '사물事物을 본 떠 그 사물이나 그 것에 관련 있는 관념을 나타낸 문자'라고 할 수 있다. 더 쉽게 말하면 '그림으로 이루어진 문자이며, 그림 문자로부터 발전한 문자'라고 할 수 있다.

▷ 문자의 3요소와 Smart Phone의 아이콘

종합하면, 상형문자란 사물을 그림으로 본뜨고, 그 그림이 나타내는 의미와 그동안 사람들이 사용해 왔던 특정 의미를 말하는 발음이 결합된 것이다. 결국 [개념+그림+소리]라는 세 요소가 하나의 형체에 집약된 구조이며, 이것이 문자가 그 역할을 하고 우리 곁에 존재할 수 있는 필수조건이다.

그러나 상형象形이라 하면, 문자의 위 세 요소 가운데 그림이라는 의미에만 충실할 뿐, 소리를 나타낼 수 있다는 의미는 상실된 개념이다. 소리가 없는 문자는 문자가 아니라, Smart Phone의 icon 혹은 symbol과 같다. 아이콘은 형체와 의미는 있어도 그것을 읽거나 발음하는 소리가 없다.

때문에 상형문자라고 부르긴 하지만, 그것은 위 세 요소 가운데 상형의 기능이 특히 주요하게 작용하기 때문에 그 특징을 꼬집어서 부르는 명칭임을 우리는 전제로 설정해야 한다.

그렇다면 우리 인류에게 존재했거나 존재하고 있는 문자는 상형문자 이외에 어떤 문자가 있으며 한자는 어디에 속할까? 또 흔글은 어디에 속하는 문자일까?[1]

漢 汉 ABC देवनागरी 🚦 אלפבית ひ カ
字 字 αλφάβητο Кириллица أبجدية ら タ
⠠⠆⠄⠆⠄⠆⠄ ตัวอักษรไทย ᚠᚢᚦᚨᚱᚲ 한글 が カ
　　　　　　　　　　　　　　　　　 な ナ

1] 한글에 대해서는 제5장 '漢字와 한글'에서 다루고 있다.

2. 그렇다면 漢字는?

인류가 사용해 왔거나 사용하고 있는 문자의 수를 세자면 대단히 많을 것이다. 그러나 문자를 이루고 있는 요소를 기준으로 한다면, 다시 말해 문자의 기능에 의해 분류한다면 그다지 어렵지 않다. 즉, 형形·음音·의意 가운데 우선 형체가 없이는 문자라는 자체가 성립되지 않으므로 형체는 기본으로 설정하고 나서, 상대적으로 음音[sound]을 중시하느냐, 아니면 의意[meaning]를 중시하느냐로 구분하면 된다.

위의 구분에서 일반적으로 전자는 표음문자表音文字라 하며, 후자는 표의문자表意文字라 한다. 표음문자의 대표적인 예는 영어를 들 수 있으며, 표의문자의 대표적인 예는 한자를 들 수 있다.

한자는 개념을 그림 즉 형체로 나타내고 있기 때문에, 형체를 보면 의미를 알 수 있다. 반면 영어는 개념을 소리에 담고 있기 때문에 형체를 보면 곧바로 발음을 낼 수 있다. 그러나 과연 한자를 보면 그 의미는 알 수 있되, 소리는 알 수 없는가? 마찬가지로 영어도 발음만 알 수 있되 의미는 알 수 없는가?

사실 표음문자 혹은 표의문자라는 용어는 형形·음音·의意라는 세 요소 가운데 주로 작용하는 어느 한 요소를 강조한 표현일 뿐, 오로지 표음이나 표의만을 전적으로 나타내는 문자란 존재할 수 없다. 즉, 한자는 표의의 기능이 부각되면서 동시에 표음의 기능도 갖고 있다.[2]

지금까지 장황한 이야기를 늘어놓은 이유가 바로 여기에 있

2] 영어를 표음문자라 부르는 것 역시 표음의 기능을 부각시킨 표현이다.

다. 한자는 분명 상형문자이지만 한편 형성形聲이라는 조자造字 방법으로 이루어진 글자들이 있다. 이때 형形은 의미를, 성聲은 소리를 담아내고 있는 것이다. 동시에 소리를 담당하는 부분도 사실은 그림으로서의 상형이다. 결국 상형은 단독으로는 의미를 나타내며 동시에 소리까지 담당하고 있기 때문에 한자는 상형으로부터 시작해서 상형으로 끝나는, 그래서 상형이 가장 기본인 문자이다.

한자는 상형자로부터 시작해서 현재 상형자로 존재하고 있다. 물론 현재의 한자는 육서로 구분하여 볼 때 형성자가 약 70% 이상을 차지할 정도이다. 이렇게 압도적으로 많다면 한자를 상형문자가 아닌 형성문자라 불러야 할 것이다. 그러나 그럼에도 불구하고 한자를 상형문자라 부르는 이유는 다음과 같다.

첫째, 우선 한자漢字는 그 시작이 갑골문甲骨文이라는 상형문자象形文字 단계로부터 출발하였기 때문이다. 이는 다른 고대 문명권에서 처음 사용된 문자가 상형문자라는 점과 같다.

둘째, 한자는 상형이라는 독체자獨體字를 근간으로 한다. 지사자指事字는 상형자에 추상적인 기호가 부가된 것이며, 회의자會意字는 의미 부호인 상형과 역시 의미부호인 상형이 결합하여 제3의 의미를 만들어 내는 데 성공한 조자방법이며, 형성자形聲字 또한 형부形符와 성부聲符라는 그러나 그것이 의미와 소리를 나타내기 이전에는 역시 독체獨體의 상형자였던 부호들이 결합하여 이루어진 글자이다.

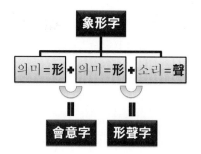

▷ 상형의 역할

다시 말해 상형은 대단히 Multiple하여서 단독으로 의미와 소리라는 두 가지 기능을 동시에 수행하고 있다.

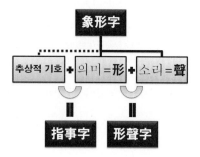

▷ 상형자와 회의자,
   형성자의 관계

▷ 상형자와 지사자,
   형성자의 관계

그리고 이 의미와 소리를 동시에 담당하고 있는 상형자가 의미만을 결합시킨 방식이 회의자會意字이며, 의미의 기능만을 담당하는 상형자에 소리를 담당하는 상형자를 결합시킨 글자가 곧 형성자形聲字이다. 이 형성자는 대단히 Smart하다고 할 수 있는데, 단독으로 의미와 소리라는 두 가지 기능을 담당하기에 힘이 벅찼던 상형자의 역할을 각각 나누어, 한 쪽은 의미만을, 그리고 새로이 결합된 다른 한 쪽은 소리만을 담당하는 구조로 이루어졌기 때문이다. 이러한 방식은 대단히 실용적이라 할 수 있는데, 새로운 의미의 글자를 만들어야 할 때, 의미 부분[形형]은 부수部首로 작용하고, 소리 부분[聲성]은 의미와는 아무런 상관이 없는 그저 새로운 글자의 발음을 나타내는 어떤 상형자라도 붙이면 되기 때문이다.

또한 지사자指事字는 상형에 선이나 점과 같은 추상적 부호를 더하여 주로 눈으로 볼 수 없는, 즉 상형으로 표현해 낼 수 없는 의미를 담아내고 있다.

결국 지사자, 회의자, 형성자는 모두 상형이라는 부호를 어떻게 활용했느냐에 따라 그 구조와 역할이 달라진 것일 뿐이다. 이때 상형은 지사자와 회의자에서는 의미부호로서도 작용했지만 형성자에서는 소리부호로서도 역할을 하고 있다. 사실 아무리 회화적인 문자여서 한 번 보아 그 의미를 알 수 있는 것이라 하더라도, 이는 본래 소리를 기록하기 위한 수단이었음을 우리는 결코 간과해서는 안 된다. 알파벳 문자로 대표되는 표음表音문자는 소리를 담는 부호가 그림이 아닌 추상적인 기호記號였다는 점만 다를 뿐이다. 초기 인류에게 소리를 담는 부호는 그림이 가장 쉽게 쓸 수 있는 글자였기 때문이다.

전주자轉注字는 독체의 상형자에 여러 의미가 붙어나는 것이며, 가차자假借字는 상형자의 본래 기능이었던 표음문자로서의 역할을 재확인 한 것이다.

그렇기 때문에 한자는 시기적으로나 구조적으로나 상형으로부터 시작해서 상형으로 완성되는 문자라 할 수 있다. 또한 갑골문의 상형자가 어떻게 구성되어 있는가를 살피는 것이 허신의 육서를 넘어 한자의 구조를 살피는 데 매우 중요하다.

이상 한자를 '상형문자'라는 의미에서 살펴보았는데, 결과적으로 한자는 상형의 기능에 충실하기 때문에 상형문자라고 부르고는 있지만, 이 상형문자라는 표현에는 한자의 대다수를 차지하는 형성자처럼 소리의 기능이 부각되지 않는다. 그렇기 때문에 현재는 한자를 상형문자라는 표현 대신 '표어문자'[表語文字(＝單語단어, word)], 즉 한 글자가 하나의 단어가 되는 문자]라고 부르고 있다.[3]

3] 標語文字라고도 하는데, 같은 표현이다.

제2절 한자와 許愼 : 說文解字 그리고 六書

1. 說文解字와 文字

1) 說解, 文字

『설문해자』說文解字[1]는 자서字書이다. 현재의 관점으로 보면 자전字典이다. 글자 하나하나에 간단한 뜻풀이와 그 글자의 구조를 밝힌, 사실 현대적 자전의 시초임에 틀림이 없다. 물론 이 이전에도 자전은 있었다. 『이아』爾雅[2]가 대표적인데, 이 책은 큰 주제를 세우고 그 주제와 연관된 단어들을 모아 엮었는데, 각각의 글자들은 다시 그와 유사한 의미의 다른 글자로 풀이를 하고 있다. 이를테면 현재의 백과사전과 유사하다.

반면 『설문해자』는 주제를 다른 방식으로 설정했다. 바로 부수部首이다. 이 540개의 부수는 사실 당시 한대漢代에 유행했던 음양오행陰陽五行 사상이 반영된 철학적 분류이자, 허신의 세계관 혹은 우주관이다. 이 분류 속에 글자들을 엮고 다시 그 글자들을 풀이했으니, 『이아』와는 그 체제와 방식이 사뭇 다르다. 그래서 『설문해자』는 자전의 시효라고 해도 과언이 아니다.

책 제목인 『說文解字』설문해자는 다시 풀어 보면 설해說解와 문자文字이다. 설해說解는 우리에겐 해설解說이라는 말로 이해할 수 있는데, 그것이 각각 분리되어 있다. 즉 文문은 說설하고 字자는 解해한다는 뜻이다. 또한 『說解文字』설해문자도 아니다. 이는 說설

1] 後漢, 和帝 永元 十二年, 즉, 기원후 100년에 출간됨.
2] 저자는 周公이 편찬했다는 학설이나 孔子의 門下에서 편찬되었다는 학설 등이 전해진다. 그러나 오늘날에는 춘추전국시대에 이루어진 古典의 語義 해석을 바탕으로 前漢에 이르러 형식이 완성된 것으로 보고 있다.
　『漢書』·「藝文志」에는 3卷 20篇이라고 기록되어 있지만, 오늘날 전해지는 판본은 「석고(釋詁)」, 「석언(釋言)」, 「석훈(釋訓)」, 「석친(釋親)」, 「석궁(釋宮)」, 「석기(釋器)」, 「석락(釋樂)」, 「석천(釋天)」, 「석지(釋地)」, 「석구(釋丘)」, 「석산(釋山)」, 「석수(釋水)」, 「석초(釋草)」, 「석목(釋木)」, 「석충(釋蟲)」, 「석어(釋魚)」, 「석조(釋鳥)」, 「석수(釋獸)」, 「석축(釋畜)」의 19편으로 구성되어 있다.

과 解해, 그리고 文문과 字자가 각각 별개의 의미로 존재했음을 암시한다. 무엇일까?

허신이 생각한 의미를 살펴보자.

 說 : 說釋也. 从言兌. 一曰談說. (失爇切. 又, 弋雪切) [卷三·言部]

　　해석 : 說설은 喜悅희열의 의미이다. 言언과 兌태로 이루어져 있다.[회의자] 다른 한편으로는 담설談說의 의미 즉 '이야기하다'로 풀이하기도 한다. (失爇切실설절의 shuō이거나 弋雪切익설절의 yuè이다.)

　　보충 : 단주段注에서도 說釋설석은 悅懌열역(기뻐하다)이라 풀이하면서 說釋설석과 悅懌열역은 모두 고금자古今字로서 許書허서에는 悅열과 懌역 두 글자가 없다고 했다.

文 : 錯畫也. 象交文. 凡文之屬皆从文. [卷九·文部]

　　해석 : 교차해서 그리는 것이다.[상형자] 마치 문양을 교차하는 것과 같다. 대개 文문의 부류는 모두 文문을 따른다.

　　보충 : 단옥재는 錯착을 道(섞을 착)으로 써야 한다고 하면서, 道畫착화의 시작이 文문의 본의이며, 紋문(무늬 문)은 文문의 속자俗字라고 했다.

解 : 判也. 从刀判牛角. 一曰解廌, 獸也. (佳買切. 又, 戶賣切) [卷四·角部]

해석 : 나누는 것이다. 칼로 소뿔을 나누는 구조이다.[회의자] 다른 한편으로는 解廌해치[zhì][3]라는 짐승의 이름이다. (분해의 의미로는 佳買切가매절의 jiě이며, 해치의 의미로는 戸賣切호매절의 xiè이다.)

字 : 乳也. 从子在宀下, 子亦聲. [卷十四·子部]

해석 : 젖을 먹이듯이 생육하는 것이다. 子자가 宀면 아래에 있는 구조[회의자]이며, 子는 또한 성부聲符[형성자]이기도 하다. [회의+형성=회의겸형성자]

이상의 풀이를 종합해 보면, 說설은 '이야기하듯이 설명하다', 解해는 '나누고 쪼개어 분석하다'로 이해할 수 있다. 그리고 文문은 '무늬나 문양을 그리듯이 그린 일차적인 문자'이며, 字자는 '아이가 젖을 먹고 자라며 또 집 안에서 성장하듯이 점차 그 수가 불어난다.'라는 의미로 이해할 수 있다. 허신도 서문에서 '文者문자, 物象之本물상지본. 字者자자, 言孶乳而浸多也언자유침다야.(文문이란 物象물상의 본래 모습이며, 字자란 아이가 태어나 젖을 먹으며 점점 자라는 것과 같다.)'라고 하였듯이, 그는 文문을 說설하고 字자를 解해한다는 의미로 책의 제목을 삼은 것이다.

2) 文과 字

여기에서 잠시 문文과 자字에 대해 이야기를 할 필요가 있다. 허신이 서문에서 문과 자에 대해 정의를 내린 부분은 다음과 같다.

3] 사자와 비슷하나 머리 가운데에 뿔이 있다고 한다. 한자어로는 해치(獬豸)라고 하며, 우리는 해태(獬豸)라 부른다.

倉頡之初作書, 蓋依類象形, 故謂之文. 其後形聲相益, 卽
謂之字.

(蒼頡창힐이 처음 문자를 만들 적에는, 생각건대 종류에
의거하여 보양을 본떴을 것이다. 그러므로 이것을 '文'문
이라 일컫는다. 그 후에 形旁형방과 聲旁성방이 서로 보충
하니 이것을 '字'자라고 부른다.)

이를 풀어 설명하자면, '무늬 문[紋]·문[彣]'과도 발음이 같
아 무늬의 뜻을 갖고 있는 '文'문이란 문자가 처음 만
들어질 당시의 가장 원초적인 단계의 문자이다. 이
'文'문은 '日일·月월·山산' 등 사물의 모양새를 그대로

△ '文'의 甲骨文

본뜬 상형자象形字와 '上상·下하' 등과 같은 추상적 개
념을 나타내는 지사자指事字로 나눠진다.

그리고 '낳을 孶자'와도 발음이 같아 번식의 뜻을
갖고 있는 '字'자는 '文'문을 기초로 하면서 그것들이
결합되어 만들어진 문자이다. 이 '字'자는 '江강·河하'

△ '字'의 金文

처럼 형부形符인 氵수(=水수, 川천)와 성부聲符인 工공
과 可가가 결합되어 이루어진 형성자形聲字와, '武무·信
신'처럼 두 개의 형부인 '文'문을 합체合體[4]시켜 새로운 개념을
만들어내는 회의자會意字로 나눌 수 있다.

허신은 참조하지 못했지만, 갑골문의 文을 보면 그 모양과
본의가 사람의 가슴에 문신을 새겨 놓은 것을 그린 글자이다.
문양文樣 혹은 무늬는 곧 그림이며, 이는 어떤 사물을 그림으로
그린 글자이다.

4] 信=亻+言, 武=戈+止의
　　방식.

그런데 字자는 갑골문으로는 아직 발견되지 않았으며, 아마 존재하지 않았을 것으로 추정된다. 이는 원초적인 단계의 文문이라는 개념으로만 문자가 존재했을 갑골문 시기의 정황이 그대로 반영된 것이라 하겠다. 이 字자는 금문 단계에서도 여전히 ⌒면과 子자의 결합이다. 기원전 2세기의 문헌으로 알려져 있는 『역경易經·둔괘屯卦』에도 '女子貞不字여자정부자,　十年乃字십년내자.' (여자가 곧아 자식을 낳아주지 않고 비로소 10년은 흘러야 자식을 낳아줌이라.)라 하고 있듯이 '자식을 낳다'라는 의미로 사용되었었다.

| 甲骨文 | 金文 | 小篆 | 楷書 |

▷ 갑골문과 금문의
文과 字

이 文문이란 존재는 사실 그 능력이 막강하다. 단독으로 의미를 나타내는 형부의 역할을 하지만, 동시에 발음부호의 역할을 하고 있다. 사실 형부이기 이전에 그는 성부였다. 인류가 문자를 만드는 원인은 지식의 저장과 전달이라는 기능 때문이지만, 애초에는 서로 대화하는 과정에서 부르는 명칭을 부호로 새긴 것이다. 반드시 선후의 관계가 엄밀한 것은 아니지만,

인류는 동굴에 그날 사냥할 그림을 그려 성공과 안전을 기원했고, 그 그림을 자신들이 부르는 명칭으로 불렀을 것이다. 이 그림이 발음부호가 되고 그것이 곧 문자의 탄생이자 완성이다. 다시 말해 상형부호인 文문은 발음을 나타내는 부호이자 의미를 나타내는 부호의 두 가지 역할을 동시에 수행하고 있는 것이다.

　한자가 상형문자인 이상 文문에는 어떠한 형체가 반드시 있기 마련이다. 그리고 이 형체는 또한 의미를 담고 있다. 상형문자이기 때문이다. 나아가 이 文문들은 독자적인 활동을 넘어서서로 합쳐서 새로운 의미를 나타내기도 하며, 원래는 1인2역의 역할이었던 부담을 형부면 형부의 역할만을, 혹은 형부와 성부의 역할만을 개별적으로 맡는 1인1역으로 나누어 갖게 된다. 곧 회의문자와 형성문자로의 확장이다.

　이러한 문의 기능과 역할을 허신은 일찍이 간파했다. 그래서 허신은 한자가 그 형체와 의미 사이에 밀접한 연관성이 있다는 사실에 근거하여 소전小篆과 때로는 대전大篆 등 고대의 자형을 분석하여 조자造字의 근본을 확정하고, 그것을 한자 분류의 기초로 삼았다. 그 분석은 비단 더 이상 나눌 수 없는 없는 '文'문 즉 獨體字독체자뿐만 아니라 그로부터 파생된 '字'자 즉 合體字합체자의 근본에까지 미치는 광대한 작업이었다.

3) 『說文解字』

5] 徐鉉의 대서본에서 각 권을 上·下로 나누어 총 30권으로 되었다.

『설문해자』는 정문正文 14편篇, 권말의 서敍와 목록目錄 1편篇의 총 15편으로 이루어져 있다.5] 540개의 부수部首로서 편제를 삼고 있으며, 모두 9,353자를 표제자[6]로 분석하면서 소전小篆과 자체가 다른 혹체자或體字(古文고문·籒文주문)인 중문重文, 즉 이체자異體字 1,163자를 수록하고 있다. 해설에 사용된 글자는 총 133,441자이다.

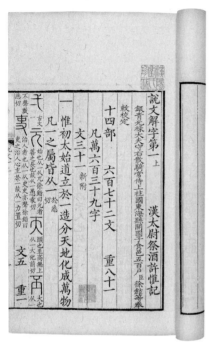

△ 徐鉉의 『說文解字·大徐本』(원본)

안타깝게도 원서는 이미 전하지 않는다. 다만, 송초宋初의 서현徐鉉(916~991년)·서개徐鍇(920~974년) 형제가 각각 교정한 『대서본』大徐本(986년)과 『설문해자계전(일명 소서본)』說文解字繫傳(一名 小徐本)이 전하며, 이 판본이 현재로선 가장 오래된 판본이다.

연구총서로는 『설문해자고림』說文解字詁林(1928년)[7]이 있으며, 지금까지 가장 뛰어난 주석본으로 평가받고 있는 청대淸代 단옥재段玉裁(1735~1815)의 『설문해자주』說文解字注를 비롯하여, 계복桂馥(1736~1805)의 『설문해자의증』說文解字義證과 왕균王筠(1784~1854)의 『설문구두』說文句讀, 그리고 주준성朱駿聲(1788~1858)의 『설문통훈정성』說文通訓定聲 등이 허학許學의 정수를 잇고 있으며, 이들 네

6] 사실 『說文解字』에 수록된 글자 수는 기원전 100년에 써진 「序文」에는 正文 즉 표제자 9,353자(重文 1,163자, 解說字 133,441자)라 하였으나, 그 이후 宋代 徐鉉의 이른바 『大徐本』은 正文 9,431자(=78자 증가, 重文 1,279자, 解說字 122,699자)를 수록하고 있으며, 淸代 段玉裁의 『說文解字注』는 正文 9,447자(=『說文』원본보다 94자 증가, 『大徐본』보다 16자 증가, 重文 1,280자, 解說字 122,699자)를 수록하고 있다.
　　이렇게 원본에 비해 글자 수가 증가한 것은 첫째로는 허신이 직접 추가한 까닭, 즉 「序文」을 작성하고 실제로 『說文』을 세상에 발표한 것이 그로부터 약 22년 후의 일이므로, 허신은 죽기 전까지 글자를 추가했을 가능성이 크다. 둘째, 후인들이 추가한 까닭이다. 徐鉉이 19자를 증보했다고 직접 밝힌 이외에 단옥재나 桂馥(1736~1805) 등이 『說文解字』 주석서에 글자를 추가하였다. 이 사항은 그들의 주석서에 모두 언급하고 있다.

7] 작자 丁福保(1874~1952)는 182종 1036권의 『설문해자』 주석서와 『설문해자』를 연구한 저작을 참조하여 30년에 걸쳐 18,500여 페이지에 달하는 대작을 완성하였다. 民國17年(1928년) 출판.

명의 학자를 흔히 '설문사대가'說文四大家라 부른다.

그런데 이 9,353자는 어떤 의미가 있을까? 당시 동한東漢시기에는 법률의 일종인 위율尉律에 따라 17세 이상이 된 자는 한자 시험을 치러서 9,000자 이상을 읽고 쓸 줄 알면 군현郡縣의 사史[서기관]로 채용하고, 중앙 정부의 장관이 '진서팔체'秦書八體에 관한 시험을 치르게 하여 그 중 성적이 우수한 자는 상서尙書[궁중에서 문서의 통지를 담당하는 직책]의 령令[과장 보좌직책]에 임명하는 제도가 있었다. 추측컨대 한자 시험 대상인 9,000자는 당시의 지식인들이 알아야 하는 개수이며, 허신은 그것을 대상으로 하였을 가능성이 크다. 이는 다시 말하면 당시에 통용된 한자의 개수이기도 하다.

진서팔체는 『설문해자·서』에 따르면 진秦에는 그 용도에 따라 8종류의 서체가 공적으로 쓰이고 있었다고 한다. 즉, ①대전大篆 ②소전小篆 이외에 ③각부刻符[부절符節] : 나무나 두꺼운 종이쪽지에 글자를 적고 도장을 찍은 뒤에 이를 둘로 쪼개서 각각 보관하였다가 후에 증거로 삼는 부신符信 ④충서蟲書[일명 조충서鳥蟲書] : 깃발, 칼, 창 등에 신호용으로 써 넣은 문자의 서체를 말하며, 다른 서체와 견주어 볼 때 글자마다 새의 형상을 갖추고 있으므로 이를 가리켜 조충서 또는 조전鳥篆이라고도 한다. ⑤모인摹印 : 인장印章을 새길 때 쓰이는 서체 ⑥서서署書, 편액용으로 쓰는 표제용表題用의 서체 ⑦수서殳書 : '수'殳는 병기를 의미하므로, 일체의 병기에 쓰인 글자 그리고 ⑧예서隸書이다. 단, 각부刻符와 서서署書는 당시의 부절이나 편액이 남아있는 것이 없어서 어떤 서체인지 예증하기 어렵다.

△ 摹印

△ 蟲書　△ 殳書

잠시, 비록 원본은 망실되었지만 『설문해자』 '대서본'의 첫
페이지를 감상해 보자. 오른쪽부터 해석한다.

旁　帝　丄　吏　丕　天　元　一

說文解字弟一上

漢 太尉祭酒 許愼 記

宋 右散騎常侍 徐鉉 等 校定

十四部　六百七十二文　重八十一

凡萬六百三十九字
文三十一新附

一　惟初太始道立於一造分天地化成萬物凡一之屬
皆从一 於悉切　弌 古文一

元　始也从一从兀 徐鍇曰元者善之長也故从一 愚袁切
古文一

天　顚也至高無上从一大 他前切
《說文一上　一部　上部》一

吏　治人者也从一从史史亦聲 徐鍇曰吏之治人心主
於一故从一 力置切

丕　大也从一不聲 敷悲切
文五　重一

丄　高也此古文上指事也凡丄之屬皆从丄 時掌切
上　篆文丄

帝　諦也王天下之號也从丄朿聲 都計切 古文帝古

文諸丄字皆从一篆文皆从二二古文上字辛示辰

旁　溥也从二闕方聲 步光切 古文旁 亦古文旁
龍童音章皆从古文丄

雱　籒文

[『說文解字』 第一 上]: 설문해자 15권 가운데 1권이며, 上상
은 徐鉉서현이 각 권을 상하로 분류했다는 의미이다.

[漢 太尉祭酒 許愼 記]: 한나라의 벼슬이 태위좨주인 허신
이 썼다. 즉 원저자를 밝히고 있다.

[宋 右散騎常侍 徐鉉 等 校定]: 송나라의 벼슬이 우산기상시
인 서현 등이 글자의 오자나 오류 등을 정정하여 정했다.

[十四部 六百七十二文 重八十一] : 이 1권이 포함하는 부수는 14개이며, 표제자는 672개, 그리고 중문 즉 이체자는 81개이다.

[凡萬六百三十九字] : 권1에는 해설된 글자를 포함해서 모두 10,639자가 쓰였음을 나타낸다.

[文三十一 新附] : 권1에는 총 31개의 새로 추가된 글자가 있다는 의미이다. (신부자는 서현 등이 『설문해자』를 교정하면서, 송초에 통용되고 있지만 『설문해자』에 빠져있는 글자를 보충했다.)

여기까지가 권1의 체제를 설명한 부분이며, 그 다음부터는 본문으로서 각 글자와 그 의미를 설명하고 있다. 一일과 元원 두 글자만 보겠다.

[一 一 惟初太始, 道立於一, 造分天地, 化成萬物. 凡一之属皆从一. 於悉切. 弌, 古文一.]

· 一 : 표제자이다. 서현 시기에 추가된 해서의 인쇄체이다.
· 一 : 소전체이다. 설문 원본에 실려 있었을 것이다.
· 惟初太始 … 化成萬物. : 一일에 대한 설명이다.
· 凡一之属皆从一. : 부수 一部일부에 속하는 글자들은 모두 一일을 따른다. 즉, 一일을 부수로 삼는다는 의미이며, [凡범 X之屬皆从지속개종X]의 형식은 각 부수자에 빠짐없이 들어가는 말로 이 글자가 부수자임을 밝히는 말이다.
· 於悉切 : 반절反切이다. 반절은 위진남북조시기에 비로소

생겼는데, 발음을 나타내는 방법이다. 간단히 보면, 於['어'의 초성 'ㅇ']+悉['실'에서 초성을 제외한 나머지 부분, 'ㅣㄹ'(悉은 제1성)]=[일, yī]이다. 허신의 원본에는 없던 부분으로서, 서현 등이 당唐의 손면孫愐이 지은 『당운』唐韻[8]의 반절음을 인용한 것이다. 그런데 반절이 표기된 이 대서본大徐本은 사람들에게 대단히 환영을 받았을 것이고, 이 때문에 원본이 망실되었을 가능성이 크다.

· 弌, 古文一. : 弌일은 고문이며 곧 一일이다. 이는 표제자는 一일이나 고대 자형을 참조하려 했던 허신은 고문을 찾았을 경우 이렇게 병기하고 있다. 이때의 고문은 전국戰國시대의 육국六國문자다. 이 글자가 중문重文이다.

[元  始也. 从一从兀. 徐鍇曰, 元者, 善之長也, 故从一. 愚袁切.]

· 元 : 표제자.

·  : 소전체.

· 始也. : '처음, 시작, 비로소'이라는 의미이다. 이는 글자의 의미를 정의한 부분이다.

· 从一, 从兀. : (글자의 구조는) 一일과 兀올을 따른다. 즉 一일+兀올=元원이라는, 글자의 구조를 밝힌 부분이다. 이 경우 의미들의 결합이므로 회의자에 해당한다. 이처럼 『설문해자』의 형식은 먼저 글자의 의미를 정의하고, 이어서 그 글자의 구조를 분석하는 방식으로 되어 있다. 현재 从종은 從종의 간화자로 쓰이고 있다. 그러나 갑골문 등 고대 자형은 두 사람이 연이어 있는, 간단하면서도 의미가 분명

8] 唐 開元년간인 713~741년 사이에 편찬된 것으로 추정하며, 원본은 전하지 않음.

한 모양이었다. 보통 '따른다.'라고 해석한다.

· 徐鍇曰, 元者, 善之長也[9], 故从一. : 서개徐鍇가 이르기를 '元원은 善선의 으뜸이다. 그러므로 一일을 따랐다.'라고 하였다.

· 愚袁切. : 역시 반절로서, 愚[ㅇ]袁[권]＝[원, yuán]이다.

......

[文五 重一]

· 文五 重一 : (一일을 부수로 하는) 표제자는 5개, 중문은 1개이다. 표제자의 수다. 이렇게 각 부의 마지막에는 각 부에 수록된 표제자의 수를 합산하여 적어놓고 있으며, 아울러 각 부수의 마지막엔 중문의 수도 적어놓았다. 이 부수 一일에 속하는 중문은 ᛡ 한 개다.

2. 『說文解字』의 部首

『설문해자』는 주지하다시피 자전字典이다. 그런데 자전이라함은 기준이 되는 서체書體가 있어야 하며, 학습자들이 글자를 쉽게 검색할 수 있어야 한다.

한대漢代의 주된 서체는 예서隸書이다. 그런데 앞에서도 말했듯이 예서는 소위 근대적인 자형으로서 상형적인, 그러니까 조자 당시의 본의를 담고 있는 형체가 이미 사라진 형체이다. 게다가 소전체는 예전 진나라의 글자로서 일반인들이 사용하

9] 元者, 善之長也.『周易』<乾卦·文言傳>에 나오는 말이다. 즉, "하늘에 있어서는 元이라 하고, 사람에 있어서는 仁이라 한다. 朱子의 『本義』에는 '元은 만물을 낳는 시초로 天地의 德이 이보다 앞서는 것이 없다. 그러므로 四時에 있어서는 봄이 되고 사람에 있어서는 仁이 되니, 衆善의 으뜸이다.'라고 하였다. 小註에 朱子가 말씀하기를 '元·亨·利·貞이 모두 善이나 元은 곧 네 가지 가운데 으뜸이니, 이는 善의 단서가 처음 發하는 곳이다.'라고 하였으며, 또 말씀하기를 '仁은 兄長(우두머리)으로서 義·禮·智를 거느리기 때문에 元은 善의 으뜸이라고 한 것이다.'라고 하였다."라는 말을 그대로 인용한 것이다.

는 문서에는 이미
사용이 되지 않고
있었다.

글자의 형체가
의미를 담고 있음
을 알고 있는 허신
에게 이는 풀어야
할 과제였다. 결국
그는 표제자는 소
전으로 하되, 그 글
자를 풀이하는 해
설은 예서를 사용

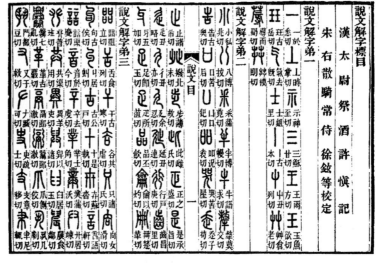

△ 『說文解字』 部首의
  일부분.
· 허신의 540개 부수는
  이 책의 부록에서
  제시하고 있다.

함으로써 소전체가 갖고 있는 원형의 의미와 당시 사람들이
쉽게 이해할 수 있도록 하였다.

1) 部首의 순서

그러나 풀어야 할 문제는 또 있었다. 9천 여자가 넘는 글자
들을 어떤 순서로 배열할 것인가? 요즘 같으면 '한어병음'이나
'가나다' 같은 발음순을 이용하거나 아예 전자사전으로 필기만
하면 해당 글자를 찾을 수 있겠지만, 당시에는 이러한 방법이
아직 출현하지 않은 때이다.

허신은 여전히 형체와 의미의 관계에 몰두하였으며, 그 결
과 어떤 한 무리의 글자들은 모두 공통되는 의미 부호를 갖고
있음을 발견하였을 것이고, 그것들을 부류[部]의 머리[首]로

삼아 나머지 글자들을 그 아래에 두는 방식을 개발하였다. 곧 부수이며 이후에 나온 모든 자전에서 반드시 채택하고 있는 검색법이자, 그 최초이다.

그래서 허신은 부수를 정했고 그 수를 540개로 했다. 그런데 이 또한 문제가 아닐 수 없다. 9,353자를 540개의 부수로 나누니 한 개의 부수에 해당하는 글자가 평균 17.3개에 불과하다. 그러나 이보다 더 중요한 문제는 이 540개 부수의 순서이다. 검색에 용이하도록 부수를 만들었으나 이 또한 그 개수가 많아 해당 부수를 찾아 가는데 결코 수월하지가 않기 때문이다.

허신은 일관되게 형체에 몰두한다. 형체는 의미의 부호이기 때문에 이 540개의 부수도 형체를 기준으로 하여 비슷한 모양끼리 열거하는 것이다. 예를 들면 540명의 배우가 9,353개의 이야기를 하는데 540명의 배우가 얼굴이 비슷한 순서대로 출현하는 것과 같다. 14막 540장 9,353개의 스토리텔링이며, 드라마이다. 또 다른 예를 들면 집을 짓는 9,353개의 레고 같은 블록 조각들을 각 부위와 역할 및 모양에 따라 540개의 상자에 담아 놓은 것과도 같다. 일종의 부분집합으로 보면 틀림이 없다. 얼핏 보면 간단한 이치이지만, 이는 문자학의 혁명적인 발견이다.

2) 部首 설정의 원칙

결국 허신은 우주만물을 540개의 요소로 본 것이다. 마치 각 권이 특정 주제로 이루어진 백과사전과도 같다. 즉, 허신의 자전은 일종의 우주만물을 분석한 백과사전이라 할 수 있으며, 이 백과사전의 권수는 540권이라 할 수 있다. 그래서 부수의 처음은 우주만물의 시작인 일一이며, 540번째 부수의 끝은 지지地支의 끝인 해亥이다. 허신이 밝힌 부수에 대한 원칙을 보자.

其建首也, 立一爲耑. 方以類聚, 物以群分. 同條牽屬, 共理相貫. 雜而不越, 據形系聯. 引而申之, 以究萬原. 畢終於亥, 知化窮冥. (『說文解字·第15下·敍』)[10]

부수를 세움에 있어서 '一일을 처음으로 삼는다. 비슷한 종류들을 모아서 여러 무리로 나누었다. 한 조목에서 나온 것은 함께 묶고, 같은 이치이면 서로 엮는다. 서로 섞이게 하되 한계를 넘지 않도록 하며, 형체에 근거하여 순서가 이어지게 한다. 그것을 끌어당기고 늘려서, 온갖 근원을 다 파헤쳤다. 亥해에서 끝을 맺으니, 변화를 알고 그윽한 것에 통할 수 있다.

위 부분은 『설문해자』의 제15·하에 실린 문장이다. 서문敍文인데, 몇 가지 원칙을 발견할 수 있다.
　ⅰ) 의미가 같은 부류는 함께 모아 하나의 부수로 삼고, 다르면 별도의 부수로 분류한다.
　ⅱ) 부수와 글자의 순서는 그 형체에 근거해서 선후로 비슷한 글자가 이어지도록 한다.
　ⅲ) 부수란 문자의 근원을 밝히는 것이다.
　ⅳ) 一일에서 亥해로 끝난다.

10] 글자 위의 방점은 押韻字이다. 허신은 부수를 설명하는 이 문장에서 마치 詩韻처럼 압운을 한 것은 음성적인 효과를 이용하여 독자들로 하여금 이해와 암기가 쉽도록 한 배려일 것이다.

① 형체의 연관에 의한 배열

540개나 되는 부수의 배열은 허신에 의하면 '거형계련'據形系聯, 즉 형체가 비슷한 것끼리 선후를 삼아 서로 이어지게 하였다고 하였다. 그러나 이 기준만 제시하였을 뿐, 그것들이 어떻게 이어지는지에 대한 상세한 설명은 없다. 이에 우리는 다음과 같이 형체의 연관성을 찾아본다.

왼쪽의 그림은 『설문해자』권1의 부수 14개이다. 최소한 一일부터 ㅣ곤까지의 부수 배열은 형체적 연관성이 충분히 발휘되고 있으며, 동시에 의미적 연관성도 매우 밀접하다. 제1부수부터 제14부수까지를 형체에 의거하여 열거하면 다음과 같다.

▽ 설문해자 부수의
첫부분

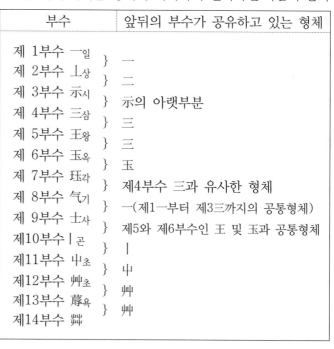

부수	앞뒤의 부수가 공유하고 있는 형체
제 1부수 一일	一
제 2부수 ㅗ상	二
제 3부수 示시	示의 아랫부분
제 4부수 三삼	三
제 5부수 王왕	三
제 6부수 玉옥	玉
제 7부수 珏각	제4부수 三과 유사한 형체
제 8부수 气기	一(제1一부터 제3三까지의 공통형체)
제 9부수 士사	제5와 제6부수인 王 및 玉과 공통형체
제10부수 ㅣ곤	ㅣ
제11부수 中초	屮
제12부수 屮초	艸
제13부수 蓐욕	艸
제14부수 茻	

이들은 그 모양만 얼핏 보아도 선후 서로 비슷한 모양이 계속 이어지고 있음을 알 수 있다.

② 의미의 연관에 의한 배열

다만 허신은 사람들로 하여금 540개의 순서를 어떤 이야기처럼 서로 이어지는 고리로 연상케 하였음이 분명하다. 그래서 사람들은 540개의 부수를 'Story', 즉 이야기로 엮어내고자 하였다. 예를 들면 다음과 같다.

一일 [하나] : 하늘과 땅 즉 만물은 一일로부터 시작한다.

丄상 [위=上의 古文] : 만물의 시작인 一일의 위에 한 획을 더하여 하늘 즉 '위'라는 의미를 나타냈으며,

示시 [보이다]: 하늘이 해·달·별(日일·月월·星성)의 세 가지 빛을 내려 사람에게 길흉의 조짐을 드리워 '보여주고' 있으며,

三삼 [셋]: 하늘과 땅과 사람「天천·地지·人인=三才삼재」의 도리(道도)가 '셋'이며,

王왕 [임금] : 이 세 가지에 통해 연결해 주는 사람이 '王왕'이며,

玉옥 [옥] : 인자함(仁인)과 의리(義의)와 지혜(智지)와 용기(勇용)와 깨끗함(絜결=潔결)의 상징이 '玉옥'이며,

玨각 [쌍옥] : 이러한 옥을 두 개 합쳐 놓은 것이 '쌍옥'이며,

气기 [구름 기운=氣] : 신성한 옥은 구름이 피어나는 '기운'과 함께 하며,

士사 [선비] : 그러한 임금을 섬기는 사람이 '선비'이며,

丨곤 [위아래가 통함] : 이러한 것들은 모두 위아래가 '통' 해야 하며,

……

이를 이야기로 구성하면 어떻게 될까?

一일은 '하늘과 땅의 시작'이기 때문에 부수의 처음으로
삼았고, 그 다음 부수인
丄상(=上상)인 하늘은 곧 '위'에 있는 것이기 때문에 一일
의 다음에,
示시는 위에서 내리는 세가지 빛으로서 사람에게 길흉을
보여주는 것이기 때문에 丄상 다음에,
三삼은 하늘·땅·사람 즉 삼재三才의 도리[道]이기 때문에
示시 다음에,
王왕은 하늘·땅·사람의 세 가지에 모두 통달하고 동시에
땅에서 제사지낸 사람을 하늘과 연결시켜주는 자이기
에 三삼 다음에,
玉옥은 인의지용결仁義智勇潔의 다섯 가지 덕의 상징이며, 이
러한 덕을 갖춘 사람이 '임금'이기 때문에 王왕 다음에,
士사는 이러한 기품을 갖추어 임금을 섬기는 사람이기 때
문에 气기의 다음에,
丨곤은 임금과 신하가 서로 소통이 잘되어야 하기 때문에
士사의 다음에 둔다.

그러나 이러한 Story는 丨곤 다음의 屮초(屮+屮=艸초)와 매
끄럽게 이어지지 않으며, 사실 一일부터 丨곤까지도 후대의 사
람들이 추측한 것이다.

이와 같이 허신의 부수는 앞 부수글자와 뒤 부수글자의 형
체와 의미를 고려하여 전체 540개의 부수가 이어지고 있다.
그러나 이 드라마의 연결이 그리 매끄럽지는 않다. 사실 아직
까지 그럴싸하게 이어지는 이야기를 만들어내지는 못한 것이
다.

동시에 허신의 부수는 단순히 검자檢字를 위한 것이 아니라 한자 전체를 커다란 의미의 체계로 분류하려는 목적이 우선이었다는 것을 알 수 있다. 이는 『설문해자』 이후에 나온 『옥편』 玉篇(543년)[11]이나 『강희자전』康熙字典(1716년)[12] 등에서 보이는 부수법과는 질적으로 다르다.

3) 部首의 개수 540개

그런데 왜 하필 540개일까? 청대 『강희자전』의 부수는 214개이며 표제자는 47,000여 자이니 부수 하나에 평균 219.6개이다. 반면 『설문해자』는 표제자가 9,353자이니 부수당 평균 17.3자이다.

여기에는 허신의 세계관과 우주관이 반영되고 있다. 당시의 철학적 주류는 유교儒敎와 음양오행설陰陽五行說이었다. 음양오행설은 우주나 인간의 모든 현상이 음陰과 양陽이 확장하고 소멸함에 따라 결정된다는 음양설과 목木, 화火, 토土, 금金, 수水의 다섯 가지가 음양의 원리에 따라 행함으로써 우주의 만물이 생성하고 소멸하게 된다는 오행설을 이른다. 즉, 당시의 우주 만물의 이치와 원리를 분석하는 이론이라 할 수 있다.

또한 시간은 60년을 한 주기로 반복된다. 그래서 60갑자甲子가 있고, 이 60갑자는 갑골문에도 선명히 새겨져 있다. 허신은 갑골문을 보진 못했지만, 이 60간지干支는 10천간天干과 12지지地支의 결합으로서

11] 南朝의 梁나라 顧野王이 편찬한 자전, 총30권 542부수, 16,917자를 훈고한 책이나, 현재 망실되었음.
12] 淸 康熙帝의 勅命에 의해 만들어진 자전으로 5년 만에 완성되었다. 부수를 전면적으로 개량하여 새로이 214개로 정립하였으며, 오늘날의 자전에서 사용하는 부수 체계의 표준이다. 약 4만 7,000자를 각 부수에 배속시켜 획수 순으로 배열하고 있다.

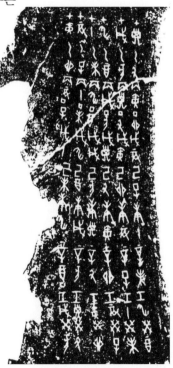

△ 갑골문에 새겨져 있는 60干支 (『甲骨文合集』37986)

음양, 방향, 사계절의 해석 및 연월일을 세는 방법으로 오랫동 안 사용되어 왔음에 착안하였다. 그리고 음陰의 상징수인 6과, 양陽의 상징수이자 가장 큰 숫자인 9를 곱해 부수를 540개로 정했음이 분명하다.

마치 한자와 그의 이론과 사상이 영원불멸하기를 꿈꾼 것처럼.

4) 部首의 시작과 끝

그리고 일─에서 시작하고 亥해에서 끝을 맺은 이유는 무엇일까? 『설문해자』 본문에서 밝힌 ─일과 亥해의 해설을 보면 다음과 같다.

一 : 惟初太始, 道立於一, 造分天地, 化成萬物. [卷一·一部]

해석 : 무릇 태초太初의 시작이다. 도道는 一일에서 세워지고 하늘과 땅이 나뉘어, 만물이 생겨난다.

亥 : 从二, 二, 古文上字. 一人男, 一人女也. 从乙, 象裹子咳咳之形.' … 亥而生子, 復从一起. [卷十四·亥部]

해석 : 二이를 따르는데, 二이는 고문의 上상자이다. (二를 제외한 에서) 한 사람은 남자이고 한 사람은 여자이다. 乙을(乚)을 따르는데, 마치 태아를 안고 있어 복부가 구부러진 모양과 같다. … (지지地支의 끝인) 亥해에 이르러서 子자(만사만물萬事萬物)를 낳고 다

시금 一일에서 시작한다.[13]

보충 : 위의 설명을 그림으로 요약하면 二(上상) + 竹(男남과 女여의 결합) + ㄴ(태아를 안고 있는 복부) 와 같다.

허신의 540개 부수와 9,353개의 글자는 달리 말하면 540개의 주제와 9,353개의 요소로 이루어진 세계이며 우주이다. 태초가 시작되는 一일에서 그것이 끝나는 亥해, 그러나 다시 一일로 순환하는 우주는 영원히 끝나지 않는 세계이며, 이는 장대한 문자의 우주이며, 곧 우주의 구성이다. 허신은 이것을 해석하고 자신의 저서에 담은 것이다.

그런데 이 부수가 완벽하지는 않았다. 부수라면 당연히 그 아래에 부속 글자들이 있어야 한다. 그럼에도 부수만 있고 그 부수로 이루어지는 글자가 없는 부수가 아래와 같이 31개나 된다.

三(三), 凵(凵), 厶(凵), 久(久), 才(才), 毛(毛), 巫(巫), 克(克), 彖(彖), 耑(耑), 易(易), 丙(丙), 冓(冓), 覓(覓), 能(能), 〈(〈), 燕(燕), 它(它), 开(开), 四(四), 五(五), 六(六), 七(七), 甲(甲), 丁(丁), 壬(壬), 寅(寅), 卯(卯), 未(未), 戌(戌), 亥(亥)[14]

13] 그러나 갑골문 亥 과 금문 亥의 亥는 현재 어떤 동물의 모습으로 추정하고 있다. 허신도 '布, 古文亥爲豕, 與豕同.'라 하여 돼지 豕자로 이체자를 제시하였다.

14] 괄호 속의 자형은 『설문해자』에 게재되어 있는 소전체이다.

이는 부수의 역할을 제대로 수행하지 못하는 부수이다. 1막 1장이 끝나고 2장에 새로운 배우가 등장하였는데, 출연자가 자신 한 명뿐이어서 달랑 제 이야기만 하고 끝나는 경우와 마찬가지다.

또 거형계련據形系聯에 의거한다면 앞의 자형과 유사한 자형이 다음 자형으로 연이어 나와야 하는데, 그렇지 못한 경우도 많이 있다. 540개 부수 모두가 인위적으로 유사하게 그린 것이 결코 아니며, 그리고 음양오행설에 의해 540이라는 숫자를 의도적으로 맞추려 했기 때문이다.

그런데 만약 부수가 없었다면 어떻게 되었을까? 자전에서 한자를 찾는 데 대단히 어려움을 겪었을 것임은 분명하다. 그렇다면 이 어려움을 극복하고 한자가 지금까지 살아남을 수 있었을까? 그리고 한자가 장구한 시간이 흐름에도 그 의미와 모양에 혼란을 가져오지 않고 본의와 형체를 유지하면서 존재할 수 있었을까? 필자는 불가능하다고 생각한다.

한편, 서울대 염정삼 박사는 다른 각도에서 이 문제를 짚었다. 그녀는 '허신이 부수자를 발명하고 그 조합의 원리를 제시함으로써 이후 중국 문자는 음소音素의 길로 들어설 수 있게 되었다고 생각한다.'[15]고 했다. 쉽게 말해 허신과 그의 부수로 인해 한자는 비록 한글처럼 완벽하지는 않지만, 부수 혹은 나머지 부분이 발음을 보여주어 우리로 하여금 그 글자를 읽을 수 있게 한 역할을 하였다는 것이다. 일리 있는 분석이다.

허신이 한자를 설해說解하고 부수를 세운 공은 실로 대단하

15] 염정삼, 『설문해자주 부수자 역해』, 서울대학교 출판부, 2007.

62

여서 그 위대함이 한자를 안정시켰지만, 오히려 한자 아닌 다른 문자는 생각할 여지나 필요를 갖지 못하게 하였으니, 이 또한 아이러니가 아닐 수 없다. 그만큼 허신이 위대하다는 역설逆說이기도 하다.

3. 部首의 연변과 문제점

1) 『説文解字』 이전의 部首

부수는 허신이 『설문해자』에서 처음 만들었다. 그 이전에는 여러 글자들을 의미의 관련을 중심으로 직접 배열하는 방법이 주를 이루었다. 그 예가 이 장의 제2절에서 잠깐 언급한 것처럼 『이아』爾雅이다.

책 이름인 『이아』의 '爾'이는 '가깝다'(近근), '雅'아는 '바르다'(正정)는 뜻으로서 '바른 것에 가깝다'는 뜻이다. 그 이름처럼 『이아』는 자의字義의 해석을 통해 표준어와 방언, 통속어 등을 구분해 놓고 있다. 그러나 주된 용도는 경전을 공부하는 사람들이 처음 접하거나 이해가 되지 않는 글자(=단어)의 의미를 이 『이아』가 어떤 글자로 풀이하고 있는가를 통해 확인함으로써 그 의미를 이해하는 데 있었다. 예를 들면 다음과 같다.

「釋詁석고·第一」 初 哉 首 基 肇 祖 元 胎 俶 落 權輿, 始也.
'초 재 수 기 조 조 원 태 숙 낙 권여'는 '始'시 즉 '처음'이라는 의미이다.(즉, 이 始시라는 글자로 통용되며,

곧 표준어이다.)
「釋言석언·第二」 殷 齊, 中也.
‘은 제’는 ‘中중 즉 ‘가운데’라는 의미이다.
「釋訓석훈·第三」 明明 斤斤, 察也.
‘명명 근근’은 ‘察찰 즉 ‘살피다’라는 의미이다.
「釋親석친·第四」 父爲考, 母爲妣.
아버지는 ‘考고라 하고, 어머니는 ‘妣’비라 한다.
「釋畜석축·第十九」 駮, 如馬, 倨牙, 食虎豹.
‘박’은 말과 같은데 톱니 같은 어금니에 호랑이와 표범
을 잡아먹는다.

그래서 『이아』는 고대 경전 학습을 위한 표준 백과사전의
역할을 하였었다. 그러나 이와 같은 체제는 해당 글자를 찾기
에 불편하였다. 우선 찾고자 하는 글자의 의미를 개략적으로
알고 있어야 한다는 전제가 필요했기 때문이다. 이러한 문제
점을 해결하기 위해 중심 의미소를 갖고 있는 글자들을 함께
무리 짓는 허신의 부수법은 그래서 매우 가치 있는 작업이 아
닐 수 없다.

하지만 허신의 부수체계가 결코 완벽한 것은 아니었다. 결
국 허신 이후의 한자사전 즉 자전은 이러한 미비점을 보완하
는 여러 방안들이 출현한다.

그렇다면 허신의 부수는 어떤 문제점을 가지고 있는가? 앞
에서 허신의 부수 배열 원칙에서 보았듯이 ‘같은 조목들은 함
께 연계시키고 같은 의미는 서로 꿰어 놓는다.’는 것16]과 ‘섞
여도 서로 넘나들지 않도록 형체에 근거해 연계시켜 놓았다.’
는 것17]이다. 허신도 이미 ‘의미’와 ‘형체’ 모두를 고려하고 있

16] 서문의 ‘同條牽屬, 共理相
貫’에 해당함.
17] 서문의 ‘雜而不越, 據形系
聯’에 해당함.

음을 고백하고 있다. 허신이 형체에 의해 부수를 계련系聯하였다고 강조해도『설문해자』이전의 의미에 따라 글자를 배열하는『이아』같은 자전의 영향을 완벽하게 벗어나기는 어려웠을 것이라 추측된다.

그러나 사실 허신의 부수 배열 방식은『이아』의 의미별로 글자를 열거하는 방식과 결코 무관하지 않다. 즉,『이아』에서 이미 동일한 의미가 열거된 글자들에서 허신은 동일한 의미소 즉 부수를 발견했을 수 있는 것이다. 예를 들어『이아』의「석산釋山」,「석수釋水」,「석초釋草」,「석목釋木」등에서 해당 글자들은 모두 山산과 氵수 그리고 艹초와 木목을 공통분모 혹은 교집합으로 갖고 있지 않는가?

비록 후대 송宋대의 서현徐鉉이나 청淸대의 왕균王筠은 의미의 연관성이 가장 큰 원칙이라고 주장하고 청대의 단옥재段玉裁 같은 학자들이 허신의 부수가 의미별 배열인가 형체별 배열인가에 대해 뚜렷한 기준이 없다고 주장하지만, 우리들은 이미 앞에서 살펴보았듯이 540명의 배우들이 엮어내는 Story Telling 이자 이 배우들은 서로 앞뒤가 맞아야만 전체의 조합이 가능한 레고(lego) 조각과 같은 것이다. 후대의 학자들이 답을 찾지 못한 것은 형체와 의미 가운데 하나만을 고집했기 때문이다.

이후에 나온 양웅揚雄의『방언』方言(전한말前漢末 17년)이나 유희劉熙의『석명』釋名(후한後漢 220?년)은 모두『이아』爾雅와 같은 체제로 글자들이 배열되어 있다.

2) 『說文解字』 이후의 部首

『설문해자』 이후의 자전 가운데 그 체계상 작지 않은 개혁을 이룬 저서로는 『옥편』玉篇, 『용감수감』龍龕手鑑, 『오음편해』五音篇海, 『자휘』字彙 등을 들 수 있다.

① 『玉篇』 - 『설문해자』의 계승

△ 宋本 『玉篇』의 部首 일부분

『옥편』은 남조南朝(386~589년)의 송宋·제齊·양梁·진陳 네 왕조 가운데 하나인 양梁 왕조에서 진陳 왕조에 걸쳐 벼슬을 했던 고야왕顧野王(519~581년)이 543년에 편찬했다.[18]

그는 『옥편』을 저술하게 된 동기와 목적에 대해 ①경서의 훈고에 이견異見 출현, ②한자 서체의 예서체에서 해서체로의 변화, ③한자 해석의 불일치, ④자서의 전승에 있어서 오류 및 문자 검색에 어려움 등을 들었다. 그래서 그는 위진魏晉 시대 이전의 경서, 자서, 역사서, 제자백가서, 문학서 등의 용례를 모아 다양한 의미를 해설하였다.

『설문해자』에 비해 부수의 개수는 542개로서 『설문해자』와 큰 차이는 없다. 그러나 부수를 형체가 아닌 오로지 의미에 따라서만 배열한 것은 부수의 연변에 있어서 큰 발전이라 하겠다. 즉, 『옥편』 권1의 부수는 一, 上, 示, 二, 三, 王, 玉, 珏으로

18] 이 시기는 우리나라의 삼국시기에 해당한다.

서 『설문해자』와 유사하다. 그러나 다음을 보면 다르다.

권3의 13개 부수 :

　人인(사람) → 儿인(어진 사람) → 父부(아버지)

　→ 臣신(신하) → 男남(남자) → 民민(백성) → 夫부(지아비)

　→ 予여(나) → 我아(나) → 身신(자신) → 兄형(형)

　→ 弟제(아우) → 女여(여인) ⇨ '사람'과 관련

권5의 11개 부수 :

　口구(입) → 谷곡(윗입술) → 舌설(혀) → 齒치(이)

　→ 牙아(어금니) → 須수(수염) → 彡삼(터럭) → 彣문(채색)

　→ 文문(무늬) → 髟표(갈기) ⇨ '입이나 얼굴'과 관련

　모두 의미별로 부수를 모은 것이다.

　이외에 표제자를 해서楷書로 표기하여 일반화된 자형으로 글자를 검색하도록 하였으며, 또한 한자의 음을 반절反切로 표기하여 글자의 음을 표기하였다. 원본은 전하지 않으며, 권수는 총 30권(혹은 31권이라고도 함), 표제자수는 총 16,917자라고 한다.

　이 『옥편』은 당송唐宋대에 크게 유행했을 뿐 아니라 조선朝鮮에서도 중요하게 쓰였었다. 그래서 보통 우리가 '옥편'이라고 하면 획수 찾기 자전을 의미하게 될 정도로 영향력이 컸으며, 그래서 우리가 일상적인 대화에서 말하는 '옥편'이 곧 이 자전을 의미하면서 동시에 '자전'의 대명사가 된 것이다. 고유명사로서의 『옥편』과 혼동해서는 안 될 것이다.

② 『龍龕手鑑』 - 자서의 1st 개혁

부수를 개혁하는 방안은 계속 이어진다. 이는 아이러니컬하게도 허신의 부수가 완벽하지 않다는 방증이기도 하다.

위에서 본『옥편』은 사실『설문해자』의 의미별 부수 배열을 계승하되, 검색을 쉽게 개량한 것이다. 그러나 이 『용감수감』龍龕手鑑은 가히 자서의 첫 번째 개혁이라 부를 만하다. 즉, 부수를 다름 아닌 성조聲調 즉, 평平·상上·거去·입入의 4성으로 분류하였다. 그래서 책의 구성은 권1은 평성, 권2는 상성, 권3은 거성, 권4는 입성을 갖는 글자들을 수록하고 있으며, 각 부수에 소속된 글자도 4성의 순서로 배열하고 있다. 다시 말해 부수를 '의미'가 아닌 '발음'으로 분류한 최초의 자서이다.

△ 『龍龕手鑑』의 부수 일부분

나아가 부수의 개수도 240개로 대폭 축소하였다. 예를 들어『설문해자』의 嵬(높을 외), 山(뫼 산), 屾(같이 선 산 신), 屵(산 높은 모양 알)의 네 부수는 그 의미가 모두 유사하기에 山 하나로 통합하였으며, 동시에 『설문해자』에는 없었던 亠(두돼지해밑 두), 光(빛 광), 基(터 기) 등의 새로운 부수도 설정하였다. 자형도 해서체에 근거하고 있다.

이러한 모든 개혁들은 부수를 의미나 형체의 반영이 아닌, 단순한 기호로 설정한 발상의 전환이며, 궁극적으로는 검색의 용이함을 극도로 추구한 것이다. 부수의 '부호화'이다.

총 표제자는 26,430자이며, 저자는 요遼(916~1125년)[19] 나라의 승려 행균行均(?~?)에 의해 요遼의 통화統和 15년(997년)에 완성되었는데, 서적을 국외로 반출하는 것을 금하는 요나라의 정책을 피해 송宋나라 사람이 몰래 반입하여 다시 찍어내면서 중국에서 사용이 되었다.[20]

그래서 『용감수감』이라는 책명은 유교 경전이 아닌 불교 대장경을 위한 자서인데, 저자인 행균은 다름 아닌 유학자가 아닌 승려이며 중국으로서는 이민족 국가의 사람이다. 이는 전통을 고수하는 보수주의적인 교양과는 전혀 관련이 없었던 사회·문화적 환경에 있던 사람들에 의해 개혁이 가능했다는 것을 역설하는 것이기도 하다.

③ 『五音篇海』 - 자서의 2nd 개혁

『용감수감』이 사성을 이용해 부수를 배열하였는데, 이보다 더 검색의 편리함을 추구한 것이 『오음편해』[21]에서 사용한 5음音36자모字母의 체계에 근거한 부수의 분류·배열이다.

5음이란 순脣·설舌·아牙·치齒·후음喉音의 한어 음절의 어두자음語頭子音인 성모聲母를 발음할 때의 다섯 가지 위치를 말하며, 36자모란 5음의 하위 구분에 해당하는 것으로서 각 성모의 대표글자를 말한다. 그리고 다시 동일한 자모 안에서의 글자 배열은 평·상·거·입 4성의 순서대로 배열되어 있다. 동시에 이 글자들은 일부

19] 遼 : '요'는 중국식 국호이고 '카라 키탄(Kara Khitan)'은 대거란이라는 의미로, 거란인들이 스스로를 가리킨 명칭이다. 이 거란국(契丹國)은 지금의 내몽골 자치구를 중심으로 중국 북쪽을 지배한 왕조였다. 우리나라의 삼국시기에 해당한다.

20] 원명은 『龍龕手鏡』이었으나, 宋代에 翻刻하면서 『龍龕手鑑』으로 변경되었다. 『龍龕手鏡』은 중국에서 사라졌으나, 우리나라에는 고려시대의 覆刻本이 고려대학교에 소장되어 있다.

21] 원명은 『改倂五音類聚四聲篇海』이며, 일명 『四聲篇海』라고도 한다.

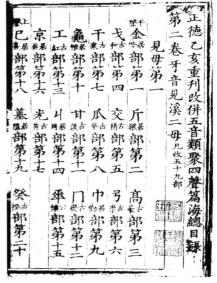

△ 『五音篇海』의 부수 일부분

분이긴 하지만 해당 글자의 방旁의 획수가 적은 것에서부터 많은 글자들의 순서대로 배열하고 있다. 즉, 5음>36자모>4성>획수의 소小>다多 순이다.

쉽게 말하면 발음으로 부수를 배열하되, 그 '발음'이 『용감수감』처럼 4성이 아니라 5음36자모라는 글자의 '자음'字音, Consonant이라는 것이다. 네 개의 분류인 4성보다는 훨씬 상세하고 정교하다. 그래서 검색의 편리함을 추구했다.

그러나 5음36자모는 대단히 난해하다. 4성도 사실 쉽지 않은데, 이렇게 세밀한 분류는 오히려 검색의 어려움을 낳을 수밖에 없다. 아직 부수의 검색이 완벽하지 않은 과도기적 현상이다.

금金(1115~1234년)의 태화泰和 8년(1208년)에 한효언韓孝彦·한도소韓道昭 부자에 의해 저술되었으며, 444개의 부수와 54,595개의 표제자로 이루어져 있다.

그런데 이들 두 저자는 도교道教와 연관이 있는 사람들로서, 이 『오음편해』가 도교도를 위해 편찬되었을 것이라 추정하고 있다. 『용감수감』과 마찬가지로 유교의 울타리로부터 자유로운 가운데 이루어진 변혁이다. 그러나 앞에서도 말했듯이 『용감수감』이나 이 『오음편해』는 4성이나 5음36자모 등 음운학 지식에 밝지 않으면 불편한 방식이었다.

드디어 이러한 불편함을 해소한 자전이 편찬되기에 이른다. 즉, 획수 찾기로 글자 검색을 하는 『자휘』字彙가 그것이다.

④ 『字彙』 - 자서의 3rd 개혁

그러나 획수로 글자를 검색하는 이 방법은 『오음편해』로부터 무려 400년이나 흐른 명明나라 신종神宗 만력萬曆 43년(1615년)에야 이루어졌다. 저자는 매응조梅膺祚이나 상세한 전기는 잘 알지 못한다.

『자휘』는 33,179자의 표제자를 해서의 필획에 의거하여 214개의 부수로 배열하였다. 즉, 부수의 대폭적인 축소이다.

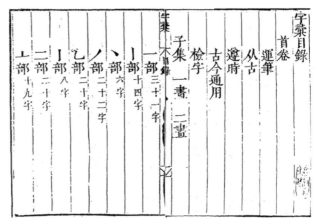

△ 『字彙』의 부수 일부분

부수자와 각 부에 수록된 글자들은 모두 획수가 적은 것에서부터 많은 글자의 순서대로 배열되어 있는데, 곧 오늘날 대부분 한자사전의 필획순 배열 방법의 시초이다. 그런데 이 획수에 의한 방법은 한자의 고금자나 이체자 혹은 부수를 알기 어려운 글자 등 획수를 세거나 부수를 찾는 데 어려움이 많았기 때문에 권말에 「운필」運筆, 「종고」從古, 「준시」遵時, 「고금통용」古今通用, 「검자」檢字 등의 부록을 실어 글자를 찾는 여러가지 어려움과 복잡함을 예를 들어 설명하고 있다. 아울러 자형의 확정이나 필순을 통일하는 일이 필요했기에 「변사辨似」와 「성오醒誤」라는 부록도 함께 실려 있다.

이 획수에 의한 검색은 달리 말하면 검색의 가장 편리한 방법이란 글자에 대한 특별한 지식이나 암기 없이 그저 획수를 세는 방법임을 말하는 것이다. 허신에 의해 조자造字의 근본으로 창안된 부수는 1,500년의 세월을 거치고 나서야 비로소 '의미'라는 범주를 벗어나 '부호'로서의 기능으로 검색에 사용되었다 하겠다.

⑤ 『康熙字典』

康熙字典總目

子集
一畫　二畫

一部 ………………… 三
丨部 ………………… 七
丶部 ………………… 九
丿部 ………………… 一〇
乙部 ………………… 一二
亅部 ………………… 一四
二部 ………………… 一五
亠部 ………………… 一七
人部 ………………… 二一
イ同
儿部 ………………… 五七
入部 ………………… 六一
八部 ………………… 六三
冂部 ………………… 六五
冫部 ………………… 六六
冖部 ………………… 六九

△『康熙字典』의 부수 일부분

드디어 자전 편찬은 국가적인 사업이 된다. 즉, 청淸나라 강희제康熙帝의 칙명勅命으로 당시의 대학사大學士 30명의 학자가 5년 만인 1716년(강희55년)에 완성하였다. 명明나라의 『자휘』字彙 및 『정자통』正字通 등의 구성을 참고하고 더욱 내용을 충실하게 하였으며, 12지支의 순서에 의해 12집集으로 나누었으며, 전 42권이다.

부수는 214개로서 약 47,035자를 각 부수에 배속시켜 획수 순으로 배열하고, 각 글자마다 반절反切과 훈고訓詁 및 자해字解를 달았다. 오늘날의 한자자전의 체재는 여기에서 정립되었다고 할 수 있다.

편찬 당시에는 그 규모가 가장 방대하고 내용 또한 가장 상세한 자전이었으나, 그동안 제도의 변천과 사물의 새로운 개념의 증대로 오늘날에는 그 활용 가치가 많이 감소되었다. 자전의 운명이 그렇다.

⑥ 『漢語大字典』

현재 중국에서 통용되고 있는 자전 가운데 가장 권위 있는 자전을 들자면 『한어대자전』22]을 빼 놓을 수 없다. 모두 8권의 대작이며, 300여명의 학자가 참여하여 10년에 걸쳐 1990년에 완성하였다.

△ 『漢語大字典』

수록 자수는 54,678자로서 1994년까지는 한자를 가장 많이 수록하고 있는 자전이었으나 현재는 『중화자해』中華字海23]가 85,568자로서 최고이다. 2010년에 『한어대자전』 제2판이 출판되었는데 모두 9권이며, 수록 자수는 60,370자이다. 그러나 이들 자전은 모두 『강희자전』의 214 부수를 기본적으로 수용하면서 편의를 위해 약간의 부수만 별도로 수정하고 있을 뿐이다.

이 『한어대자전』은 한자의 형음의形音義에 대해 체계적으로 해석을 하고 있는데, 고금古今의 해서체楷書體를 전면적으로 정리하면서 아울러 대표적인 갑골문·금문·전서와 예서를 함께 제시하고 있다. 발음에 있어서는 한어병음자모漢語拼音字母로 표기된 현대의 독음과 중고음中古音 및 상고음上古音까지도 제시하고 있으며, 글자의 해석에 있어서도 본의本義 뿐만 아니라 파생의派

22] 徐中舒 主編의 四川辭书出版社와 湖北辭书出版社가 연합해서 출판하였다. 중국도서상과 미국 국가도서상을 수여했다. 수록된 모든 글자 수는 약 2천만자이다.

23] 冷玉龙 및 韦一心 主编으로, 中华书局 및 中国友谊出版社에서 1994년 출판하였다.

生義·통가의通假義까지 제시하고 있을 정도로 상세하다.

⑦ 기타 유명한 字書

먼저, 2003년 출판된 일본日本의 『대한화사전』大漢和辭典을 들 수 있다. 1960년에 전13권이 완성되어 작업이 일단락되었다가 2000년에 다시 보충판을 포함한 전 15권(총 50,000여 표제자)이 완성되었다. 그런데 놀라운 점은 이 사전이 일본의 한학자인 모로하시 데쓰지(諸橋轍次, もろはしてつじ)라는 한 개인에 의해 수십 년의 시간을 거쳐 만들어졌다는 사실이다.

국가 규모의 대규모 사전 편찬 작업을 개인의 의지로 실현해낸 그의 역량과 정열에 경의를 금하지 않을 수 없다. 한자의 본고장인 중국 정부로부터도 도서관 비치용으로 주문을 받았다고 하며, 한국의 대학교 도서관 등에도 비치되어 있는 것으로 알려져 있다. 고가임에도 불구하고 우리나라에서도 한때 소장 열풍이 불어 교수님들의 연구실에 비치되어 있는 것을 볼 수 있다.

다음으로 대만臺灣(타이완)의 『중문대사전』中文大辭典을 들 수 있다. 대만의 정부기구인 국방위원회가 중심이 되고 중국학술원이 실무 작업을 맡아 10년(1962년)만에 완간한 한자사전이다. 그러나 사실 이 책은 모로하시가 펴낸 일본의 『대한화사전』에 자극을 받아 편찬한 것이다.

우리나라의 자서로는 『한한대사전』漢韓大辭典을 들 수 있다. 단국대학교 동양학연구소가 1978년 6월 편찬을 착수한 이래 2008년 말 16권 전질을 펴내며 30년 만에 마감되었다. 총

310억 원의 사업비와 20만 여명의 인력이 투입된 대형사업으로서, 모두 53,667개의 표제자를 싣고 있다.

3) 부수의 문제점

> 한 일(一)자를 부수로 사용하지 않는 글자는?
> ①석 삼(三) ②다섯 오(五) ③일곱 칠(七)

위 문제는 KBS 방송국의 퀴즈 프로그램 「1대100」의 10단계 가운데 6단계 문제이며, 남은 사람 19명 중 5명만이 정답을 맞춘 문제이기도 하다. 이 문제의 답은 2번, 다섯 오(五)이며, 그 부수는 두 이(二)이다. 쉽게 이해가 되는가?

물론 부수는 한자 학습에 있어서 대단히 중요하다. 각 글자의 어근語根이기 때문이다. 그러나 현재 그 역할은 많이 감소되었다. 사실 부수는 한자의 형체와 의미를 근거로 부수를 설정한 이래, 현재 앞에서 살펴 본 자전 등을 거쳐 오면서 여러 차례의 개혁이 있었으나 여전히 각 글자의 부수를 찾기란 쉽지가 않다. 허신이 부수를 만들고 그 검색을 위해 형체와 의미를 고려하였지만, 그것이 어려웠음을 반증하는 이러한 여러 차례의 개혁에도 불구하고 부수 찾기는 여전히 어렵다. 이는 결국 한자를 자전에서 찾기가 어렵다는 의미와 같다.

때문에 한자 학습에 있어서 부수를 익히는 것을 중시하지만, 그 한계에 대해 명확히 인식하고 취사선택을 잘해야 한다. 즉 현재의 모양과 의미만을 강조하다가는 고대 자형에서부터 비롯된 원래의 의미를 놓치게 됨을 간과해서는 안 된다.

현재 우리나라나 중국에서 통용되고 있는 자전 혹은 자서는 대부분 『강희자전』의 부수 체계를 따르고 있다. 그렇다면 그 부수 체계는 과연 문제가 없을까?

청대에 나온 『강희자전』의 부수는 현재의 인쇄체에 해당하는 해서체에 근거한 부수의 분류이며, 글자의 분석이다. 다시 말해 『설문해자』는 소전에 근거한 부수라는 것이다. 이는 마치 사람의 일생에 유아기, 청소년기 그리고 장년기가 있듯이 한자의 모양에도 사람처럼 변화가 있어왔다는 의미이다.

그래서 우리는 자전을 이용하면서 형체와 의미가 적절히 고려되지 않은 상황 때문에 한번 쯤 겪었을 곤란했던 상황을 정리해 보면 다음과 같다. 아래의 예는 『강희자전』으로부터 유래한 부수들이 갖는 문제점이다.

① 형체의 혼동[24]

▶ 口(입 구)와 囗(큰 입 구) : '입 구'와 '큰 입 구'로 우리나라 자전에서는 부수의 명칭을 정하여 부르고 있다.

口(입 구)의 고대자형			囗(큰 입 구)의 고대자형	
갑골문	금문	소전	금문	소전

고대 자형에 의하면 '입 구' 口구는 사람의 입의 모습을, '큰 입 구' 囗구는 사실 사람의 입과는 상관없는 사방이 담으로 둘러싸인 성의 모습을 그린 것이다. 그런데 예변隸變 이후 이 의미는 희석되었음에도 불구하고 현재까지도 口구와 囗구[25]를 부

24] 이하 ①형체의 혼동 ②형체의 중복 ③부가 없는 소대장은 「한국 한자자전 『옥편』의 부수체계에 관한 연구」(하영삼, 『중국어문학』29집, 1997년)을 참조하여 다시 작성하였음.

25] 囗(큰 입 구)를 부수로 하는 글자들은 四(녁 사), 囚(가둘 수), 因(인할 인), 固(굳을 고), 國(나라 국), 圍(둘레 위), 圓(둥글 원), 園(동산 원) 등이 있는데, 부수 '입 구'와 구분하기 어렵다.

수로 하는 글자들은 그 역할이 다소 남아있다.

『강희자전』을 거치면서 형체에 근거한 검색법을 채택한 현대의 한자 자전에서는 이 두 부수의 모양이 대단히 유사하여 글자 검색을 매우 어렵게 한다.

▶ ㄷ(상자 방), ㄷ(감출 혜) : 고대 자형에서 '상자 방' ㄷ방은 광주리의 모양을, '감출 혜' ㄷ혜는 물건을 넣는 기물의 모습을 형상한 것이다.

ㄷ(상자 방)의 고대자형   ㄷ(감출 혜)의 고대자형

갑골문 금문 소전   소전

모두 의미가 유사하며, 특히 모양이 대단히 흡사하여 이둘을 현재까지 구분하는 것은 더 이상 의미가 없다고 판단된다.26]

▶ 阝(邑 고을 읍)과 阝(阜 언덕 부) : '고을 읍' 邑읍은 성곽과 사람이 꿇어앉아 있는 모습을 그려 사람이 거주하는 곳이란 의미를 나타낸 글자이며, '언덕 부' 阜부는 계단이 층층으로 난 언덕을 그린 글자였다.

▽ 邑(고을 읍)의 고대자형   ▽ 阜(언덕 부)의 고대자형

갑골문 금문 소전   갑골문   소전

26] ㄷ(상자 방)을 부수로 하는 글자들은 匣(상자 갑), 篚(대나무 상자 비), 匱(함 궤) 등이 있으며, ㄷ(감출 혜)를 부수로 하는 글자들은 匹(짝 필), 區(지경 구), 匿(숨을 닉) 등이 있다.

77

그런데 예변을 거치면서 이 글자들이 편방으로 쓰일 경우 그 모양이 같아졌다.

비록 邑은 '우부 방', 阜부는 '좌부 방'으로 그 위치한 방향에 따라 구분하기는 하나 현대자전의 부수는 이 阝(우부 방)이나 阝(좌부 방)의 모양으로 실려 있지 않고 邑과 阜부 부수로 가서 글자를 검색해야 한다.

이를 미리 알고 해당 부수로 처음부터 찾아가기엔 그 누구도 자신감을 갖고 있지 못하다. 또한 阝의 획수를 몇 획으로 할 것인가에 대해서도 사실 자전마다 2획 혹은 3획으로 일정하지 않다. 그래서 이 두 부수는 한자를 검색하는 데 있어서 가장 혼란케 하여 웬만한 인내심이 없으면 아예 자전을 던져버리고 싶은 충동을 일으키게 할 정도이다. 필자는 그렇다.

▶ 月(달 월)과 月(肉 육달월 변) : '달'과 '고깃덩어리'로 쉽게 구분되던 모양이 역시 예변 이후 그 모양이 유사하게 되었으며, 현재 해당 글자의 의미에 근거해 부수를 구분하고 있는 정도이다.

▽ 月(달 월)의 고대자형   肉(고기 육)의 고대자형

갑골문   금문   소전   갑골문   소전

그러나 혼란하기는 마찬가지이다. 특히 초심자에게는 더욱 그렇다.

② 형체의 중복

▶ 一(한 일)과 二(두 이) 부수 : 이 두 글자는 각각 제부수 즉 독립된 부수이다. 그렇다면 三삼의 부수는 무엇일까? 아쉽게도 제부수가 아니라 一일이 부수이다. 二이는 독립된 부수이면서 三삼은 그렇지 않다면 이는 일관성이 없다. 二이와 三삼 모두를 一일부수에 귀속시키던가 아니면 三삼을 제부수로 설정해야 할 것이다.

▶ 이 외에 '屮'(풀 초)27]와 '艸'(풀 초)도 각각 제부수인데, 고대자형에 의하면 모두 새싹이 땅을 비집고 나오는 모습으로서 그 개수가 하나인가, 무성한가의 차이일 뿐이다.

屮의 고대자형   艸의 고대자형

갑골문   금문   소전   소전

▶ 또한 우리가 'イ'(사람 인)이 두 개 겹쳐 있는 모양이어서 '두인 변'이라고 부르는 '彳'(조금 걸을 척)은 사실 네거리를 의미하며 부수인 行(갈 행)의 반쪽 부분으로서 '사람'의 의미가 아닌 '길'의 의미이다.

行의 고대자형

갑골문   금문   소전

27] 현재 우리나라 자전에서는 '왼손 좌'라고 부르긴 하나 이미 왼손의 의미는 없다. 왼쪽을 의미하는 左의 부수는 工인 것이 그 예이다. 屮의 본래의 의미는 '풀'이며, 艸(풀 초)와 같다.

때문에 彳척과 行행은 각각 부수로서 독립적으로 존재하는데 형체가 중복되면서까지 나눌 필요는 없어 보인다.

③ 부하가 없는 소대장

214개의 부수는 각각 자신을 따르는, 즉 자신과 형체 및 의미가 유사한 글자들을 거느리고 있는 것이다. 『설문해자』에서 9,353자라는 군사를 거느리고 있는 소대장은 540명이었다. 반면, 47,000여 군사를 거느리고 있는 『강희자전』의 소대장은 214명이다. 각각 평균 17.3명과 219.6명의 군사이니 그 차이가 대단히 크다.

평균 17명의 『설문해자』는 부하가 너무 적은 반면 평균 219명은 너무 많다. 군사의 이 평균수도 문제지만, 군사의 수는 늘었는데 소대장의 수는 줄었으니 이 또한 문제이다. 즉, 소대원 17명 중 하나를 찾기 위한 소대장 540명의 너무 많은 반면, 소대원 219명 중 하나를 찾기 위한 소대장 214명은 소대장의 수가 너무 적으며 동시에 소대원이 너무 많다는 이야기이다.

그럼에도 불구하고 평균 219명은 다시 세력이 막강한 소대장이 있는 반면, 다음의 소대장들은 초라하기 그지없다.

▷
오른쪽의 표는 약 1만여 자를 수록하고 있으며, 우리나라에서 보급이 가장 많이 되었다 할 수 있는 『漢韓大字典』(민중서림, 1992년 27쇄)을 참조한 결과임.

귀속 글자수	부수 예	계 (98개)
0	夊高龜	3
1	屮牙長隶飛鬯	6
2	无爻玄甘艮非韭首黹	9
3	丶亅弋支比氏父用臣自舛色釆麻黃黍鼎龠	18
4	入匕厶巛己幺廴气彐生癶至里香鹵	15

5	卜攵小尢工彐文毋爪疋予内而聿身辰面龍	18
6	几凵匸士干老舌襾靑音鬥鬲齊	13
7	丨廾瓜	3
8	乙夕斗皮赤黽鼓	7
9	丿冂寸谷辛鼻	6

이 부수들은 통폐합할 필요가 있으며, 먼저 의미·형체·획수 등을 검토해야 한다. 그러나 필자가 생각하기에 이렇게 귀속 글자 수가 적은 부수들이 나오게 된 배경을 우선 고려해야 한다고 생각한다. 즉, 글자 검색의 편리를 위해 고안된 방법인 부수는 가장 획기적인 방법이었으며, 현재까지도 이를 능가하는 방법은 없을지라도 여전히 문제점을 안고 있다는 것이다. 허신 이래 부수에 대한 개혁이 지속되었다는 것 자체가 부수가 완벽한 글자검색법이 아니라는 반증이다. 그러나 그렇다고 글자 검색에 대해 걱정할 필요는 없다. 현재 우리들은 글자를 찾고자 할 때 어떤 방법을 주로 사용하는가? 부수, 획수, 발음을 이용한 검색이 아닌, 찾고자 하는 글자를 전자펜이나 마우스로 화면에 쓰면 된다. 일부만 써도 이미 전자사전은 나에게 유사한 글자들을 미리 보여주고 있지 않는가!

허신은 미소 지을 것이다. 그러나 그 미소가 쓴 웃음인지, 단 웃음인지는 그에게 물어보아야 할 것이다.

제3절 六書는 상형문자를 투영하는 PRISM

제1장 'Image역할'에서 image의 역할과 기능에 대해 살펴본 이유는 한자는 상형으로부터 만들어졌으며, 이 상형은 곧 image이기 때문이다.

그렇다면 상형象形이 각기 다른 민족과 시대에서 어떻게 구현되었으며, 어떻게 작용을 하고 있는가? 제7장의 동파문東巴文과 제8장의 수서水書, 그리고 제9장의 사파문沙巴文 등 상형문자를 고려하면 더욱 궁금한 문제이며, 또한 중요한 질문이기도 하다.

육서六書는 후한後漢의 허신許愼이 한자의 구조를 분석한 방법이다. 이때 한자는 상형문자이다. 그래서 육서는 상형문자를 포함하여 고대 및 현대의 모든 문자를 분석하는 방법이 아니다. 다만, 이 책에서 한자는 상형문자이기에 육서라는 기준으로 분석한 것이다.

물론 육서가 상형문자를 분석하는 최선의 방법이라고 할 수는 없다. 그래서 학자들은 갑골문을 육서로 혹은 삼서三書[1]와 같은 다른 기준으로 분석하기도 했다. 육서로는 적확하게 맞아떨어지지 않기 때문에 많은 학자들이 각자의 기준을 세우고 그것으로 분석을 시도했다. 그러나 필자가 보기에 이 역시 간단명료하지 못하다. 그래서 제2장의 4절 '육서설六書說 쉽게 풀기'에서 필자는 육서를 재해석하였다.

1] 중국의 문자학자인 唐蘭이 『古文字學導論』(1935)에서 발표한 한자 구조에 관한 새로운 이론으로서 ①象形 ②象意 ③形聲의 세 가지이다. 당 선생이 육서설을 비판한 것은 문자학의 발전에 촉진 작용을 하였지만, 현재는 이에 대해 비판적인 시각이 지배적이다.

사실 방법이나 기준이 여러 가지라는 것은 완벽한 하나가 없다는 것을 반증하는 것이다. 역으로 모든 사물과 이치가 하나의 원리로 꿰뚫어지는 것은 존재하지 않는다는 것을 역설적으로 증명하는 것이기도 하다.

그래서 이 기준은 동파문과 수서 및 사파문 등 다른 상형문자를 분석하는 프리즘이 될 것이다. 이 프리즘을 통해 육서에서의 각 역할이 각각 어떤 빛을 분사해내는지를 살펴볼 수 있을 것이다. 프리즘은 육서이고, 이 프리즘을 통과하는 빛은 한자이며, 한자와 유사한 상형문자일 수 있다.

한마디로 말해, 상형象形이 각기 다른 민족과 시대에서 어떻게 구현되었으며, 어떻게 작용을 하고 있는가? 그 답은 프리즘이며, 스펙트럼으로 분사된 것이 여러 상형문자이다.

다음에 제시하고 있는 표는 1장과 2장 그리고 6장의 한자, 7장의 동파문東巴文, 8장의 수서水書, 9장의 사파문沙巴文에 대한 집필을 마친 후 작성한 것이다. 이렇게 결과를 미리 제시하는 이유는 답을 알고 문제를 풀되, 그 답이 맞는지 검증하기를 바라기 때문이다. 특히 중요하게 견지해야 할 사항은 이 제1장에서 말하고 있는 상형의 역할과 기능이다.

▽ 漢字·東巴文·水書·沙巴文의 六書 기준 비교

六書 \ 文字	象形		指事		會意		形聲		轉注		假借	
漢字	畵成其物	隨體詰詘	視而可識	察而見意	比類合誼	以見指撝	以事爲名	取譬相成	建類一首	同意相受	本無其字	依聲託事
기능	取象 (대상의 특질 파악) – 구상적 – 회화적 – 평면적	構形 (형체를 개괄함) 추상적 선형화에 성공	1차적 지시	2차적 지시	개념상 동일 범부	제3의 의미 도출	전체 주제 [형부+	세부 범위 +성부]	동일한 부류의 공통 요소	의미의 확장	해당 글자의 부재	발음으로 대체
	形象	典型	目睹	觀察	전제 1+1	결과 =3	제시	설명	전제 1↦1	결과 1≧1	단점 0	극복 0≧1
특징	회화에 치중	표의에 치중	추상의 시각화에 성공		·1[의미]+1[의미]=3[제3의 의미] 도출 성공 ·제3의 의미라는 것은 곧 轉注의 시작		·1차 형성자 [형부+(형부+성부)] ⇨ 2차 형성자 [형부+성부] ·회의의 조자단계와 거의 동시에 발생 ·조자의 수월함 ·한자의 장기 생명력 확보		상형(取象+構形) ⇨회의(1+1=3) ⇨전주(1≧1) ·상형의 본래 기능을 확장 ·의미의 확대적 활용		·상형의 본래 기능을 재활용 ⇨ 음성부호의 기능을 응용한 발상의 전환 ·발음의 독자적 활용	

문자의 시작	문자의 절정	문자의 완성
상형의 시작 예술의 시작	1차 혁명 (형성자의 발견)	2차 혁명 (상형자의 기능 확대 및 재활용)

구상적 의미의 시각화	⇨	시각[구상]과 청각[추상]의 혼합	⇨	추상적 의미의 청각화

文字	象形		指事		會意		形聲		轉注		假借	
東巴文	대단히 활성화	부분적으로 존재	존재함		존재함		哥巴字로 존재함 (성숙된 형태는 아님)	존재하나, 전문적이지는 않음			보편적으로 존재함	
水書	활성화	부분적으로 존재	한자를 활용함		한자를 활용함		존재하지 않음	수많은 異體字로 존재함			일부 존재함	
沙巴文	대단히 활성화	부분적으로 존재 →義借	丗(귀신)하나만 존재함		일부 존재함 (合素字)		존재하지 않음	존재하지 않음			존재하지 않음	

예 (한자)	象形 日, 月	指事 上, 下	會意 武, 信	形聲 江, 河	轉注 考, 老	假借 令, 長

육서六書를 처음부터 끝까지 일관되게 꿰뚫고 있는 것은 다름 아닌 상형象形이다. 상형의 능력이 지사와 형성에까지 두루 작용하고 있으니, 가히 상형은 만사형통이라 해도 과언이 아니다. 상형으로 문자를 시작했으니 이는 사실 당연한 일이기도 하다.

1. 문자의 시작

그런데 상형이 문자로 존립하기 위해서는 우선 취상取象과 구형構形이라는 과정을 거쳐야만 한다. 취상取象은 개념을 문자화하고자 하는 대상의 특징을 면밀히 관찰하는 것으로부터 시작된다. 면밀히 관찰하되 간단하고 명료하게 그려내는 것, 이것이 구형構形이다. 구형이 복잡하면 문자로 사용하기에 적합하지 못하며, 구형이 애매하면 그 모양을 보고서도 여러 사람들이 동일한 개념을 유추하지 못한다.

그래서 회화적이며 평면적이었던 취상의 단계는 뜻밖에도 추상적인 선線으로 구현된다. 추상적인 개념을 직선과 곡선으로 그려냈다. 추상抽象의 선형화線形化에 성공한 것이다.

갑골문은 취상과 구형의 단계가 비교적 명료하게 구분된다. 취상의 단계라기보다는 구형의 단계에 접근하고 있기 때문이다.

그런데 이 상형象形은 한계에 부딪힌다. '위[上]'나 '아래[下]' 같은 추상적인 개념을 나타내기가 쉽지 않았다. 여타 문명권에서 동일하게 시작한 상형문자가 멸망한 이유이다. 그러나 한자는 이 난관을 극복했다. 구형構形의 단계에서 선線을 활용할 줄 알았던 조자자造字者들은 다시 한 번 선, 그리고 점을 이용했던 것이다. 지사指事는 추상적인 개념을 시각적으로 구현해 낸 멋진 승리의 결과물이었다.

여기까지가 문자의 시작 단계라 할 수 있다. 문자는 라스코 동굴의 예술과 함께 시작하였으며, 그 진정한 시작은 상형이었다.

2. 문자의 절정

개념의 상형에 성공하고, 그 한계를 극복한 조자자造字者들은 이제 '물 만난 고기'가 아니라 '선과 점을 만난 문자'처럼 상형을 자유스럽게 활용하기 시작했다. 개념1과 개념1을 더하되 개념2가 아닌 제3의 개념을 도출해 내는 방법이다. 사람[人]의 말씀[言]이되 마이크를 거치는 말이 아닌 신뢰, 믿음의 뜻이 그것이다.[2]

이러한 의미의 확장은 사실 전주轉注의 시작이다. 그래서 전주는 육서 중에서 가장 늦게 출현한 것이 아닌, 이미 상형의 단계부터 본의와 그로부터 확장된 다른 의미를 부여할 줄 알았음을 증명하고 있다. 가차假借도 마찬가지이다. 형부와 성부의 결합으로 이루어진 형성자라는 것은 사실 성부를 전문적으

2] 허신은 會意의 예로 信과 武를 들었다. 그러나 武는 戈를 지고 가는 발 모양의 止가 결합된 글자이다. 허신은 이를 '止戈为武'라 분석하였는데, 경학자들은 싸움을 그치는 것이 武이며, 싸움을 그치도록 하기 위해 武를 키워야한다고 해석하였다. 이는 경학자들의 사상적인 해석일 뿐, 武라는 글자의 본질적인 의미에서 벗어난 것이다. 당초 조자의 개념은 '전쟁을 치르러 씩씩하게 걸어가는 병사의 발걸음'이었다.

로 활용한 가차를 이미 잉태하고 있었다.

그러나 이 회의는 치명적인 결함을 안고 있었다. 다름 아닌 발음의 상실이다. 의미의 활용과 확장에 치우친 나머지 상형 본연의 기능이었던 발음이 누락된 것이다. 얼굴과 이름을 모두 갖고 있었던 누군가가 이름을 잊어버렸다. 그 이름을 되돌려주어야 한다.

이때 조자자造字者들은 다시 한 번 기발한 방법을 찾아냈다. 의미와 의미의 결합이되, 한쪽은 의미만을 나머지 한쪽은 의미뿐만 아니라 발음까지 겸비한 부호를 사용하는 것, 이것은 의미를 광의廣義와 세의細義로 더욱 분명하게 할 뿐 아니라 발음까지 나타내고 있으니 그야말로 만능의 문자를 드디어 만들어 냈다고 할 수 있다. 이것이 바로 형성形聲이다.

이 형성이라는 방법은 조자 방법이 사실 대단히 단순하며 간결하다. 그래서 어떤 개념이라도 쉽게 만들어 낼 수 있다. 즉, 부수에 해당하는 개념을 왼쪽에 세우고, 그 개념의 발음에 해당하는 글자를 오른쪽에 붙이면 된다. 이때 오른쪽의 글자가 처음에는 발음뿐만 아니라 개념까지 담당하고 있었으나, 점차 조자의 수월함을 위해 개념의 중복은 포기하고 오로지 발음만을 담당하는 부호로 대체되었다. 혼자서 두 기능을 담당했던 부담을 두 부호가 나누어 분담하고 있다.

이러한 조자의 수월함은 한자가 미래에도 계속 활발하게 그 생명력을 유지할 수 있는 기반을 확보한 것이기도 하다. 사실이 형성자의 기능 역시 상형의 의미와 발음이라는 기능을 전문적으로 조합한 것이다.

3. 문자의 완성

드디어 문자는 절정을 넘어 완성의 단계로 접어든다. 이미 상형의 기능을 전문적으로 조합하는 형성의 단계를 터득한 조자자造字者들은 의미와 발음을 각각 확장시키고 독자적으로 활용하기에 이른다.

더 이상 새로운 글자를 만들 필요가 없게 된 것이다. 이미 존재하고 있는 글자에 의미를 확장시키는 것이 전주轉注이며, 발음만을 따로 떼어내서 활용하는 것이 가차假借이기 때문이다.

그래서 전주는 본래 1의 의미였던 것이 1보다 더 많은 개념을 갖게 되었으며, 가차는 본래 음성의 부호로 기록하였던 모양을 발음으로만 사용할 수 있게 되었다.

제4절 六書說 쉽게 풀기

1. 六書說

상형이란 무엇인가? 그 정의를 내리기 위해 우선 중국 문자학의 시조始祖라 할 수 있는 허신許愼의『설문해자』[1]에 실린 육서六書에 대한 정의부터 분석해 보고자 한다.

'육서'六書설은 허신의『설문해자』이전부터 있었다. 즉, 전국戰國시기[2] 말기부터 사용되었는데, 전국시대에 성립된 것으로 보는『주례周禮·지관地官·보씨保氏』[3]에 처음 보인다. 그 이후 서한西漢 말기에 와서야 비로소 육서에 대한 항목이 기재되고 있는데, 당시까지의 문헌과 관련된 사항을 낱낱이 기록한 유흠劉歆의『칠략』七略과 반고班固의『한서漢書·예문지藝文志』[4]가 그것이다. 그러나 이 두 전적에서도 육서의 명칭과 순서만 기록하고 있을 뿐 육서가 무엇인지에 대한 자세한 설명이나 정의는 없다.

결국, 허신에 이르러 처음으로 육서에 대한 정의를 내리고 있으며, 그는 저서에 수록된 9,353자를 육서의 원칙에 의해 분석하고 있다. 필자가 이렇게 육서 사용의 유래에 대해 장황하게 언급하는 이유는 한자에 대한 연구가 한자의 역사에 비해 그다지 빠르지 않았음을 말하기 위해서이다. 한자는 주지하다시피 갑골문에서 그 기원을 찾는다. 그런데 갑골문은 기원전

1] 後漢, 和帝 永元 12年, 기원후 100년.

2] 戰國時代(기원전 403~221년)는 기원전 403년부터 秦이 중국 통일을 달성한 기원전 221년까지의 기간을 가리키며, 그 시기의 이야기가 주로『戰國策』에 보이므로 전국시대라 불린다.

이 시기는 제후들의 세력이 강대해져 가는데 비해 천자의 권위와 세력은 더욱 쇠약해져 천자는 단순한 명칭에 지나지 않았으며, 국력이 강력해진 제후국들은 약소국을 집어삼키는 약육강식의 세태를 연출했다. 치열한 다툼 끝에 남은 이 시기의 7개 대국[秦·晉·楚·齊·韓·魏·趙]을 戰國 7雄이라고 불렀으며, 그들은 서로 외교적으로 적대시하거나 동맹을 맺어 국익을 취하고 다른 나라를 침략하는 등 천하가 조용한 날이 없었다.

3] 중국 주[西周] 시대의 사회조직과 정치제도에 대한 기술과 해설을 담고 있는 유학의 경전이다. 13경의 하나로『儀禮』,『禮記』와 함께 삼례(三禮)의 하나이다.

4]『七略』은 漢의 劉歆 (?~AD23년)이 도서를 체계적으

로 분류한 책이다. 즉, 目錄學이다. 그의 부친인 劉向(BC77~BC6년)이 궁중 장서(藏書)의 校訂 및 목록을 작성한 계기로 시작되었다. 원본은 전하지 않는데 後漢(AD25~220년) 중기에 班固가 『漢書』를 편찬하면서 그 도서목록인 「藝文志」를 바로 『七略』에 기초해 요약 정리했다고 밝히고 있다. 「예문지」는 서적을 육예략(六藝略), 제자략(諸子略), 시부략(詩賦略), 병서략(兵書略), 술수략(術數略), 방기략(方技略)의 6개 및 집략(輯略)의 7部로서 『七略』과 대응된다. 예문지에 그 이름이 수록된 서적은 총 38種, 596家, 1만3천269권이다.

13세기의 자료이니, 허신의 『설문해자』가 기원후 100년에 편찬된 자료임을 고려하면 근 1,500년 만에 그 대상에 대해 연구를 시작한 것이다.

그러나 이 역시 한계를 태생적으로 가지고 있었다. 즉, 허신은 갑골문은 접하지 못했을 뿐 아니라 그 존재도 알지 못했다. 갑골문이라는 것을 처음으로 인지하고 그것이 한자의 전신이라고 생각한 것이 1899년 청淸나라의 국립도서관 관장격인 국자감國子監의 좨주祭酒였던 왕의영王懿榮으로부터 시작되었으니, 한자를 분석함에 있어 그 발생 초기의 문자를 대상으로 하지 못한 허신의 육서 역시 이러한 한계를 안고 있을 수밖에 없었음을 의미한다.

이는 다시 말하면 우리가 현재 한자의 구조에 대해 사용하고 있는 육서는 예서隷書가 활발히 사용된 한대漢代에 내려진 정의이며, 비록 허신이 예서를 배제하고 기원전 221년에 통일된 진秦의 소전체小篆體를 표제자로 삼았다 하더라도, 이 역시 갑골문으로부터 1,000년이나 지난 후의 글꼴을 대상으로 한 연구라 할 수 있다.

하지만, 허신의 육서에 대한 정의와 분석은 어쨌든 한자 연구사에 있어서 초유의 일이다. 그리고 육서라는 용어가 허신 이전에도 사용되었다는 것은 당시 학자들의 개념 속에 한자를 이해하고자 하는 시도가 있었으며, 막연하게나마 한자가 어떻게 이루어졌는가에 대해 의문과 인식을 하고 있었다는 의미이기도 하다. 그래서 우리는 이 허신의 육서에 대해 정확히 알아야 할 필요가 있는 것이다. 또한 이 육서를 기점으로 그 전후

의 자체字體를 연구할 수밖에 없는 절실함이 있는 것도 사실이
다.

이에 필자는 다음과 같이 육서에 대해 분석하고자 한다.

2. 六書의 숨은 意味

허신은 『설문해자·서』에서 육서에 대해 정의를 내렸다. 필
자는 각각 여덟 글자로 이루어진 이 정의에 겉으로는 드러나
지 않는 깊은 의미가 숨어 있다고 생각된다.

그 숨은 의미를 찾아보자.

1) 指事

一曰指事, 指事者, 視而可識, 察而見意, 上下是也.

첫째는 指事지사이다. 지사란 보아서 분별할 수 있고, 살
펴서 뜻이 드러나는 있는 것으로서, '上상과 下하'가 그것
이다.

'視而可識'시이가식이란 지사자가 대부분 상형자에 바탕을 두
고 이루어지기 때문에 일견 그 의미를 알 수 있으나, 다시 '察
而見意'찰이현의해야 하는데 이는 상형자에 더해진 선이나 점 등
의 추상 부호가 있음을 의미한다.

결국, '시이가식'이라는 1차적인 '목도'目睹와 '찰이현의'라는
2차적인 '관찰'觀察이 필요함을 허신은 강조한 것으로 생각된
다.

즉, '추상의 시각화'에 성공한 것이 지사이다.

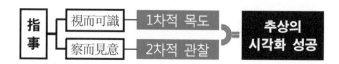

2) 象形

二曰象形, 象形者, 畵成其物, 隨體詰詘, 日月是也.

둘째는 象形상형이다. 상형이란 어떤 물건을 그려내는데,
형체에 따라 (篆書전서처럼 ⇨ 전형화하기 위해) 구불구
불하게 하는 것으로서, '日일과 月월'이 그것이다.

'畵成其物'화성기물이란 상형자가 눈에 보이는 그대로 사물을
그려냈음을 의미한다. 그러나 결코 무작정 눈에 보이는 것을
그대로 그렸다간 문자가 아니라 그림이 되어 문자가 대단히
기록하기에 번잡하게 되어 버린다.

이때 바로 사물의 형상形象에 대한 전형典型을 포착하는 단계
가 '隨體詰詘'수체힐굴이다. 구불구불 구부러져 있다는 의미인 '詰
詘'힐굴을 단순히 허신이 표제자로 삼은 소전체의 구불구불한
모양으로 직역할 수도 있지만, 필자는 그 의미를 넘어서 이 '전
형'典型이라는 역할을 허신이 표현한 것으로 생각한다. 아니, 단
정한다. 전형은 'model, icon, 발췌, 표준, 본보기, 요약, 대의'
등의 의미로 이해하면 된다.

'畵成其物'화성기물은 대상의 특징을 파악하는 '취상'取象의 단
계이며, '隨體詰詘'수체힐굴은 취상을 통해 파악된 형체를 개념화
하는 '구형'構形의 단계에 이르렀음을 의미한다. '화성기물'이

구상적·회화적·평면적인 '형상'形象으로서 회화에 치중하는 단계라면 '수체힐굴'은 형상을 추상적으로 선형화하는 데 이미 성공한 '전형'典型의 단계이다.

3) 形聲

三曰形聲, 形聲者, 以事爲名, 取譬相成, 江河是也.
셋째는 形聲형성이다. 형성이란 사물을 이름(의미=形符형부)으로 삼고, 비슷한 것(소리=聲符성부)을 취하여 (둘이) 함께 이루는 것으로서, '江강과 河하'가 그것이다.

'以事爲名'이사위명은 개념[事사]을 의미[名명]로 삼는다는 의미이다. 그리고 '取譬相成'취비상성이란 단순히 성부聲符가 취해져서 소리를 나타낸다고 볼 수도 있지만 나아가 그 비유譬喩가 서로 함께 이루어진다는 의미로서 '江'강과 '河'하처럼 회의겸형성자會意兼形聲字를 허신은 강조하고자 한 것으로 추측된다.

'江'강은 氵수와 工공이 합쳐진 글자인데, 이때 工공은 무언가를 뚫는 도구의 모양이면서 물이 흘러 바위를 뚫고 계곡을 이루는 의미도 담고 있다. 즉, 성부聲符 뿐만 아니라 형부形符의 역

할도 하고 있으며, '河'_하 역시 氵_수와 可_가가 합쳐진 글자로서 可_가는 갑골문에서는 물줄기를 묘사한 모양으로서 성부뿐만 아니라 형부의 역할도 겸하고 있다. 이런 글자들은 의미와 의미의 결합으로 보면 회의자_{會意字}이고, 의미와 소리의 결합으로 보면 형성자_{形聲字}인데, 글자 우변이 의미와 소리의 역할을 겸하고 있기 때문에 회의겸형성자라고 한다. 허신이 참조했을 소전체를 보면 더욱 그렇다.

이는 형성자의 조자의 편의에 집중한 초기 구조와 안정된 후기 구조의 두 가지로 나누어 볼 수도 있다. 즉, 초기에는 [<형부^1>+<성부+형부^2>]의 구조로서 큰 '주제'를 '제시'하는 <형부^1>과 세부 '범위'를 '설명'하는 <형부^2>로서 의미를 중첩적으로 설명하고 있다. 이때 <성부+형부^2>는 상형자의 원초적 기능인 의미와 발음을 동시에 지니고 있는 역할이 제대로 반영된 것이다.

會意字	形聲字		
	초기		그 이후
形符+形符 ➡	[形符^1] + [聲符 겸 形符^2] ➡		[形符^1] + [聲符]
	[形符^1]=큰 '주제'를 '제시' [形符^2]=세부 '범위'를 '설명' 글자의 소리뿐 아니라 의미가 훨씬 완벽하게 드러남		복잡·다양한 사회현상을 반영하기 위한 문자의 간략화

이를 다른 형태로 도표화하면 다음과 같다.

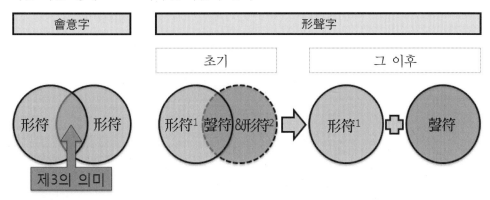

그러나 이 구조는 글자를 만들기가 사실 쉽지 않다. 전체 주제를 제시하는 '의미'와 세부 범위를 설명하는 '의미', 즉 의미를 두 번 중첩해야하기 때문이다. 다시 말해 의미는 구체적으로 드러나지만 <형부^1>에 걸맞는 <성부＋형부^2>에 해당하는 글자를 찾기가 어렵다는 뜻이다.

그래서 초기의 형성자는 이후 분업의 단계에 들어선다. 즉, <형부^2>의 탈락이다. 결과적으로 [형부^1＋성부]의 구조로서, 이제 글자를 만드는 데 대단히 수월한 방법을 찾아낸 것이다. <형부^2>의 '범위'는 <형부^1>의 '주제'에 포함되는 것이기 때문에 생략해도 크게 장애가 되지 않는다.

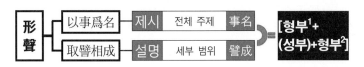

그러나 이 형성자는 사실 '의미'와 '의미'의 결합인 회의자

단계에서 이미 그 원리가 나타나 있으며, 사실은 본래부터 소리를 갖고 있었던 상형자였다가 소리를 잃어버린 회의자의 결함을 훌륭히 메꾼 방법이기도 하다. 결과적으로 조자의 단순·간결화에 성공한 형성자의 한자는 조자의 수월함에 힘입어 장기 생명력을 확보했다고 볼 수 있다.

4) 會意

四曰會意, 會意者, 比類合誼, 以見指撝, 武信是也.
넷째는 會意회의이다. 회의란 비슷한 (둘 이상의) 종류를 모아 적절한 의미를 합쳐서, 가리키는 바를 나타내는 것으로서, '武무와 信신'이 그것이다.

'比類合誼'비류합의란 두 형부를 결합하되, 이 자부字符들은 개념상 동일한 범주에 들어야만 한다는 것이 '比類'비류이며, 그래야만 의미가 합쳐지는 회의자라는 조자방법이 성립한다는 의미를 '合誼'합의로 표현한 것으로 이해된다. 이것이 '전제'되어야 최종적으로 가리키는바 즉, '결과'로서 '指撝'지휘가 드러날 수(＝見늑現현, 나타나다, 드러나다) 있다.

'비류'比類는 '류類를 나란히 한다.'로 직역할 수 있는데, 이때의 '류'는 개념이 같은 무리를 의미할 것이다.

'합의'合誼에서 '의'誼는 『說文』에서 '人所宜也.'라 풀었는데, '사람이 마땅한(적절한) 바이다.'라는 의미이다. 그래서 '우정' 友情 혹은 友誼의 의미로도 쓰였다. 이때 '의'誼는 성부이기도 하다. 나중에는 '적절하다, 마땅하다'라는 의미와 함께 '인의'仁義의 의미로도 쓰였다. 즉, '합의'에서 '의'誼는 단순히 '류'類를 단순히 나란히 하기만 하면 된다는 의미가 아니라, 두 개의 '류'가 결합하되 그 의미가 서로 마땅하거나 어울려야 한다는 것이다. 그래야만 회의자가 성립될 수 있다는 뜻이기도 하다. 때문에 意의나 義의가 아닌 誼의이다. 허신의 치밀한 선택이자 분석이다. 단순한 '의미'가 아니라 '타당한' 의미라는 것이다.

'비류'는 각각의 1이며, '합의'는 그 1의 결합 즉 1+1이다. 그런데 그 결과는 2가 아니라 3이다. 즉, 제3의 의미의 도출이며, 그것이 바로 '지휘'指撝이다. 이는 나아가 의미의 확장을 전문적으로 시행한 '전주'의 시작이기도 하다.

회의자는 [형부+형부]로서 의미가 중복되어 확장되지만 원래 형부들의 의미와 연관되면서도 새로운 의미를 도출해 낸 반면, 전주는 단독의 글자로서 의미가 확장된다. 그래서 전주는 전문적이며 회의와 차이가 있다.

5) 轉注

　五曰轉注, 轉注者, 建類一首, 同意相受, 考老是也.
　다섯째는 轉注전주이다. 전주란 (비슷한) 부류를 세우고 머리(부수)를 하나로 하여, 같은 뜻으로 서로 받아들이는 것으로서, '考고와 老노'가 그것이다.

이 전주轉注에 대해 지금까지 학계에서는 그 의미가 가장 애

97

매하며 해석이 어렵다고 인식해 왔다. 그러나 필자는 轉注전주라는 글자 자체에 해답이 있다고 생각된다. 즉, 轉전은 수레바퀴가 굴러가는 것이며, 注주는 물줄기가 흘러가는 것이다. 수레바퀴의 굴레는 계속 회전하면서 맴돌지만 결코, 제자리에 있지 않다. 더 쉬운 예로 만약 수레 굴레에 껌이 붙어 있다면 그 껌은 수레바퀴로서는 동일한 위치이지만, 껌으로서는 먼 길을 지나오면서 여러 가지 이물질이 묻어 부피와 무게가 증가하였을 것이다.

하지만 원래의 성질 즉 본질이 변한 것은 아니다. 바로 이 껌처럼 결코 본질은 변하지 않되, 원래의 의미로부터 새로운 의미가 계속 붙어나는 역할이 轉전의 의미이다. 이때 새로운 의미는 원래의 의미로부터 연관된 의미이여야만 한다.

수레바퀴는 굴러야 먼 길을 갈 수 있는 것처럼, 한자 또한 시간이 흐름에 따라 그 의미가 확장되는 것이 당연하다. 注주도 원래의 수원水源에서 발원한 물방울 하나를 떠올리면 된다. 이 물방울은 본질적으로는 H_2O이면서 시냇물을 지나 계곡을 흐르고, 바위를 깎으며 다른 물줄기와 만나거나 흙과 비와 눈을 맞는다. 이 역시 본질은 변하지 않은 채 다양한 성분이 더해지고 섞어지는 역할을 注주의 의미로 보면 된다.

허신이 말한 '建類一首'건류일수란 동일한 부류 혹은 테마[類]

류에서 하나의 공통되는 요소[一首]_{일수}를 세워야[建]_건 한다는
의미로 볼 수 있다. 그가 예로 든 소전체의 '考'_고와 '老'_노를 보
면 하단의 모양만 다를 뿐 나머지 자부_{字符}의 모양은 동일하다.
갑골문으로 확인해도 이 '考'_고와 '老'_노 모두 머리카락이 길어
부족의 연장자이거나 우두머리임을 확인할 수 있으며, '考'_고와
'老'_노는 결국, 동원자_{同源字}였음을 알 수 있다. 이는 전주를 이루
기 위한 '전제'이다.

　나아가 '同意相受'_{동의상수}란 考 ↩ 老의 의미로서, 연장자는
사고가 깊으며, 사고가 깊어지기 위해서는 세월과 경험이 필
요하다는 뜻이다. 즉, 서로 의미가 연관되어 있다는 것을 허신
이 강조한 것으로 생각된다.

　결과적으로 전주란 의미의 확장 즉 '인신'의 역할을 말한 것
이다. 그러나 사실 '인신'의 전주는 취상+구형의 단계인 상형
에서 1+1=3을 성공한 회의를 넘어서 이제 전주는 단독으로
1은 1이되 1보다 큰 1≧1의 기능을 갖추게 되었다. '건류일수'
를 거쳐 이루어 낸 '결과'이다.

　회의의 비류_{比類}는 동일한 범주 혹은 부류 안에 유사한 두 개
의 개념이 필요하지만, 전주는 두 글자 사이에 동일한 범주가
있어야 한다는 점이 회의와 전주의 차이이다. 이를 그림으로
표현하면 다음과 같다.

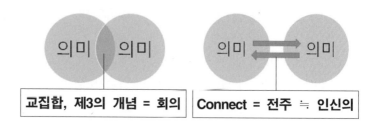

그러나 허신이 말한 이 전주의 본래 의미는 훗날 그 역할이 확대되어 두 글자 사이의 연관이 아닌 한 글자 스스로 개념을 확장해가는 것으로 변했다. 그래서 현재 우리가 인식하는 전주는 1≧1로서의 '인신의'引伸義의 개념으로 이해해야 한다.

6) 假借

六曰假借, 假借者, 本無其字, 依聲託事, 令長是也.
여섯째는 假借가차이다. 가차란 본래 그 글자가 없으므로, 소리에 의거하여 일(의미)을 기탁한 것으로서, '슈령과 長장'이 그것이다.

가차假借의 해석은 어렵지 않다. 어떤 의미를 나타내고자 하는 글자가 없는데, 이때 의미는 무시한 채 소리만 빌려서 새로운 개념을 부여한다는 뜻이다. 0에서 출발하였으나 그 결과는 1보다 크지만 의미와는 관련이 없다. 0≧1이다.

비록 해석은 간단하지만, 그러나 이 가차의 개념은 발상의

전환(Paradigm Shift)이자 상형자 본연의 기능을 부활시킨 점에서 대단히 중요하다. 즉, 의미글자인 한자를 의미는 무시한 채 발음기호로만 사용한 것으로서, 다른 문자와 마찬가지로 한자 역시 소리를 담기 위한 부호로서 시작되었으며, 그 역할을 재확인한 것이라 볼 수 있다. 즉 발음의 독자적 활용이다. 다만, 한자는 소리를 담는 그릇에 그림이 그려져 있었기 때문에 훗날 사람들이 상형문자 혹은 뜻글자라고 생각하게 된 것이다.

이상이 허신의 육서에 대한 설명이다. 이렇게 상세히 설명하는 이유는 한자에 대한 연구가 시작된 시기의 관점이기 때문이다. 이는 한자의 기원에 가장 가까운 시기에 천재적인 학자의 연구 결과이며, 이 정의는 청대淸代의 '허학'許學[5]으로까지 이어졌으니 중국의 문자사文字史에 있어서 시금석試金石임에 틀림이 없다.

하지만 순도 100%의 가치를 검증한다고 굳게 믿어왔던 이 시금석에 균열이 생겼다. 바로 청대淸代 1899년에 발견한 갑골문甲骨文이다. 이 갑골문은 『설문해자』를 다시 검증하게 하는 기준이 되어 허신의 오류, 아니 당시 한자학에 대한 오류를 찾아냈고, 다시 바로 잡는 역할을 하게 되었다. 그러나 이는 허신의 오류가 아니다. 허신은 그 누구보다도 먼저 소전체 이전의 자형에 글자의 본의本義가 있음을 알고 절실하게 진대秦代와 그 이전의 글꼴들을 찾는 것이 한자 연구의 가장 중요한 전제조건임을 익히 알고 있었기 때문이다. 만약 허신이 생존했던 시기에 갑골문을 인지했었다면 한자의 역사는 지금과 현저히 다를

5] 淸代는 實事求是의 考證學이 흥성한 시기이다. 다른 분야의 학문과 함께 허신의 문자학 역시 재조명되어 고증되었다. 그 결과 段玉裁의 『說文解字注』를 비롯하여, 桂馥의 『說文解字義證義證』과 朱駿聲의 『說文通訓定聲』王筠의 『說文釋例』 및 『說文解字句讀』 등의 저작이 나왔으며, 이 說文四大家들이 주축이 된 문자학 연구의 흥성을 소위 '許學'이라 한다.

것이다.

 그렇다면 과연 허신으로부터 대략 1,400년, 지금으로부터 3,300년 전의 갑골문은 육서의 기준에 맞아떨어질까? 한자가 갑골문으로부터 이어져 왔다면 분명히 맞아야 한다. 맞지 않다면 갑골문은 한자의 전신이 아니며, 한자는 갑골문으로부터 이어져 오지 않은 다른 기원을 갖고 있는 문자가 된다.

 그러나 우리가 착각해서는 안 될 중요한 한 가지 사항이 있다. 갑골문을 후대의 조자분석방법인 육서를 기준으로 분석하는 것은 시대적으로 역행하는 것이라는 점이다. 마치 작금의 자동차의 원리를 가지고 고대 수레의 원리를 분석하는 것과 같은 모순이다. 즉, 갑골문의 조자방법이 후대의 한자에 어떻게 연변되어 왔는가를 살피는 것이 주목적이자 방법이 되어야 한다.

제2부

漢字와

Typology

제3장　漢字와 甲骨文

제1절 人類의 文字

　인류의 역사상 고대의 문자로 4대 문자를 둔다. 수메르의 설형楔形문자(cuneiform, 쐐기문자), 이집트의 신성神聖문자(Hieroglyph), 마야 문명의 마야문자(Maya script, Maya glyph, Maya hieroglyph) 그리고 갑골문甲骨文(Oracle bone script)이 그것이다.

　설형문자는 기원전 3,000년경부터 기원후 1세기까지 메소포타미아를 중심으로 고대 오리엔트에서 광범위하게 사용되었던 문자이다. 점토판에 스타일러스stylus라 불리는 갈대 가지의 끝을 뾰족하게 만든 도구로 글자를 새겼다. 글자의 모양이 나무나 돌 틈새에 박아 넣어 쪼개거나 혹은 기계 부품의 결합이 느슨한 공간에 박아 넣어 단단히 결합할 때 사용하는 쐐기와 비슷하여 설형楔(쐐기, 문설주 설)形문자라 불리는데, 의음意音문자(Lithographic)와 음절音節문자(Syllabic writing)[1]가 결합된 형태이다.

　신성문자는 고대 이집트의 돌이나 나무에 새긴 문자로서, 고대 그리스어 'Hieroglyphica grammata(신성하게 새긴 말)의 줄인 말에서 유래하였다. 이집트 신화에 의하면 신성 문자는 지혜의 신인 Thoth가 발명하여 인류에게 준 선물이라 전해진다. 더러 신성문자라는 용어는 마야 문명·아스테카 문명의 문자 등 기타 상형문자를 지칭하는데 쓰이기도 하나, 일반적으로는 고대 이집트의 문자를 가리킨다. 기원전 3200년부터 기원후 400년까지 사용되었으며, 의음意音문자이다.

[1] 의음문자란 표의문자와 표음문자의 기능이 결합된 문자를 이른다.
　음절문자란 表意文字 가운데서 단어의 音節(syllabic) 전체를 한 단위로 나타내는 문자를 이른다. 음절문자는 대부분의 경우, 표의문자가 지닌 의미를 무시한 채 음만을 이용한다. 즉, 한자의 假借 용법, 일본어의 가나와 같다. 단, 이집트 문자를 비롯한 설형문자 등의 고대문자는 표의문자를 근간으로 하되, 음절 문자적 용법을 아울러 사용하였다.

마야문자는 마야 문명이 사용했던 문자이다. 의미를 나타내는 문자와 음을 나타내는 문자가 함께 어울려 사용된, 표의＋표음의 혼합문자라 할 수 있다. 가장 오래된 기록은 기원전 3세기까지 거슬러 올라가며, 16세기 스페인의 침략 때까지 지속적으로 사용되었다. 18~19세기의 유럽인 탐험가들에 의해 Hieroglyph라고 불렸으나, 이는 이집트 문자와 잘못 연관 지어 생각한 오류이다. 즉, 마야 문자는 이집트 문자나 다른 문명의 표의·표어문자체계와는 아무런 관련이 없는 대단히 독특한 문자이다.

△ 설형문자　　　△ 신성문자　　　　△ 마야문자

그렇다면 갑골문은 어떠한가?
다음 절에서 살펴보겠다.

제2절 甲骨文

1. 甲骨文의 사용 시기

갑골문은 대략 기원전 14세기에서 11세기에 걸쳐 중국의 고대왕조인 상商나라의 후기에 사용되었던 문자이다. 중국의 고대 국가는 흔히 하夏나라로부터 그 기원을 둔다. 『사기』史記에 의하면 하夏나라는 하우씨夏禹氏 우왕禹王으로부터 시작해서 포악하고 사치스러운 왕으로 상징되는 걸왕桀王에 의해 망한다. 시기적으로는 대략 기원전 21세기에서 기원전 16세기까지 해당한다.

그러나 역사적으로 그 존재를 입증받기 위해서는 사료史料가 있어야 함에도 하夏왕조는 이렇다 할 유물이 없다. 반면 상商나라는 갑골문이라는 절대적인 사료를 남기고 있기에 그 존재를 추호의 의심 없이 인정받고 있다. 반면, 『사기』에 기록되어 있는 상商나라 제왕들의 계보도 갑골문이 발견되고 나서야 상商나라의 제사·정치·사회·경제 등의 연구가 행해졌고, 그 결과 전설로만 전해졌던 상商나라가 중국의 가장 오래된 왕조임이 밝혀졌으니, 하夏나라도 그 실체를 완전히 무시할 수는 없을 것이다. 동시에 폭군으로 남아있는 걸왕桀王도 역사적인 측면에서 보건대 건국의 정당성을 확보하기 위한 상商나라의 의도적인 폄훼의 결과일 가능성을 배제해서는 안 된다.

상나라는 걸왕桀王을 멸망시킨 탕왕湯王으로부터 시작해서 주지육림酒池肉林과 왕궁 녹대鹿臺로 상징되는 사치와 방탕의 제왕으로 남아있는 주왕紂王이 주周나라의 무왕武王에 의해 망하기까지(기원전 1046년), 기원전 16세기에서 기원전 11세기의 시기에 해당한다. 이 가운데 갑골문이 사용된 시기는 상나라의 10대 왕인 반강般庚이 기원전 1318년에 도읍을 엄奄(지금의 산뚱성山東省 취푸현曲阜縣 부근)에서 은殷(지금의 허난성河南省 안양현安陽縣 샤오툰춘小屯村 일대)으로 옮긴 이후부터 주왕紂王까지 8대 12왕을 거치는 273년 동안으로 보고 있다. 이는 왕국유王國維가 갑골복사에 기록되어 있는 선왕先王·선공先公과 『사기史記·은본기殷本紀』에 의거한 연구 결과이다. 현재를 2015년으로 본다

△ 갑골문 발현지
河南省 安陽市 小屯村

면 지금으로부터 3333년 된 기록이지만, 대략 기원전 14세기에서 기원전 11세기이니 지금으로부터 약 3500년에서 3200년 전의 기록으로 보고 있다. 하지만 왕국유가 추정한 연대를 무시해서는 안 되는 이유는 갑골문에 명확히 기록된 60갑자에 의한 추정이기 때문이다.

2. 漢字의 歷史와 甲骨의 發見

한자가 언제부터 시작되었는가는 갑골문이 언제부터 사용되었는가와 같은 질문이다. 그래서 앞에서 말했듯이 한자는 중국 상商나라의 후반기인 대략 기원전 14세기에서 11세기에 시작되었다고 볼 수 있다.

그렇다면 한자를 사용하는 사람들은 이 사실을 줄곧 알고 있었을까? 답은 '그렇지 않다.'이다. 한자의 원류를 인식한 것은 다름 아닌 갑골학甲骨學이 시작된 시기와 같기 때문이다. 즉, 갑골학 연구는 오래된 동물의 뼈와 그 표면에 새겨진 글자를 발견하고 그것이 한자의 전신前身임을 비로소 인식한 1899년으로부터 시작된다.

국립도서관 관장격인 국자감좨주國子監祭酒를 지내던 청대淸代의 왕의영王懿榮(1845~1900, 광서光緖 25년)은 금석문金石文에 밝았으며, 고문헌에 해박한 지식을 소유한 사람이었다. 일설로 전해져 사실을 확인할 길이 없지만, 갑골문의 발견과 관련한 이야기가 있다. 그가 오늘날 말라리아로 밝혀진 학질瘧疾에 걸려 당시 그 치료약으로 통용되던 용골龍骨을 다려 마셨는데, 용골은 하남성 안양현 일대에서 밭을 일구다가 자주 발견되는 오래된 뼈를 이르는 말이었다. 오래된 뼈인 것은 분명하나 그것이 무슨 뼈인지를 잘 몰랐던 사람들은 용의 뼈일 거라 추측하였고, 학질에 다려 먹기도 하고 약재상에 내다 팔기도 하였었다. 그런데 고고학적 지식이 있는 왕의영은 약을 마시던 도중 그 뼈를 발견하였고, 뼈에 새겨진 문자가 전설로만 전해져 오던 고대의 한자임을 인식한 것이다.

△ 王懿榮(1845~1900)

이 일화는 갑골문의 발견, 즉 한자의 기원에 대한 인식이 우연에서 비롯되었음을 의미하며, 동시에 그 인식이 오래되지 않았음을 의미한다.

특히, 하남성 안양현의 은허 지역에는 부단히 상대商代의 동기銅器가 발견되고 있었음을 알 수 있다. 즉, 일찍부터 갑골이 출토되었으며, 그 시작은 북송北末때부터였다. 추측컨대 갑골이 출토된 배경에는 도굴이 있었을 것이다. 춘추전국시기부터 한 대를 거치면서 이어진 유교사회의 풍습으로 장례를 성대히 치렀고, 특히 무덤을 깊게 팠다. 도굴꾼들은 이 무덤의 보물을 찾고자 땅을 깊게 파 들어갔을 것이고, 그 도중에 땅 속에 묻혀 있던 고대의 갑골문도 대량으로 덩달아 세상에 나왔을 것이다. 그러나 그 누구도 이것에 대해 중요하게 여기지 못했으며, 결국 그대로 방치되고 훼손되어버렸다.

왕의영 이후 도굴에는 소둔촌의 농민들도 가세하였다. 『갑골년표』甲骨年表(동작빈董作賓·호후선胡厚宜, 1937년)에 의하면 청말민초淸末民初에 그들은 처음에는 그저 약재로 내다팔거나 그냥 버렸었으나, 갑골 조각을 비싼 값에 사들이고 특히 글자가 있어야 더욱 값이 나간다는 것을 알고 나서는, 임시로 숙소를 설치하고 갑골 조각이 나올 만한 지역을 서로 차지하려 다투면서까지 미친 듯이 파헤치는 지경에 이르렀다. 그 결과 소둔촌은 만신창이가 되었다.

△ 1920년대 殷墟의 발굴 모습

그러나 이렇게 발굴된 갑골은 왕의영 즉, 국가의 소유가 아닌 상인이나 서양인의 손에 들어가 다량의 갑골이 유실되거나 해외로 유출되었다. 완전한 통계는 아니지만, 이렇게 유출된 갑골은 현재 12개 국가와 지역에 흩어져 있으며, 약 26,000여 편에 달한다고 한다. 그 가운에 일

▷ 龜甲獸骨文字
이처럼 잘게 나눠지지
않고 한 판이 온전하게
발굴되기는 쉽지 않다.

『甲骨文合集』의
6654번이다.
길이 18.5cm, 폭 11.5cm
중앙의 세로선 즉
千里路를 중심으로 좌우에
卜자들이 여러 개
선명하게 보이며,
갑골 서체는 대담하다.

읽는 법은 千里路를
중심으로 오른쪽부터
가장자리쪽으로 읽어가며,
다시 중심 세로선으로부터
왼쪽으로 읽어간다.
그 내용은 다음과 같다.

辛酉卜, 方貞 :
吏正化弋(捷:이길 첩)鼻.
一二三四五.
(신유일에 점을 치고 方이
묻습니다. 吏正化는
鼻方을 쳐서 승리할 수
있을까요? 다섯 번 물었다.

貞 : 吏正化弗其弋(捷)鼻.
一二三四五.
(묻습니다. 吏正化는
鼻方을 쳐서 승리할 수
없을까요? 다섯 번 물었다.

신유일에 전쟁의 승패
여부를 묻는 점치는
내용인데, 다섯 번이나
물었다. 중요한 사안은
이렇게 여러 번 점을 친다.

본에만 1만 여 편이 있으며, 나머지는 주로 캐나다, 미국, 독일 등에 있다고 한다.

어쨌든 왕의영 이후 용골의 수집과 해독이 시작되었고, 1900년 왕의영이 죽자 그가 소장했던 대부분의 갑골을 입수한 제자 유악劉鶚이 그동안 수집했던 갑골편을 선별해서 중국 최초의 갑골학 저서라 할 수 있는 『철운장귀』鐵雲藏龜(1903년)를 펴내게 되었다. 그 후 1928년부터는 중국정부에서 본격적으로 발굴을 시작하여 1937년까지 17만여 편의 甲骨片을 발굴, 연구를 본격화함으로써 비로소 갑골학甲骨學으로 발전하였다.

현재 갑골문 연구의 대표적인 저서로는 『갑골문합집』甲骨文合集(궈모뤄 郭沫若 주편, 13책, 1983년)[1], 『갑골문합집석문』甲骨文合集釋文(후호우쉬앤 胡厚宣 주편, 1999년)[2], 『갑골문합집보편』甲骨文合集補編(후호우쉬앤 胡厚宣 주편, 7책, 1999년)[3], 『갑골문헌집성』甲骨文獻集成(중국사회과학원 주편, 40책, 2001년), 『갑골문자전』甲骨文字典(쉬종슈 徐中舒 주편, 2006년), 『갑골문정수석역』甲骨文精粹釋譯(왕위신 王字信 등 저, 2004년) 등이 있다.

특히 『갑골문헌집성』은 「서문」에 의하면 여러 나라 및 도서관에 흩어져 있는 책들을 일일이 보기가 대단히 어려워서 관련 책들을 한 곳에 모았다고 했다. 그래서 중국 내외의 갑골학 관련 주요 학술논문과 문헌들을 총망라한 대작이 탄생하게 되었으며, 총 9,000만자에 달하는 대작이다. 값은 인민폐 56,000위앤元(한화 약 1천만 원)이니 개인이 소장하긴 힘들다. 이외에 대형 자전 및 전문 연구서가 끊임없이 쏟아져 나오고 있다.

[1] 이 책은 갑골학사에 있어서 이정표적인 저서이다. 郭沫若이 主編을, 胡厚宣이 총편집을 맡아 20년의 노력 끝에 출판하였다. 甲骨文과 商代 역사 연구의 필요에 부응하기 위하여 모두 41,956片의 참조할 만한 가치가 있는 甲骨을 골라 수록하였다. 卜辭(점친 기록)와 記事刻辭(역사 기록)를 포함해 대부분이 갑골문자 字體를 연구하는 데 없어서는 안 될 중요한 자료이다. 체제는 董作賓이 구분한 5시기로 나누고 매 시기마다 내용에 따라 4항으로 분류하고 있는데, 1) 계급과 국가 2)사회·생산 3)과학·문화 4)기타 등이며, 다시 22개로 세분했다. 이 분류는 갑골학 연구의 기틀을 제시하였다고 할 수 있다.

[2] 『甲骨文合集』은 갑골편의 그림만 있어서 해독이 어려웠다. 이에 『甲骨文合集』에 수록된 41,956편의 내용을 해서로 옮긴 거작이다. 胡厚宣이 주편하고 王字信 등이 감수를 맡았다. 『甲骨文合集』이 출판되던 1980년부터 시작되어 1999년 20여년 만에 완성되었다.

[3] 모본인 『甲骨文合集』과 체제가 동일하며, 『합집』에 누락된 자료를 증보하고, 80년대 이후 새로 발굴된 갑골편 등을 망라하여 7권으로 펴냈다. 『합집』의 연장선상의 성과라 할 수 있다.

3. 龜甲獸骨文字

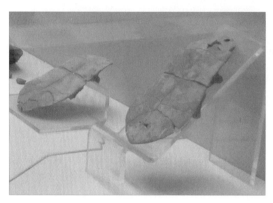

△ 河南博物院 소장 甲骨片

갑골문의 정식 명칭은 귀갑수골문자龜甲獸骨文字이며, 결문契文, 복사卜辭, 정복貞卜, 귀갑龜甲문자, 은상殷商문자 혹은 은허殷墟문자 등의 이름으로 불리다가 갑골문에 대한 학술적 연구를 거친 이후에 최종적으로 부여된 것이다. 은허문자 및 은허서계書契, 또는 은결殷契이라는 명칭은 갑골문이 발견된 하남성 안양현 소둔촌 지역이 은殷나라의 도읍지였기 때문에 '은나라의 옛터'라는 의미로 반영시킨 명칭이기도 하지만, 상商나라를 멸망시킨 주周나라가 상나라를 폄훼하기 위해 상商의 도읍지였던 은殷으로 국명을 대신한 데서 비롯한다.

귀갑수골龜甲獸骨의 '갑'甲은 귀갑龜甲 즉, 거북 배껍질의 의미이고, '골'骨은 우골牛骨 즉, 소 같은 짐승의 넓은 어깨뼈나 다리뼈를 말한다. 일반적으로 거북의 배껍질이 아닌 등껍질로 알고 있으나, 사실 등껍질은 대단히 단단하여 글자를 새기기에는 힘들었을 것이며, 현재까지 발견된 것은 대부분 배껍질이다.

인류의 여타 문명에서 탄생한 문자와는 달리 갑골문은 그 명칭에서 말하고 있는 것처럼 동물의 뼈에 글자를 새겼다. 현재까지 알려진 바로는 한자의 가장 오래된 형태로서, 한자의 전신으로 인정하고 있다.

잠시 고대인들이 귀갑수골을 이용하여 점을 치는 과정을 소개하고자 한다.[4]

① 구리를 이용해 갑골에 깊고 둥근 구멍을 뚫는다.

② 그 옆에 대추씨 모양의 홈을 판다.

③ 나뭇가지나 금속에 불을 붙여 구멍난 곳을 태우면 갑골이 터지면서 징조를 나타내는 '卜'복 모양으로 갈라진 무늬가 생긴다.

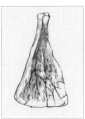

④ 징조를 나타내는 무늬에 근거해서 길흉을 판단하고 갈라진 무늬 옆에 복사를 새겨 둔다.

4] 왼쪽의 그림들은 『신권의 일천년－상·주시대』(중국의 문명 2, 尹盛平 지음, 김양수 옮김, 시공사, 2003년)를 참조하였음.

또한 복사를 새기는 방법에도 일정한 규칙이 있었다. 그 규칙은 다음과 같다.

① 전사前辭 (일명 서사敍辭) : 간지干支로 쓴 점친 날짜와 장소, 점쳐 묻는 사람인 정인貞人의 이름.

② 명사命辭 (일명 정사貞辭) : 점을 쳐서 물어야 하는 핵심 내용.

③ 점사占辭 (일명 복사卜辭) : 점을 쳐서 얻은 무늬 즉 복조卜兆를 보고 길흉을 판단한 내용.

④ 험사驗辭 : 점복의 결과가 점사대로 실행되었는지에 대한 기록.

5] 『甲骨文合集』05권 및 『甲骨文解讀』(양동숙, 서예문인화, 2007)참조

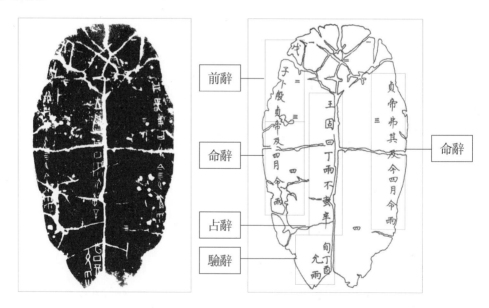

이 그림은 『갑골문합집』에1 실려 있는 번호 14,138의 갑골

편인데, 모든 구성 요소를 갖고 있는 완벽한 형태이다.[5]

왼쪽의 그림은 탁본이며, 오른쪽의 그림은 갑골문을 현대의 한자로 옮겨 쓴 것이다. 좌우에 전사前辭와 명사命辭를 나란히 하고 있으며, 중앙에 점사占辭, 그리고 하단에 험사驗辭를 새겨 대단히 조화롭다.

앞에서 말한 네 가지 구성 요소에 따라 다음과 같이 옮길 수 있다.

① 전사前辭 : 戊子卜, 馘貞.

　　　　　　(무자戊子일에 점을 치고 馘이 묻습니다.)

② 명사命辭 : 帝及四月令雨[6]. 一二三四五

　　　　　　(상제上帝는 이번 4월에 비를 내려줄까요? 다
　　　　　　섯 번 물었다.)

　　　　　　貞, 帝弗其及四月令雨. 一二三四

　　　　　　(묻습니다. 상제上帝는 이번 4월에 비를 내려주
　　　　　　지 않을까요? 네 번 물었다.)

③ 점사占辭 : 王固曰, 丁雨, 不惠辛.[7]

　　　　　　(왕은 점친 결과를 보고 길흉을 판단해 물었
　　　　　　다. 정丁일에 비가 올 것이다. 만약 그날 비가
　　　　　　오지 않으면 辛일에 비가 올 것이다.

④ 험사驗辭 : 旬丁酉允雨.[8]

　　　　　　(10일 후 정유丁酉일에 과연 비가 왔다.)

비가 올 것인지 다섯 번이나 묻고 있는 것으로 보아 점을 쳤던 4월에 가뭄이 심했을 것이다. 그런데 과연 점괘대로 10일

6] 帝 : 절대권능의 신, 상제를 의미한다. 꽃씨방 모양, 하늘에 제사지내는 제단 모양 등 풀이가 다양하다.

　　令 : 종 아래에 사람이 꿇어앉아 있는 모습을 합친 글자이다. 고대에 종을 치며 명령을 내린 것이 배경이 되었다. '명령하다'의 의미로 풀이하였다.

7] 不 : 부정부사.

　　惠 : 강조부사.

8] 旬 : 열흘.

　　允 : 험사에서는 '과연'이라는 의미로 쓰인다.

후인 정유일에 비가 내렸다. 과연 예언대로 된 것일까? 험사驗辭가 없는 갑골편도 있는데, 이 경우는 예언대로 되지 않았기 때문일 것이다. 다시 말해 예언이 맞지 않을 경우에는 험사를 쓰지 않았다. 무책임한 예언자이다.

그렇다면 왜 하필 거북의 껍질이었을까? 이는 단순히 거북이의 배껍질이 글자를 새기기에 적당하고 또 보관과 보존이 용이했기 때문일까? 설령 동물의 뼈가 아니더라도 베 같은 천 조각이나 혹은 나뭇잎 같은 다른 재료도 가능했을 텐데 왜 그렇지 않았을까?

당시의 서사도구가 종이 대신 거북이의 넓적한 껍질을, 그리고 펜 대신 날카로운 동물의 뼈나 조각칼을 사용했기 때문이기도 하지만, 사실 말린 거북이의 배껍질이나 물소의 넓적 다리뼈는 딱딱하고 단단하며 거기에 조각칼로 글자를 쓴다는 것은 결코 쉬운 일이 아니었을 것이다.

여기에는 분명 그들의 신앙 및 삶과 직결된 이유가 있었을 것이다. 즉, 거북은 중국 고대로부터 용龍, 봉鳳, 린麟과 더불어 사령四靈으로 일컬어졌듯이 영험한 동물로 여겨져 왔다. 그래서 신의 계시를 기록하는 데에는 당연히 신령스러운 동물이 채택되었을 것이다. 동시에 잘 말린 거북 껍질은 쉽게 썩지 않아 후대에까지 물려줄 수 있도록 장기간 보존이 가능했다. 또한 중대한 일이 발생했을 경우 예전에 보관해 두었던 것을 다시 꺼내 점을 치고 기록하는 등 보관에도 대단히 용이했기 때문으로 추측한다. 거북이의 배껍질은 마치 오늘날의 소형 화이

트보드의 용도와 같다. 그래서 갑골에 글자를 새기는 사람은 종교적 사제자司祭者이면서 갑골을 다룰 줄 아는 전문 기술자인 정인貞人이 담당하였다. 왕권이 강화되어 왕이 직접 점을 치기 전인 갑골문 초기에는 더욱 그러했다.

이외의 원인으로 기원전 14세기의 중국 황하 유역은 지금과는 달리 열대우림지역임을 들 수 있다. 그래서 코끼리와 물소가 야생에서 살았으며, 황하 유역의 사람들은 그들을 이용하여 힘든 일을 대신 시키거나 가죽을 얻는 등 주변의 환경을 이용할 줄 알았다. 爲위자의 갑골문 🐘(京津경진2262)[9], 🐘(金금591)[10]는 코끼리와 코끼리를 부리는 사람의 손이 결합된 자형이다. 당연히 황하에서 거북이를 잡았을 것이고, 그래서 이때 거북이는 바다거북이가 아닌 소위 강江거북이이다.

그 크기는 보통 길이가 18~30cm, 너비가 10여 cm 정도이며, 현재 발굴된 갑골문 가운데 전신이 모두 갖추어진 갑골도 이 크기를 벗어나지 않는다. 글자의 크기도 깨알만한 크기에서부터 1cm 정도의 큰 것도 더러 있다.

현재까지 약 15~16만여 개의 갑골편이 발굴되었으며, 그 가운데 4,500여 개의 단자單字가 있음을 확인하였다. 그리고 다시 이 가운데 약 1,500여 개의 글자를 해독하였다. 나머지 3,000여 개의 글자들은 해독이 불가능하기 보다는 현재 사용하는 글자에는 존재하지 않는, 그러니까 당시에 사용되다가 어느 시기에 사라져버렸기 때문에 그 연결 고리를 찾지 못하는 글자들이다. 이들은 대부분 상대商代의 문화·제도·인명·지

9] 『戰後京津新獲甲骨集』, 胡厚宣, 1954년.
10] 『金璋所藏甲骨卜辭』, 方法斂·白瑞华, 193년.

119

명·관명 등 여러 고유명사이다. 그러나 그 글자들의 구조와 용도에 대해선 어느 정도 연구가 진행되어있다.

또한 이 1,500여개의 글자들은 어휘, 어법, 구조가 후대의 한자와 대단히 유시하며, 특히 글자의 구조에 있어서 허신의 육서六書 이론으로도 분석이 가능하다. 즉, 상형, 지사, 회의, 형성을 이미 갖추고 있으며, 특히 의미의 확장인 전주와 의미를 무시하고 음만을 빌려 사용하는 가차가 많이 보인다. 아울러 갑골문의 변천 과정에 있어서도 형체가 복잡한 글자들은 갈수록 간략화 되고 있으며, 형성자의 비율이 증가하고 있는 특징을 보인다. 이 또한 한자의 연변과정과 동일하다.

4. 甲骨文에 담겨있는 文化

한자는 자화상이다. 그것도 그림을 막 그리기 시작한 어린이가 그린 최초의 하늘이며, 인류 최초의 자신의 얼굴이다. 이 그림은 기원전 13세기경 은殷나라 때부터 그려지기 시작하여 주周나라와 한대漢代를 거치면서 조금씩 변한다. 예를 들면 어느 사실화를 그리는 화가는 그림을 반듯반듯하게 그렸고, 어느 추상화를 그리는 화가는 글자인지 그림인지 구분이 어려울 정도로 그림을 그려내는데 성공했다. 다시 말해 해서楷書와 초서草書이다.

그런데, 이 과정에 중요한 사실이 있다. 이 수많은 화가들은 자신들이 보고 느끼고 입고 먹으며 잠자고 활동하는 모습, 하늘과 땅, 동물과 식물, 전쟁과 민생, 음악과 예법 등 실제로 존재하는 모습 뿐 아니라 그들이 중요하게 느끼는 의식과 철학에 대해서도 표현해 놓았다는 것이다. 때문에 한자는 곧 한자를 사용하는 사람들의 문화와 의식이 담겨져 있으며, 그래서 가장 기본적인 모습은 가장 오래된 그림에 그려져 있다고 할 수 있다. 가장 오래된 그림은 다름 아닌 한자의 최초의 의미, 즉 본의本義이며, 이후 추가된 의미는 곧 인신의引伸義이다. 이는 사람들의 생활이 다양·복잡해지는 과정이 그대로 반영된 것에 다름 아니다.

예를 들어 제지술은 후한의 채륜蔡倫(50?~121?년)에 의해 대략 105년에 발명되었다고 알고 있다. 그런데 그보다 전에 세상에 나왔을 『설문해자』(100년)에 종이를 의미하는 紙지자가 실려 있다면 이는 어떻게 이해해야 할까?

> 『說文·卷十三·糸部』 : 紙, 絮一苫也. 从糸氏聲.
> 紙지는 솜 한 거적이다. 자형은 糸사와 氏씨로 이루어져 있으며, 氏씨는 성부이다.[11]

△ 小篆의 紙

이는 채륜 이전에도 종이가 사용되었음을 말하는 것이다. 즉, 허신의 풀이에 의하면 처음 제지 원료로 사용한 것은 솜 부스러기[絮, 솜 세]였음을 알 수 있다. 그러나 이때의 솜이란 면화가 인도에서 중국으로 들어온 것이 남북조시기이므로 삼[麻마]에서 실을 뽑고 남은 실오라기 같은 것이었는데, 이것을 원료로 하여 종이를 만든 것이다.

11] 단옥재의 교감을 참조하면, 부스러기 솜을 한 장의 종이 뜨는 발 위에 평평히 깔아 놓은 것이다.

허신이 말한 苫(이엉 점)은 다시 『설문해자』에 의하면 苫점은
箈점과 같은 글자인데, 「권5卷五·竹部죽부」에 '蔽絮簀也폐서책야.(솜
즉 종이 원액을 살판 위에 펴서 덮어 놓은 것이다.)'라고 풀이
하였으니, 곧 잘게 자른 대나무나 목판을 가지런히 묶어 깔개
로 삼았고, 그 위에 물에 풀어 흐물흐물해진 액체가 된 솜을
깔개 즉 발 위에 올려놓은 것이다. 결과적으로 종이를 만드는
방법을 알 수 있다. 이 방법이 채륜에게 전해져 해진 베나 어
망을 원료로 하여 이를 물속에서 두드려 펴고 그것을 발 위에
얇게 말려 종이로 만들었을 것이 분명하다.
　　현재 학자들이 추정하는 채륜의 종이 만드는 방법은 다음과
같다.

①　종이의 재료가 되는 나무껍질, 베(麻), 헤진 베 옷가지나
　　헤진 그물 등을 잘게 잘라 부순다. (切割)
②　자른 재료를 깨끗이 씻는다. (洗滌)
③　깨끗이 씻은 재료를 잿물에 넣고 끓인다. 표백처리를 위
　　한 것이다. (湯灰水)

④ 장시간 증기로 쪄서 불필요한 성분을 제거한다. (蒸煮)

⑤ 절구에 넣고 여러 차례 두드려 걸쭉한 상태(펄프)로 만든다. (春搗)

⑥ 펄프를 반죽한다. (打浆)

⑦ 촘촘한 발로 평평하게 뜬다. (抄紙)

⑧ 얇게 그물로 뜬 펄프를 발 위에 올려놓고 그늘이나 바람에 말린다. (晾紙)

⑨ 마른 종이를 발에서 떼어 낸다. (揭紙)

당연히 紙지자는 갑골문이나 금문에는 보이지 않으니 이 시기에는 종이가 존재하지 않았다는 의미이며, 소전小篆에서야 비로소 보인다는 것은 곧 소전 시기 즉 진대秦代에 종이가 사용되었음을 의미하는 것이다.

그렇다면 갑골문부터 존재하였던 글자는 어떠할까?

卜복사는 앞에서도 말하였지만 갑골에 구멍을 뚫고 ㅡ 위에 불에 달군 쇠꼬챙이로 지져 그 갈라지는 모양을 상형한 글자로서, 곧 신께 점卜을 치는 모습이 그대로 반영된 글자이다.

갈라진 모양에 따라 점괘를 말하는 제사장의 입이 반영된 글자가 占이며, 그러한 장소나 건물을 일컫는 의미가 店으로 연변 되어 현재는 점집이 아닌 가게나 건물을 의미하게 된 것이다.

오늘날 people을 의미하는 民민자는 고대에는 전쟁포로이자 노예의 의미였다. 『설문해자』에는 '衆萌也중맹야. 从古文之象종고문지상.(백성이다. 자형은 고문 民민자의 㒵민 형태를 따른다.)'고 되어 있는데, '萌'맹은 백성을 뜻하는 氓(백성 맹)의 뜻이며, 이 氓맹은 경작하는 사람이라는 뜻을 지닌 甿(백성 맹)으로 쓰기도 하였다. 즉 고대에 民민자에는 '농경지를 경작하는 노예'라는 뜻이 있었다.

금문은 꿔모뤄郭沫若에 의하면 '날카로운 기물로 사람의 눈을 찌르는 형상'으로서 '눈이 멀다'라는 의미는 盲(소경 맹)의 초문이라고 해석하였다. 이 견해에 따르면 民민자는 고대에 도망을 치려는 노예의 왼쪽 눈을 찔러 원근감이 사라지게 하여 도망을 쉽게 치지 못하면서도 단순 노동은 유지할 수 있게 한 상황이 반영된 것이다. 고대에 대부분의 노예는 전쟁에서 잡아 온

△ 갑골문과 금문 소전의 卜

△ 갑골문과 소전의 占

△ 소전의 店

△ 갑골문과 금문 소전의 民

포로였다.

　이 '노예'가 현재는 '백성'의 의미로 사용되고 있으니, 그 연
변이 사뭇 의미가 있다.

제4장 漢字와 書體

제1절 字形의 演變, 배우의 얼굴

삼황오제三皇五帝의 후계자임을 자처한 시황제는 서동문書同文 정책을 펴서 한자를 일통하였다. 즉, 나머지 6국에서 사용했었던 문자를 없앤 것이다. 그러나 이는 영토의 통일이 진정한 통일이 아님을 알았던 시황제의 황제다운 야망적인 정책이라는 측면이 오히려 더 중요하다.

언어의 통일로써 그의 통일은 완성되는 것이며, 대대손손 그의 왕조가 유지될 것임을 그 어느 누구보다 더 일찍 깨우친 황제라 할 수 있다. 그 방법으로 그는 분서焚書를 하였으며, 그 결과 소전小篆은 훗날 중국을 하나의 문자로 엮어내어 현재의 거대한 영토가 유럽처럼 각각의 나라로 갈라지지 않고 하나로 존재하게 한 틀을 완성해 낼 수 있었다.

그러나 통일 진秦은 그 운명을 한漢에게 맡기게 되고, 소전체의 운명도 함께 예서隸書라는 또 다른 서체가 그 역할을 대신하게 되었다. 그 이후 한자는 각 시대적 배경, 서사도구의 발전, 예술미의 추구 등의 이유로 다양한 서체로 변화되어 왔다.

아래의 표는 女, 心, 馬, 魚 네 글자의 각 자형별 변화를 보이고 있다. 갑골문에서, 女는 양 손을 가슴 앞으로 가지런히 모으고 앉아 있는 사람, 즉 여인의 모습을 상형한 것이다. 이 여인이 아이를 낳으면 수유하는 젖을 두 점으로 표시했는데, 그 글자가 바로 母이다. 어머니가 된 女이며, 그 사랑이 보이는 글

母의 갑골문, 금문, 소전

자이다.

	女	心	馬	魚
甲骨文				
金文				
大篆(籒文)				
大篆(古文)*				
小篆				
隷書				
楷書	女	心	馬	魚
行書	女	心	馬	魚
草書				

心은 갓 잡은 동물의 심장을 꺼내 그 구조를 보았을 고대인
의 얼굴마저 떠오르게 할 정도로 심장의 모양이 생생하며, 馬
와 魚는 대단히 사실적으로 그 모양을 그렸다. 이 모양들이 시
대를 거치면서 모양이 변한다.

* 여기에서의 古文이란
籒文을 포함한 大篆을
말한다.

그래서 한자의 서체는 각각의 story를 갖고 있는, 다양한 얼
굴을 한 배우라 할 수 있다. 그 얼굴은 시대와 환경에 따라 변
화하는데, 시대를 풍미한 스타들이다. 그 면면을 살펴보겠다.

제2절 古代 字形

1. 甲骨文 Oracle bone Script — 原形의 얼굴

갑골문甲骨文은 한자의 조상이자 시조이다. 현재까지 갑골문 이전의 글자로서 한자의 전신이라 불릴만한 글자는 발굴되지 않았으니, 틀린 말이 아니다. 상商(은殷)나라의 후기 즉, 대략 기원전 14세기부터 기원전 11세기에 사용되었으니, 그 나이가 3,200년에서 3,500년가량 된다. 그럼에도 몇몇 글자는 현재의 한자와 그 모양이 유사해서, 한자의 조상임을 어렵지 않게 알 수 있다. 그 조상들을 몇몇 만나보자.

人	

갑골인甲骨人들은 사람의 측면 모습으로 직립 보행하는 인간을 표현해냈다.
현재의 亻 인과 유사한 모양인데, 대단한 발상의 전환이다.

尸	

죽은 자이다. 시신의 허리 부분을 구부려 표현했다.
매장의 풍습이 있기 전의 풍습으로 추측된다.
이 글자의 발음은 '시, shī'인데, 상고한어 추정음과 연관 지으면 우리말의 '스람'과 유사하다.

| 天 | 大 大 大 大 大 大 |

정면을 향하고 서 있는 사람의 머리와 그 위의 하늘을 네모난
모양이나 수평선으로 표현했다.
갑골문을 썼던 사람들은 하늘을 네모난 모양으로 생각했다.

| 日 | ⊖ 日 ▢ ⊞ |

태양은 둥글지만 갑골문에 새긴 모양은 네모난 모양이다.
그 이유는 딱딱한 거북껍질이나 소뼈에 칼로 새겼기
때문이다.
가운데 점은 흑점이라고도 하는데 갑골시기 사람들이 흑점을
관찰했을 수도 있지만, 필자는 태양에 산다고 전해지는
삼족오三足鳥를 상징한 것이라고 보는 것이 더 타당하다고
생각한다.

△ 태양의 운행을 주관한
새, 삼족오 (漢代의 畵
像石)

| 月 | ☽ ☽ ☽ ☽ ☽ ☽ ☽ ☽ |

달은 반달 모양이다. 아마 둥근 태양과 구분하기 위해서
반원으로 그렸을 것이다.
가운데 점은 달 표면에 비친 음영이라고 보기도 하지만,
필자는 선약을 찧고 있는 옥토끼의 전설을 낳은 두꺼비
형상을 한 섬여蟾蜍('섬서'로도 읽음)라고 보고 싶다.
섬여는 하늘의 명령으로 인간세상으로 내려와 아홉 개의
태양을 활로 쏘아 떨어뜨린 후예后羿의 아내인 항아嫦娥가 변한
모습이다.
처음에는 흉한 모습의 두꺼비였다가 훗날 사람들의 구전
도중에 어여쁜 달의 의미지에 걸맞게 옥토끼로 변했을
것이다.

△ 달에서 선약을 찧고
있는 옥토끼, 그리고
蟾蜍(섬여, 두꺼비)도
함께 보인다. (安徽
省 淮北 출토 畵像
石)

131

| 星 | |

오늘날의 ★과는 사뭇 다를 뿐 아니라 그 모양이 훨씬 생생하다. 다섯 개의 네모를 그려 밤하늘에 반짝이는 수많은 별들을 표현해 놓았다.

가운데의 나뭇가지 모양은 고대인들이 밝다가도 어두우며, 유성으로 떨어지기도 하는 별이 생명체와 비슷하다고 여겼기 때문에 生생을 집어넣은 것이다. 生생은 대지를 뚫고 나오는 새싹을 형상화한 모습이다.

| 雨 | |

𝌆와 𝌉 등 윗부분의 가로획은 하늘이거나, 하늘에 떠 있는 구름일 수 있다. 가로획이 생략된 자형 𝌍는 비가 올 때에는 하늘이 보이지 않은 때문으로도 추측한다.

갑골문에 보이는 雨우의 여러 자형들은 곧 고대인들이 비단 비가 오는 것을 그저 바라보는 것에 그치지 않고, 비의 크고 작음이나 리듬까지도 느꼈음을 알 수 있게 해 준다. 마치 빗소리가 들리는 듯하다.

| 水 | |

물이 흐르는 모양을 사실적으로 나타냈다.

그런데, 중앙의 실선 양쪽의 점선에 대해 양쪽의 점선은 물이 흐르는 기슭을 나타낸다는 견해가 있다.

이 주장은 川천의 갑골문 자형 𝌎의 양쪽 실선이 기슭을 타고 물이 범람한 모양이라는 견해로 연장된다.

이와는 달리, 가운데의 실선은 좌우로 꺾어진 모양으로서 물이 완만하게 흐르는 물줄기를 나타내며, 양쪽의 점선은 물방울을 나타낸다는 견해도 있다.

川

이 글자가 고대 자형에서 水수와 다른 점은 양쪽의 기슭을 강조했다는 것이다.

갑골문에서 水수는 가운데가 실선이지만, 川천은 가운데가 점선이거나 실선과 점선이 모두 있으면서 다시 양쪽으로 점선을 그린 자형이 보이기 때문이다.

즉, 양안兩岸 사이로 물이 흘러가는 모양을 본뜬 것이다.

그래서 川천은 水수보다 더 큰 물줄기를 나타내고 있다.

河

좌변은 물의 상형이며 우변의 꺾어진 모양은 황하의 물길을 묘사한 것으로서, 회의자였다.

그러나 소전에 이르러서는 우변의 모양이 可가로 변해 곧 물이 흐르는 소리를 나타낸 성부로서 형성자가 되었다.

하지만 可가가 성부로서만 작용하는 것이 아닌 굽이진 물길까지 묘사한 것이라면 이는 회의겸형성자가 된다.

△ 소전의 河

卜

거북이의 배껍질이나 등껍질, 소의 허벅지와 어깨뼈 등에 불에 달군 쇠꼬챙이를 대 그 갈라지는 모양으로 길흉을 판단하고 그 결과를 기록한다.

이때 그 갈라지는 모양을 상형한 것이 卜복이다.

복卜의 발음은 또한 뼈가 '빡!'하고 갈라지는 소리이기도 하다.

현대한어는 bǔ이지만 상고한어시기에는 입성入聲이 존재하였으므로 우리말 발음 '복'이 더 유사하다.

| 祝 | |

示시와 兄형으로 이루어져 있다. 그렇다고 '기도하는 형님'은 아니다.

사실 祝축과 兄형은 동원자同源字이다. 兄형은 口구와 儿(사람 인)으로 이루어진 회의자로서, 입을 크게 그려 '큰 목소리로 다른 이들을 이끄는 사람'의 의미를 나타냈다.

祝축도 '큰 목소리로 신께 축문祝文을 읽는 제주祭主'의 의미가 본의이다. 그리하여 '신령께 복을 구하는 사람'이라는 뜻이 내포되어 있다. '빌다'라는 동사는 의미의 파생으로 볼 수 있다.

| 福 | |

畐(가득할 복)으로 보이는 자형과, 여기에 示시가 더해진 자형, 혹은 畐복을 두 손으로 받치고 있는 모습 등의 자형이 있는가하면, 또 示시 앞에서 술 주둥이를 열어 술이 똑똑 떨어지는 자형도 있다.

畐복은 다름 아닌 술을 담아놓은 항아리이다. 뾰족한 밑동과 마개가 달린 주둥이도 보인다.

사실 술은 농작물이 풍성하게 수확되어야만 얻을 수 있는 풍부함의 산물이며, 이는 곧 사람에게 행복幸福을 가져다주는 도구이기도 하다. 술은 꼭 먹어서뿐만 아니라 술이 있다는 것 자체가 완비完備의 상징이기 때문이다.

이렇게 상징적인 술을 조상신과 신령께 바치는 것은 신께 복을 기원하는 것일 뿐만 아니라, 신에게 보답한다는 두 가지의 의미를 모두 담고 있다.

그래서 畐복을 두 손으로 받쳐 들거나 畐복 옆에 제단을 의미하는 示가 덧붙여졌을 것이다.

| 祭 | |

해서체 祭제를 자세히 보면 상단은 '고기 肉육'과 '오른손 又우', 하단은 '보일 示시'로 이루어져 있어 개략적인 뜻이 보인다. 그러나 갑골문에서는 자형이 示시가 없는 대신 고기에서 흘리는 핏방울이 찍어져 있다.
이는 희생물로 방금 잡은 신선한 고기라는 뜻이다.
자신이 먹기 위한 것이 아닌, 신령과 조상신에게 바치기 위한……

| 祀 | |

示시와 巳사의 결합인데, 巳사에 대해 허신은 뱀의 형상을 본뜬 글자로서, 蛇사로 쓰인다고 하였다.
그러나 갑골문을 보면, 뱀의 형상이라기보다는 사람의 형상임이 분명하다.
단, 성인이 아닌 어린아이로서 '자손'이라는 의미이다.
한편, 아직 태어나지 않은 복중腹中의 아이라는 주장도 있다.
결국 祀사는 '자손이 제단 앞에서 조상에게 제사를 드리는 모습'이다.
巳사가 복중의 태아라는 주장과 연계시켜보면, 고대의 출산은 곧 씨족의 번성과 노동력을 의미하는 생사존망과 관련된 대단히 중요한 일이었기 때문이라는 해석이 가능하다.
그러나 오히려 유산流産이 되거나 산모가 죽는 사고가 빈번했을 것이며, 이러한 생사를 결정하는 주재자主宰者가 곧 조상신이기에 튼튼한 아이와 산모의 건강을 기원하는 의식을 반영한 글자로도 볼 수 있다.

한자의 원조인 갑골문을 보면, 현재의 해서체에 비교해서 그 모양도 유사하지만, 현재의 의미와도 별반 차이가 없다. 즉

135

이들은 3,300년이 넘도록 유사한 얼굴과 이야기를 가지고 있는 동일인인 것이다.

다만, 그 모양에 있어서 갑골문은 회화적繪畵的이고 원형적原型的이다. 동시에 형체와 구조가 아직 확립되지 않아 한 글자가 보통 여러 모양이다. 반면, 해서체는 훨씬 더 선형화되었고 추상적으로 변했다고 할 수 있다. 동시에 그 모양이 하나로 확정되었다.

그리고 의미에 있어서는 祝축·福복·祭제·祀사 같은 경우 사연이 더 많아졌다. 원래의 간단했던 의미는 시간이 지나면서 훨씬 더 풍부하게 되었으며 그 범위도 넓어졌다. 그러나 한 사람인 것은 분명하다. 각 배우들의 얼굴은 세련되게 변했고, 자신만의 스토리는 그 내용이 더 다양해진 것이다.

한편, 갑골문은 계도鍥刀라고 통칭되는 동물의 뼈를 갈거나 다른 날카로운 도구를 가지고 거북의 배껍질에 새겼다. 때문에 동그란 모양을 새기기가 어려웠을 것이다. 훗날 글자를 진흙에 새기고 주물을 부어 그 모양을 찍어내는 금문은 글자를 새기기가 훨씬 더 수월하게 되었다. 나아가 칼과 진흙 대신 붓과 종이의 만남은 가히 이 배우들에게는 무한한 공연을 펼칠 수 있는 드넓은 광장이라 할 만큼 자유로움과 활발함을 제공하게 된다.

예술의 길로 들어서는 것이다.

2. 金文 bronze inscription — 듬직한 모습

금문金文은 쇠붙이에 새긴 글자를 이르는 말이다. 단, 이때 쇠붙이는 gold가 아닌 청동이다. 또한 이 청동에 직접 글자를 새긴 것이 아니라 주각鑄刻, 즉 진흙으로 만든 틀에 붓으로 글자를 쓰고 칼로 정교하게 다듬은 것이다. 그 후, 청동 용액을 부어넣고 거푸집을 제거하면 기물器物과 글자가 남는데 이것이 금문金文이다.

▽
497자(499자 혹은 500자로도 추정)로서, 금문 중 가장 많은 글자가 새겨진 것으로 알려진 금문의 대표작인 毛公鼎. 장제스(蔣介石)총통이 중국공산당에 패퇴하여 타이완(臺灣)으로 정부를 옮기면서 함께 가져갔으며, 현재 臺北 故宮박물관에 소장되어 있다. (높이 53.8cm, 입지름 47.9cm 글자는 鼎 안쪽에 새겨져 있다.)

△ 毛公鼎이란 세 글자
(모공정에서 발췌하여
조합)

△ 毛公鼎의 右上 부분
王若曰："父歆!…
厭厥德, 配我有…
不廷方, 亡不覲…
集厥命, 亦唯先…

문장이 난해하나 그 내용
은 周나라 왕이 毛公에게
내린 策命 全文을 기록한
것으로, 난세를 우려하고
法綱과 風氣를 엄숙하고
바르게 하는 것과 정치의
진흥을 명한 것이다.

그렇다면 동문銅文이라 해야 맞을 텐데, 전국戰國시대 이전에는 동銅을 금金이라 불렀기 때문에 금문金文이라 한다. '황금'黃金은 아마도 금金(청동)과 구별하기 위한 명칭일 것이다.

이 청동에 새겨진 글자는 악기인 쇠북[鍾종]이나 제사 등에 사용되는 예기禮器인 솥[鼎정]에 사용되므로, 이로부터 유래해 종정문鐘鼎文이라고도 한다. 종정鐘鼎은 곧 청동기青銅器를 일컫는 또 다른 명칭이다. 청동은 동銅과 주석의 합금이다.

금문은 주周나라 때에 주로 사용되었다. 갑골문은 주로 상商나라 시기에 사용되었으며, 당시에도 금문은 있었다. 그러나 금문의 전성기는 주나라 시기이다. 이는 금문이 갑골문을 바탕으로 성립하였다는 이야기이기도 하다. 그리고 진秦이 육국六國을 멸하기까지 약 1,200여 년간 사용이 되었다.

용경容庚의 『금문편』金文編 등 통계에 의하면 금문은 대략 3,700여 자이며, 이 가운데 인식이 가능한 글자는 2,500여 자로, 갑골문보다 다소 많다.

자형은 배우가 갑옷을 입은 것처럼 튼튼하고 단단한 느낌이지만 결코 화려하지 않은 고박古朴한 풍격을 갖추고 있다. 즉, 글자의 획이 굵고, 또한 부드러운 곡선이 많으며, 속을 메운 형태도 보인다. 이는 주조하기 전 진흙으로 빚은 모형에 붓으로 글자를 새기고 다시 칼로 다듬은 후 그 홈에 주물이 들어가 모양이 만들어지기 때문이다. 글자를 쓰는 대상이 진흙이기 때문에 글자를 새기기도 쉬웠지만 너무 작을 경우 주물이 제대로 들어가지 않을 수 있기 때문에, 주조되어 완성된 기

물에 글자가 명확하게 보일 수 있도록 글자를 크게 새기는 과
정에서 생긴 결과라 할 수 있다.

문자학적인 측면에서 보자면 금문은 갑골문에 비해 회화적
요소로부터 문자로서의 특징을 지닌 기호적 요소가 많이 나타
나 점차 문자의 틀이 발전되어 가는 양상을 확인할 수 있다.
동시에 두 개 이상의 개념으로 분석이 가능한 합체자合體字가
많아지고 있는 것도 중요한 특징이다.

그 내용은 주로 선조 및 임금과 제후의 공적을 새기고 있다.
또한 중대한 역사적 사건도 기록하였다. 그렇기에 금문은 서
주西周 및 춘추전국春秋戰國시기 문자를 연구하는 데 중요한 자료
이자, 선진先秦의 역사를 보여주는 자료이기도 하다.

이 금문이라는 갑골문의 대를 이은 듬직한 배우는 다시 진
대秦代의 소전小篆에게 다음 막을 맡긴다.

3. 眞正한 統一의 完成 : 焚書坑儒

영토의 통일을 완성하고 '황제'黃帝가 된 진시황은 비단 영토
뿐만 아니라 통일 이전에 사용되었던 모든 것들을 새로이 정
비했다. 화폐와 도량형의 통일, 각 지역마다 제후들이 자치세
력을 갖고 있었던 봉건제封建制의 폐지와 군현제郡縣制의 실시, 수
레폭(車軌거궤)의 통일과 도로의 포장 및 확장 등. 이로써 그는
모든 권력이 오로지 자신에게만 집중되도록 하였으며, 동시에

△ 統一 秦의 중국

자신의 통치가 만방에 미치도록 하였
다.

또한 국내의 성벽들은 헐어 없애
고 대신 북방의 침략을 막기 위해 만
리장성의 초석을 놓았다. 이로써 더
이상의 의미 없는 영토 확장은 멈추
었으니, 21세기 중화인민공화국中華人
民共和國의 Maginot(마지노)선線이 이때
구축되었다 할 수 있다.

이는 실로 경제, 정치, 영토 등의
방대한 분야에 걸친 일대 혁명이었
다. 그러나 그는 사상과 문화에 있어
서도 소홀하지 않았으니, 곧 문자의 통일, 분서갱유焚書坑儒이다.

흔히들 이를 두고 야만적인 폭군의 악행이거나 만행이라고
들 한다. 물론 일리 있다. 진시황은 친아버지를 핍박해 죽게 하
고, 친어머니를 유폐했으며, 만리장성을 쌓고, 아방궁을 지었
으며, 거대한 능묘를 만들었다. 이는 군주란 효성이 지극해야
하며, 거대한 토목공사를 비롯한 불필요한 사업으로 백성을
괴롭히지 말아야 한다는 유교적儒敎的인 입장에서는 폭군 이상
의 폭군임에 틀림이 없다. 게다가 수양과 학문에 힘써야 하는
대신 책을 불태우고 학자들을 생매장하였으니, 후대의 유가儒家
들은 결코 용납할 수 없었을 것이다.

하지만 정작 유교儒敎의 나라 한漢은 다름 아닌 진秦의 군현제

를 계승하였으며, 황제라는 이름과 지배원리를 답습했고, 역시 사상을 통일하려고 했다. 이때 사상은 다름 아닌 유교였다.

시황제의 업적을 부정하면서도 적극 계승한 유가와 그 국가는 황제로서의 진시황이 '뜨거운 감자'였을지도 모른다. 더구나 춘추시기에 싹이 튼 유교와 그 학자들이 시황제에 의해 생매장당하지 않았는가? 결국 이 애증의 모순은 인간 진시황에 대한 왜곡을 낳았고, 그 예가 분서갱유에 대한 부정적 기술을 낳았을 수 있다.

그러나 필자가 보기에 분서갱유는 위대한 '사상의 통일'이다. 전쟁과 피로 얼룩진 전국시대戰國時代를 마감지은 진시황은 이 무력통일을 뒷받침하고 안정시키기 위해 모든 제도와 관습의 통일을 추진하였다. 그럼에도 이러한 통일정책들은 물리적인 것이며, 시간이 지나면 허물어질 Hardware에 불과하다. 이것

△ 焚書坑儒 상상도
左下는 분서를, 右下는
갱유를 묘사하고 있다

들을 엮고 꿰어 영원히 굳건하게 이어져갈 수 있게 만드는 것이 곧 사상思想과 문화文化의 통일統一이다. 자신의 뒤를 이어 황제의 직위를 계승할 그의 후손은 물론 중국을 하나로 묶어 분산되지 않도록 하는 것. 이를 위한 Software이자 수단으로 분서焚書와 갱유坑儒를 선택하였을 수 있다.

강력한 중앙집권을 구축하기 위해 시행한 여러 혁명적 조치들은 당연히 봉건제를 이상적인 정치형태로 보는 유학자들의 반발을 불러일으키기에 충분하였다. 전국의 각 지역마다 노예와 봉토를 가지고서 심지어는 군대까지 거느리며 왕 이상의 권력을 가질 수 있었던 제후가 존재하는 봉건제는 전국의 영토를 하나로 통일한 시황제에게는 더 이상 존재해서는 안 되는 것이었다. '단 하나로 힘을 모으는 것'이 목표이자 그 대상이 본인 자신이었던 진시황은 지방 세력들의 권력을 하나로 집중시킬 수 있도록 군현제를 실시했다. 그리고 이 장치를 유지하기 위해 무력으로 그들을 제압할 필요가 없는, 보다 더 강력한 무기, 자신을 정신적으로 지지하도록 만드는 힘, 곧 사상의 통일이 필요했던 것이다.

그러나 이 '사상적 통일'은 사상과 언론의 '탄압' 위에서 가능했다. '농경·의약서 등 기술서적과 점술서 외에 모든 경전과 역사서를 불태우고, 모든 유학자들을 구덩이에 파묻어 죽여버려라!' 시황제의 강력한 추진력과 통일을 향한 무서운 집념이라면, 13세의 어린 나이에 왕이 되어 10년간 여불위의 섭정과 숙청을 거친 뒤, 30세에 한韓(기원전 230년)을 멸망시킨 후, 다시 벌판의 들불 같은 속도로 10년만인 39세에 조趙(기원전 228亡), 위魏(기원전 225亡), 초楚(기원전 223亡), 연燕(기원전 222亡), 제齊(기원전 221亡)를 차례차례 멸망시켜 천하의 황제가 된 그라면 충분히 가능하다.

앞에서 분서갱유에 대한 부정적 기술을 낳았을 수 있다고 했다. 사실 역사歷史란 어찌 보면 승자勝者의 기술記述이다. 진秦을 이었지만 진秦과는 다른 길을 가고자 했던 유교儒敎의 나라 한漢은 더욱 그랬다. 이러한 관점으로 본다면 '분서갱유'가 말 그대로 이루어졌는지에 대해 의문을 가질 필요가 있다.

　일단 분서를 피해 지금까지 살아남은 경전과 사서도 많으며, 유학儒學 역시 갱유를 당했음에도 죽지 않고 머잖아 중국의 지배이념이 되지 않았는가? 사마천司馬遷의『사기』史記(전한前漢, 기원전 91년경 완성)에 의하면 분서갱유를 제안한 시황제의 승상 이사李斯는 오히려 '국가에서 인정한 박사들을 제외하고 사사로이 경전을 가진 사람이 있으면 빼앗아 불태워라'라고 하였다. 국가의 허락을 받고 경전을 연구해도 되는 박사이자 유학자들이 있었다는 의미이다. 또 진秦나라 멸망의 원인을 분석하여 한漢왕조가 정권을 공고히 하도록 귀감을 제공할 목적으로 집필되어, 진시황의 여러 악행을 지적한 가의賈誼(전한前漢, 기원전 200~기원전168)의『과진론』過秦論에서도 분서갱유는 전혀 언급이 없다. 이러한 정황으로 볼 때 언론과 사상을 탄압하는 조치가 취해지기는 했으나, 후대의 정치적인 입장에서 다소 과장된 부분이 있다고 하겠다. 더구나 통일 이후 15년 만에 망해버린 진秦을 바라보는 한漢의 시각은 더욱 그러했으리라 짐작된다.

제3절 書同文字와 大篆, 小篆

1. 書同文 정책의 배경

주周의 동천東遷 이후 춘추春秋시기와 일곱 나라가 쟁패를 벌이는 전국戰國시기에 언어는 그 소리가 달라지고 문자는 그 형체가 서로 다르게 되었다.

언어의 여러 소리란 곧 방언方言이다. 언어학적인 입장에서 보더라도 방언의 통일은 사실 불가능하다. 21세기, TV와 메신저를 주변에서 쉽게 접하는 상황에서도 여전히 방언은 남아있다.

문자의 형체는 그 다양함을 두고 서법 예술의 발전이라 할 수도 있지만, 소리의 다름과 형체의 다양함은 사상의 교류에 있어서는 불편과 나아가 단절을 의미한다.

이러한 상황에서 시황제始皇帝는 소위 분서와 갱유라는 언론과 사상을 통합하는 정책을 시행하고, 동시에 중국의 역사와 언어문자의 활용에 지대한 영향을 미치는 정책을 폈다. 즉, 서동문書同文정책이다. 시황제는 아마도 문자의 효용과 가치를 알고 있었음이 분명하다.

國名	秦	齊	楚	燕	韓·趙·魏
통일 전 馬자의 여러 자형	馬	馬	馬	馬	馬
통일 후의 秦篆			馬		

△ 통일 전 六國의 문자는 서로 달랐었다.

이는 중국 역사상 최초의 국가적인 프로젝트이며, 앞에서 말한 수레의 폭을 통일하여 전국을 하나의 고속도로로 묶은 거동궤車同軌 정책과 함께 수행되었다. 서동문이 software적으로 사상과 정신을 관장하는 정책이라면, 거동궤는 hardware적으로 통일 전에는 전쟁의 수단이며, 통일 후에는 사회간접자본[SOC]을 확고히 하는 정책이라 할 수 있다. 모두 국가를 관리하는 문무文武정책인 것이다.

거동궤 정책이 문무文武의 무武와 연관된 정책이란 의미는 다음과 같다. 예를 들어 전쟁시 성 주위에는 물길로 에워싸 적군의 접근을 원천적으로 봉쇄한 해자垓字가 있고, 이 해자를 건너는 다리가 있을 경우 다리의 폭과 성문은 좁을수록 안전할 것이다. 이때 적군의 수레 즉 전차의 폭이 다리의 폭보다 크다면 역시 성에 접근할 수 없다. 평화 시 즉 통일 후에는 고장 난 수레를 고치거나 새로운 수레를 만드는 부품으로서 수레의 폭은 일정한 규격이 필요하며, 이는 전국의 수레 제조에 소용되는 수단이 된다. 곧, 전국을 하나의 수레로 이동할 수 있다는 의미이며, 일종의 SOC(Social Overhead Capital, 사회간접자본)이다.

'동일한 문자로 글을 쓴다.'는 이 정책은 물론 서체書體의 통일이다. 그러나 결코 서체의 통일에만 머물지 않았다. 이는 나아가 현재의 중국을 한자漢字라는 매개체로 서로 떨어지지 않게 하나로 묶어주는 구심점의 역할을 하고 있으며, 동아시아에서 공통으로 사용하는 문자를 낳는 시발점이 되었기 때문이다. 유럽의 경우 각 국가의 철자표기가 다름에 따라 동일한 의미임에도 발음이 달라 서로의 의사소통에 제한이 있다. 그래서 각각의 나라로 갈라져 있지만, 한자는 방언이 있어도 글자의 모양이 동일하기에 의미가 서로 통한다. 바로 이 점이 진시황은 자신이 통일한 중국이 영원히 깨지지 않고 하나의 틀 안에 존재하기를 바라는 의도였으며 희망이었다. 그의 의도와 희망은 현재까지는 성공적으로 유지되고 있다. 간화자簡化字를 제외하고는 말이다.[1]

△ 秦始皇과 丞相 李斯

1] 간화자의 다른 측면에 대해서는 제4장 제5절 漢字와 言語政策에서 논하고 있다.
2] 李斯(?~B.C.208) 진시황이 6국을 통일하는 데 전략과 정책을 제시하여 진 제국의 건립과 중국의 대통일에 큰 공을 세웠다. 시황제가 6국을 통일한 후에는 封建制에 반대하고 郡縣制를 진언하여 丞相으로 진급하였고, 나아가 焚書坑儒를 단행시켰다. 楚나라 上蔡(지금의 河南省 上蔡縣) 출생으로서 荀子에게 배운 法家流의 정치가이다. 秦

시황제는 통일을 위한, 엄격히 말하면 하나로 합병된 서체가 필요했다. 이 서체는 서주西周의 문화적 전통을 계승하면서 금문金文과 주문籒文(대전大篆)을 바탕으로 한 서체이다. 진전秦篆이라고도 한다.

그런데 서체는 다름 아닌 font이다. 한낱 font의 통일이 국가적인 프로젝트라면 우스운 이야기로 들리겠지만, 상황은 그렇지 않았다. 통일 진秦 이전의 춘추전국시대는 각 나라마다 언어가 상당히 달랐고, 문자도 제각각이었다. 특히 영토와 권력이 독립적으로 존재하였던 전국7웅戰國7雄 시기에는 더욱 그러하였을 것이다. 통일된 국가로 보면 일종의 방언方言이지만, 역사상 처음으로 통일을 이룬 거대 신생국가로서는 이 방언과 이질적인 문자가 큰 걸림돌이었음에 분명하다. 자신을 중심으로 모든 권력과 행정을 하나로 집결시키려는 시황제에게 이는 무엇보다 먼저 해결해야 할 과제였을 것이다.

시황제는 승상丞相 이사李斯[2]와 중거부령中車符令 조고趙高[3], 태

사령太史令 호무경胡毋敬 등에게 기존의 자형을 정리하여 새로운 통일 국가의 서체를 정하도록 명을 내린다. 이사는 기존의 자형 즉 대전大篆과 주문籒文을 간략화하고, 이전 여섯 나라(六國)의 이체자를 없애고, 동시에 민간에서 사용되던 약체略體와 속체俗體를 더해 새로운 서체를 만들어내니 곧 훗날 사람들이 칭하는 소전小篆이다.

이 소전체의 보급을 위해 이사는 『창힐편』蒼頡篇을 지었고, 조고는 『원력편』爰歷篇을, 호무경胡毋敬은 『박학편』博學篇을 지었다. 모두 일실되어 상세한 내용은 알 수 없다. 다만, 현재까지 전하는 부분적인 모습으로 추정하건대, 네 글자四字가 한 구절句로 되어 있으며, 압운을 하고 있어서 암송과 기억에 편리하게 짜여 있음을 알 수 있다. 즉, 아동의 식자용 교재로서 제작된 것이다.

『창힐편』은 네 개의 눈을 가져 사물에 대한 관찰력이 뛰어나 문자를 창제했다고 전해지는 창힐의 이름을 딴 것이고, 『원력편』은 선조의 왕대를 기록한 사적史的인 내용을, 『박학편』은 주변 현상에 대해 백과사전적인 해석을 담은 책으로 이해할 수 있다. 새로 제정한 글자의 보급을 미래를 책임 질 어린이들로부터 시작했으며, 그들을 가장 중요하게 고려한 대목이라 할 수 있다. 이 책들은 모두 아동의 식자용 교재로서 선구적 역할을 했으며, 이 모두가 서동문書同文정책의 일환이었다.

나라로 가 승상 呂不韋에게 발탁되어 客卿(즉 재상)이 되었다. 통일 진나라의 정국을 담당한 실력자로, 획기적인 정치를 추진하였으나, 역사상 유명한 정치모략가로 전해진다.

3] 趙高(?-B.C.207) : 가히 시황제의 그림자 할 만큼 황제를 친근에서 보필하며 권력을 행사했던 인물이자, 宦官(환관)이다. 시황제가 죽은 후, 이사와 공모하여 조서를 거짓으로 꾸며 시황제의 장자인 扶蘇(부소)를 자살하게 하고, 다소 우둔한 막내 胡亥(호해)를 제2세 황제로 옹립시키고 제 마음대로 조종했다. 이어 이사마저 죽이고 스스로 政丞(정승)이 되어 온갖 횡한 짓을 다했다. 2세에게 사슴을 바치고 말(馬)이라고 하니, 朝臣(조신)들도 두려워서 모두 이에 따랐다고 하는 '指鹿爲馬'(지록위마)의 주인공이다. 기원전 207년 劉邦(유방)의 군대가 關中(관중)을 넘어서자 2세 황제마저 살해하고 부소의 아들 子嬰(자영)을 옹립하여 秦王(진왕)이라 부르게 했지만, 곧 자영에게 죽임을 당했다.

2. 篆書 Seal Script - 화려하면서 세련된 황제의 얼굴

자형은 그 모양의 변천에 있어서 고대문자와 근대문자로 나뉜다. 상형문자인 한자는 시간의 흐름에 따라 모양이 많이 변할 수밖에 없다. 이때 일반적으로 그 모양이 현재의 모양처럼 비교적 추상적이며 선형적인 것을 근대문자로, 이와는 상대적으로 회화적이며 평면적일 때 그것을 고대문자로 구분한다.

갑골문과 금문은 당연히 고대문자에 속하며, 금문의 뒤를 이은 전서篆書에서 근대문자로 넘어가는 과도기적 특징을 보이기에, 이 전서도 고대문자에 둔다. 즉, 고대문자의 마지막 자형이다.

△ 大篆(籒文)/東周

소전체의 서체적 특징을 보자면, 우선 인위적인 통일이기에 획의 굵기가 일정하다는 특징을 들 수 있다. 또한 가로획은 수평을 기본으로 하되, 세로획은 곡선형이면서 그 끝을 둥글게 마무리한다. 전체적으로는 세로로 긴 직사각형으로서 좌우대칭의 균제미와 점·획이 아름답게 어울리고 있다. 그래서 인장印章으로 자주 사용되었고, 봉인封印이나 옥새를 뜻하는 Seal이라는 단어로 번역되었을 것이다.

앞에서 살펴보았듯이 전서체는 주대周代의 대전大篆과 통일 진대秦代의 소전小篆으로 나뉘는데, 진정한 고대문자의 끝 단계는 소전小篆이라 할 수 있다.

△ 小篆(嶧山刻石)/秦

즉, 상형문자인 한자의 모습을 그런대로 간직하면서도 획수가 좀 복잡하지만 그래도 현재 우리가 보고 쓰는 한자체漢字體와 상당히 접근해 있다. 기호 문자나 그림 문자의 수준에서 업

그레이드되어 더욱 문자화되었다고 하겠다. 더군다나 금문의
바로 다음 단계이므로 전서를 연구하면 난해한 금문이나 갑골
문도 해독할 수 있으며, 한자의 원형을 추구하는 데 계단 혹은
타임머신의 역할을 톡톡히 해내게 된다.

바로 이런 이유 때문에 전서를 표제자로 수록한 한대漢代의
자전 『설문해자』를 중국 문자학 혹은 한자학의 비조鼻祖라고
하는 것이다.

1) 大篆 Large Seal Script – 통일되지 않은 다양한 얼굴들

그런데, 대전大篆은 무엇이고 주문籒文은 또 무엇일까?

전篆은 원래 소전과 대전의 총칭이다. 그리고 주문은 주周나
라 선왕宣王 때에 태사太史였던 주籒가 창작한 서체라고도 하나,
일반적으로는 대전을 일컫는 다른 표현이다. 결국 대전과 주
문을 동일하게 보면 되는데, 대전은 일반적으로 서주시기의
서체를 일컫는 표현이다. 한편, 대전을 하대夏代의 백익伯益이 만
들었다고 하나 일설一說에 불과하다. 대전은 지역적·시대적으
로 대단히 광범위하며 복잡하게 얽혀있는 서체이기 때문이다.
그런데 전서라 하면 일반적으로 소전을 가리킨다.

우선 전篆이라는 글자에 대해 살펴보겠다. 허신은 『설문해자』
에서 '篆, 引書也. 从竹象聲.([권3·竹部죽부])'이라고 풀이하였다. 引
書인서란 운필運筆하여 죽백竹帛 등에 쓰는 것을 말하며, '从竹象
聲종죽단성'이라 했으니 竹죽 즉 간책簡冊과 관련이 있다. 『설문해
자』는 기원후 100년 즉 후한대後漢代의 저서이므로 이미 예서隷
書가 세상에 널리 사용되던 시기이며, 이 시기의 전서篆書는 이

△ 戰國시기의 圭 :
1951年 河南省 輝縣
固圍村에서 출토되었다.
높이14.8cm, 너비5.4cm,
두께 0.4cm이다. (출처 :
中國國家博物館)

미 일반적인 서체는 아니었기 때문에 허신은 주로 죽간竹簡에 사용되는 서체로 보았을 가능성이 있다. 그런데 단옥재段玉裁의 '如彫刻圭璧曰瑑.'4](『설문해자주』)이라는 설명을 보면 예기禮器인 신분을 상징하는 圭규나 璧벽에 조각하는 것을 瑑전이라 하였음을 알 수 있다. 즉, 허신이 말한 '从竹彖聲종죽단성'에서 彖단은 성부일 뿐만 아니라 무언가를 새긴다는 의미가 있으며, 그 대상이 竹죽과 玉옥의 종류가 있었음도 짐작할 수 있다. 葰(전자 전)자도 있는데, 여러 자전에 특별한 설명이 없지만, 나뭇잎에 글자를 새기는 것을 의미하는 것일 수도 있다. 한편, 篆전을 영어로는 Seal이라고 하는데, 사전 풀이를 보면 다음과 같다.

> 명 인장(印章); 도장, 인감; 문장(紋章) 및 (보증의) 증표, 표지.
> 동 <증서·문서 등에> 도장을 찍다, 날인[조인]하다; (품질 등을 증명하여) …에 검인을 찍다.
>
> (출처:Dong-a's Prime English-Korean Dictionary 6th Edition © 두산동아㈜ 2008)

즉, 篆전이란 대나무나 옥 혹은 나뭇잎 등에 무언가를 새겨서 증표를 나타내는 의미를 반영한 것이다.

4] 段玉裁는 『說文解字注』에 서 '引書也. 引書者, 引筆而箸 於竹帛也. 因之李斯所作曰篆 書. 而謂史籒所作曰大篆. 旣 又謂篆書曰小篆. 其字之本義 爲引書. 如彫刻圭璧曰瑑, 周 禮注. 五采畫䋲約謂之夏篆. 从竹. 彖聲. 特兖切. 十五部.' 라 주석하였다.

한편, 彖단은 『설문해자』에서 '豕也. 从彑从豕.([卷9·彑部계 부])'로서, 돼지의 의미로 풀이하고 있는데, 현재에는 '판단하다. 점치다. 단락'의 의미로 쓰이고 있다. 그렇다면 이 彖단을 포함한 글자로는 어떤 것들

△ 소전체의 彖

△ 소전체의 篆

이 있을까? 篆(전자 전), 蒙(전자 전), 瑑(홈에 아로새길 전) 이외에 腞(새길 전)은 동물이나 인체에 특정의 부호를 새기는 것으로 추정되며, 剶(전지할 천)은 剪枝전지나 翦枝전지로도 쓰는 나뭇가지를 치는 것을 말하며, 褖(부인 옷 이름 단, 인연 연)과 掾(뛰어쫓을 전, 인연 연)은 각각 '부인 옷 이름 단', '뛰어 쫓을 전' 이외에 모두 '인연'의 뜻이 있다. 蠡(좀 먹을 려, 음 라, 표주박 리)와 蠡(좀 먹을 려, 음 라, 표주박 리)는 모두 벌레가 글자를 새기듯이 나무 등을 좀 먹었음을 표현하는 글자임에 틀림이 없다. 褖(單衣: 홑옷 단)도 옷에 재단을 하면서 새기는 과정에서 나온 명칭으로 추정된다. 결국 篆전은 허신이 분석한 형성자의 기능을 넘어선 회의겸형성자會意兼形聲字로서 彖단이 형부와 성부를 겸하고 있는 것으로 보아야 한다.

여기에서 잠시 대전大篆을 좀 더 살펴볼 필요가 있다. 소전小篆은 그 이후에 논의하겠다.

대전(Large Seal Script)은 서주西周 후기의 서체라 할 수 있다.5] 이 서체는 자체의 선형화線形化와 규범화規範化라는 두 개의 특징으로 개괄할 수 있다. 즉, 초기의 거칠고 세밀한 정도가 일정하지 않았던 선이 고르고 균등하게 변하였으며, 그 결과 간결함과 생동감을 갖추게 되었으며, 아울러 자형이 회화적인 모양으로부터 벗어나 정방형의 기초가 다져졌다.

그렇다면 전서篆書의 대大와 소小는 어떤 차이가 있는가? 대전大篆은 나중에 출현한 소전小篆에 상대되는 말로서, 광의의 대전은 그 이전의 갑골문 뿐 아니라 금문과 육국문자를 모두 포함한다. 그러나 대전은 시기를 한정짓는다면 춘추전국시기의 진

5] 西周는 周나라가 동천하기 전의 시기를 말하는데, 周(기원전 1046년~기원전 256년)나라는 商나라 다음의 왕조이며, 이전의 夏·商과 더불어 三代라 한다. 堯·舜의 시대를 이어 받은 이상의 치세라 일컬어지는 주나라는 그러나 기원전 771년 내부 반란과 이에 합세한 犬戎(戎族)의 침략으로 멸망하였으며, 이 일을 계기로 주나라 왕실은 유명무실해지고, 산하의 제후들이 사실상의 독립국으로 행세하게 된다. 그 후 제후에 의해 옹립된 平王이 鎬京(현재의 西安 시 부근)에서 洛邑(현재의 洛陽 시)으로 수도를 옮기게 되는데, 이를 기준으로 이전을 西周(기원전 1046년~기원전 771년), 이후를 東周(기원전 770년~기원전 256년)라고 구분한다. 東周 시대는 다시 둘로 나누어 전반기를 春秋시대, 후반기를 戰國시대라 부른다. 일반적으로 주의 동천부터 춘추시대로 보며, 전국시대는 韓·魏·趙가 晋을 3등분한 기원전 453년, 혹은 周 왕실이 이를 공인한 기원전 403년부터 시작되는 것으로 본다.

국秦国문자만을 가리킨다. 게다가 주周의 평왕平王이 낙양으로 동천한 후 진秦은 서주西周의 옛 지역을 점유하였기에 서주의 문자를 자연스럽게 계승하였으며, 이는 금문金文을 계승하여 발전시켰다. 때문에 그 사용된 지역만으로는 대전과 소전을 식별하기에 어려움이 있다.

이는 대전의 범위가 광범위하며, 그 정의를 내리기가 쉽지 않다는 것을 의미한다. 사실 갑골문으로부터 시작된 한자가 자연발생적으로 출현했으며 동시에 신과 소통을 위한 문자였다면, 금문金文 단계를 지난 전서篆書(대전과 소전 모두 포함)는 이미 통치 및 권력과 밀접한 관계를 가지며, 특히 정치적으로 혼란스러웠던 춘추전국시기에 사용된 서체이다. 그렇기 때문에 이 서체를 두고서 어느 하나의 특징으로 꼬집어 말하기가 어려운 것이 사실이다.

대전大篆은 한편 주문籒文이라고도 하는데, 중국 역사상 가장 이른 시기의 아동용 식자교재인 『사주편』史籒篇6]에 기록되어 있기에 얻은 명칭이다. 사주史籒는 중국 주周나라 선왕宣王 때의 태사太史로서 창힐蒼頡이 지었다고 하는 고문古文을 고쳐 대전大篆 15편을 만들었다고 전해진다. 그래서 대전을 주문籒文이라고도 한다.

대표적인 주문으로는 당대唐代에 출토된 석고문石鼓文인 엽갈獵碣을 드는데, 『사주편』의 문자와 동일하여 주문의 대표로 꼽힌다.

석고문(stone-drum inscriptions)은 석고石鼓 즉, 중국 고대의 석비石碑에 새긴 석각문자이다. 비석의 모양이 북(drum)과 흡사하므로

6] 중국 언어학사상 가장 이른 시기의 字書이다. 대략 春秋战国시기 사이에 지어졌다. 四字一句의 韻語로 이루어져 있는데, 아동이 글을 익히기에 유리하도록 그렇게 하였을 것이다. 즉, 아동의 식자용 교재이며, 역시 중국 최초이다. 『漢書·藝文志』에 '周宣王太史作.'이라 하였고, 『說文解字·叙』에서도 '周宣王太史籒'가 지었다고 하였다. 그런데 近人 王國維는 籒가 소리내어 글을 읽거나 외워서 읽는다는 誦讀의 의미로 풀이하였다. 어쨌든 『史籒篇』이라는 명칭은 이 책의 첫 구절이 '太史籒書'라 시작하기에 붙여졌다. 원본은 전해지지 않으나, 『說文』에 2백여 자가 수록되어 있기에 이를 참조할 수밖에 없다. 그 字體는 秦系의 金文 및 石鼓文과 비슷한데, 小篆에 비해 복잡하고 정방형이며 필획이 우아하다는 평이다.

돌 북, 즉 석고石鼓라 하며, 내용 가운데 귀족이 유람하고 사냥하는 내용이 있기 때문에 엽갈獵碣이라고도 하고, 갈碣이라고 부르는 것은 그 형태가 둥글며, 특별한 용도를 목적으로 만든 각석刻石으로 이해하였기 때문이다.[7] 이밖에 엽갈이 발견된 지명과 수량에 따라 진창陳倉(지금의 샨시성陝西省 빠오지寶鷄)십갈十碣, 옹읍雍邑(지금의 샨시성 평샹현鳳翔縣)석각刻石으로 부르기도 한다.

△ 石鼓의 모양

△ 獵碣 혹 雍邑刻石이라
불리는 중국 최초의
石鼓文.
새겨진 글은 '遊車旣工,
遊馬旣同, 遊車旣好,
遊馬旣駻, 君子員邋,
員游靡鹿'이다.

모두 열 개가 발견되었는데, 전체적으로는 만두 모양이며, 높이는 2척, 직경은 1척 가량이다. 사방으로 4언시四言詩가 새겨져 있는데, 원래의 700여 자가 현재는 마모되어 300여 자만 식별이 가능하다.

제작 년대에 대해서는 여러 설이 있지만 일반적으로 꿔모뤄郭沫若이나 탕란唐蘭 등의 설을 따라 진秦나라의 작품으로 보고 있다. 현재는 북경의 고궁박물원에 소장되어 있다.

이외에 유명한 대전 작품으로는 수호지진묘죽간睡虎地秦墓竹簡, 모공정毛公鼎, 산씨반散氏盤 등을 들 수 있다.

7] 『說文解字』에는 '碣, 特立之石'(碣은 특별히 세운 돌이다.)이라 하였고, 『後漢書·竇憲傳』에는 '方者謂之碑, 圓者謂之碣.'(네모난 것을 碑라 하고 둥근 것을 碣이라 한다.)이라는 구절이 있다.

◁ 睡虎地秦墓竹簡.

睡虎地秦簡 또는 云梦秦簡이라고도 부른다.
1975년 12월 湖北省의 云梦县 睡虎地의 秦墓에서 1,100여 점에
달하는 다량의 竹簡이 출토된 데서 붙여진 이름이다.

이들 죽간은 길이가 23.1~27.8cm, 폭이 0.5~0.8cm이다.
글씨는 秦篆으로서, 먹으로 써져 있다.
작성된 시기는 전국시기 말기 및 진시황 때이며, 篆書가 隸書로
변하는 단계적 상황을 볼 수 있다.
내용은 주로 진나라의 법률제도, 행정문서, 의학저작 및 吉凶日時에
대한 점술로서, 秦제국의 면모를 보여주는 중요한 자료이다.

▷ 散氏盤

▷ 散氏盤의 銘文拓本 일부

周나라의 厲王(기원전 9세기) 때에 만들어졌다고 추측되는
청동으로 만들어진 盤.
편평한 면과 다리에 무늬를 장식하였고 내부의 밑에는
19행 350자로 새겨진 글이 있다.

그 내용은 土地 경계의 설정에 관한 계약의 기록과
경계의 실측, 界標의 설치 등의 방법이 적혀 있음.
중국 周나라 때의 토지 제도를 연구하는 데에 오직
하나의 중요한 사료임.

한 가지 질문이 남아있다. 왜 석고문은 다른 비문과는 달리 사방에 글을 새겼으며, 수호지죽간은 폭이 1㎝도 안 되는 좁은 공간에 글을 썼을까? 무슨 이유로 인해 돋보기로나 거의 판독이 가능할 정도로 작게 썼을까? 글자를 읽는 사람도 힘이 들지만, 글자를 쓴 사람도 결코 쉽지 않았을 것으로 추측이 된다.

수호지죽간을 전적으로 연구한 저서인 『수호지진묘죽간』睡虎地秦墓竹簡(1990)에 의하면 다음과 같은 체제로 이루어져 있다.

編年記 │ 語書 │ 秦律十八種 │ 效律 │ 秦律雜抄 │
法律答問 │ 封診式 │ 爲吏之道 │ 日書甲種 │ 日書乙種

위의 진률秦律18종種 가운데 하나인 전률田律을 보자.

▷ 왼쪽부터 해석한다.

雨爲澍<澍>, 及誘(秀)粟,
輒以書言澍<澍>稼·誘(秀)粟
及狼(墾)田暘.
비가 오는 때에 맞춰 곡물의
싹이 나오면, 반드시 비가 온
것과 밭의 면적, 그리고
개간을 완료하였으나 아직
파종하지 않은 밭의 면적을
서면으로 보고하라.

稼已生後而雨,
亦輒言雨少多利頃數.
싹이 자란 후에 비가 오는 것
또한 즉각 강우량이
얼마인지와 비를 맞은 밭의
면적을 보고하라.

旱<旱>及暴風雨·水潦·蚤(蝨)
蚰·羣它物傷稼者,
亦輒言其頃數.
만약 가뭄, 폭풍우, 홍수,
메뚜기, 해충 등 재해로
농사로 해를 입으면 이 역시
재해면적을 보고하라.

近縣令輕足行其書,
遠縣令郵行之, 盡八月 之
거리가 가까운 현은 문서를
걸음이 빠른 사람으로 하여금
전달하게 하고, 거리가 먼
현은 8월말 이전에 송달하도록
하라.

縣令郵行之　盡八月□□之

□□□□□□□　之

者、亦輒言其頃數。近縣令輕足行其書遠

利頃數。　旱〈旱〉及暴風雨、水潦、蚤(蝨)蚰、羣它物傷稼

毋(無)稼者頃數。稼已生後而雨、亦輒言雨少多、

雨爲澍〈澍〉、及誘(秀)粟、輒以書言澍〈澍〉稼、誘(秀)粟及狼(墾)田暘

글자의 모양을 해서체로 옮겨 놓으니 그럭저럭 죽간의 글자와 해서체를 맞출 수 있을 정도이다. 하지만 고문자에 지식이 많은 사람이라면, 그다지 어렵지 않게 판독이 가능할 정도로 글자의 모양이 현재의 글자와 많은 부분 유사하다.

여기서 애초의 질문을 다시 한다. 쓰는 사람과 읽는 사람이 모두 불편할 정도로 글자가 왜 이렇게 작은가?

문서의 보관과 저장에 유리하였을 수 있다. 과장이 섞여 있지만 진시황은 매일 수십 근에 달하는 죽간으로 된 공문을 처리했다고 한다. 그렇다면 가급적 작은 죽간으로 그 무게와 부피를 줄이려 했을 수 있다.

동시에 법률이나 경전 같은 중요한 내용의 문서는 수시로 꺼내 볼 수 있도록 휴대하기에 편리함을 추구한 때문으로도 추측할 수 있다.

그러나 이렇게 글자를 작게 쓸 경우 수많은 이체형이 발생했을 것이다. 글자를 잘못 쓰면 죽간을 칼로 긁은 후 다시 쓰면 되지만, 크게 틀리지 않는 한 모양이 약간 다르더라도 그대로 두거나, 혹은 틀렸음을 알지 못했을 수도 있다. 이렇게 해서 이체자가 필연적으로 발생하게 되고, 이런 글자들은 훗날 보기에는 이체형으로 밖에 이해할 수 없다. 필사 당시의 정황을 정확히 알지 못하기 때문이다.

2) 小篆 Small Seal Script - 통일된 세련함과 근엄함

다시 소전小篆이다.

먼저, 앞에서의 질문을 되풀이해서 왜 대전大篆이고 소전小篆

인가? 상식적인 기준이라면 대大보다는 소小가 먼저이지 않을까? 또한 대전은 혼란의 시기였던 춘추전국시기의 서체이고, 소전은 위대하기 그지없는 진시황제의 명에 의해 제정된 서체이지 않는가?

필자는 대大와 소小에 대한 중국인들의 언어적인 습관 때문이라 생각한다. 즉, 대大가 비교적 거칠고 다듬어지지 않은 이미지라면, 소小는 사랑스럽고 아름다운 이미지를 반영하는 데 주로 사용된다. 그렇기 때문에 전서篆書의 시기를 거친 후대의 사람들이 시황제에 의해 새로이 단정하게 출현한 서체를 그 전 시기의 서체와 구분하기 위해 명명한 것이라 추정한다. 다시 말해 전서가 사용되던 시기에는 전篆이라는 명칭만 존재했을 뿐, 대전大篆과 소전小篆의 구분은 없었다는 말이다. 진전秦篆을 후인들이 소전이라 칭하여 대전과 구분한 것이다.

이러한 상황에서 시황제는 서동문書同文 정책을 폈고, 그 결과 소전이 탄생했다. 중국의 한자는 이 소전 단계에 이르러 상형적象形的인 모습으로부터 이탈되었다고 할 수 있다. 즉, 기존의 '화성기물畫成其物, 수체힐굴隨體詰詘'하는 불규칙적인 모습으로부터 글자의 윤곽, 필획, 구조 등이 정형화되기 시작하였는데, 이는 일종의 부호화符號化라 할 수 있다. 비록 이사李斯가 소전의 비조로 일컬어지기는 하나, 사실 소전은 동주東周 시기 진秦나라의 기명器銘과 석각石刻에 새겨진 문자를 계승하고 각 지역의 서풍書風을 융합하여 만들어진 것이다. 이는 통일 진나라가 이루어낸 또 하나의 커다란 통일이다.

한편, 최근 고고학 발굴을 근거로 소전체가 진시황 통일 이전에 이미 널리 사용된 게 밝혀짐에 따라 진시황의 문자통일론이 과대 포장됐다는 반론도 나오고 있다. 그러나 이렇게 부호화 된 한자는 서사書寫와 독서讀書의 혼잡과 어려움을 감쇄시키는 효과가 있었으며, 이러한 효과는 결국 후대의 훨씬 더 쓰고 읽기에 간편한 예서隸書에 의해 대체될 동기를 잉태하게 된다.

이는 서체 연변의 전환점이 된다. 왜냐하면 한대漢代에 널리 통용된 예서를 근대 자형의 출발점으로 보기 때문이다. 결국 소전체는 고대 자형의 끝이 된다.

소전체는 한편 그 자형이 웅장하고 위엄이 있어 서법가書法家(서예가書藝家)들의 사랑을 받았으며, 그래서 전篆은 우리에게는 전각篆刻이라는 용어로 남아있다. 즉, 전각이란 돌·나무·금이나 옥 따위에 인장印章을 새기는 것을 말하는데, 쉽게 말해면 소전체에 굴곡을 더하여 도장에 주로 새기는 서체이다. 특히 관인官印은 모방을 방지해야하기 때문에 지금까지 줄곧 이 소전체를 사용해 오고 있다.

△ 泰山 刻石의 글자

소전체는 황제의 조서詔書 및 전국 각지에 시황제의 업적을 기리고 칭송하는 비문碑文으로 새겨져 오늘에 이르고 있다. 예를 들면 당시에 진시황이 샨뚱성山東省으로 행차하면서 세운 자신의 송덕비인 낭야대각석瑯邪台石刻과 태산각석泰山刻石인데, 소전의 전형이 되었다. 모두 승상 이사의 글씨라 하나, 현재 낭야대각석은 일부만 전하고, 태산각석은 탁본만 전하고 있다.

△ 瑯邪台 刻石 탁본

이외에 이사李斯의 필적으로 회계각석會稽刻石과 역산각석嶧山刻石이 있다. 회계각석은 지금의 져쟝성浙江省 샤오싱紹興에 있는 회계산會稽山의 지명을, 역산각석은 지금의 샨뚱성山東省 이현嶧縣의

皇帝立國 維初在昔 嗣世稱王 討伐亂
逆 威動四極 武義直方 戎臣奉詔 經時
不久 滅六暴強 廿有六年 上薦高號 孝
道顯明 既獻泰成 乃降專惠 親巡遠方
登于嶧山 羣臣從者 咸思攸長 追念亂
世 分土建邦 以開爭理 攻戰日作 流血
於野 自泰古始 世無萬數 陀及五帝 莫
能禁止 廼今皇帝 壹家天下 兵不復起
滅害滅除 黔首康定 利澤長久 羣臣誦
畧略 刻此樂石 以著經紀

△ 嶧山碑 : 秦의 승상이었던 李斯가 남긴 碑刻이라 전한다. 小篆體이다.

△ 왼쪽의 비문과 동일하게 行을 나누었으며, 右에서 左로 읽음. 마지막 10번째 행은 비문에는 나타나 있지 않으나, 옮긴 문장에는 표기하였음.

지명을 딴 것이다.

이들 각석은 대부분 명산名山의 꼭대기에 세웠는데, 이는 시황제가 자신의 통일 업적 그리고 나아가 제왕으로서의 권위와 천하를 호령하는 자신감을 과시하기 위한 때문이다. 상商나라 사람들이 갑골甲骨에 글자를 새김으로써 신과의 소통을 꾀하고, 춘추전국시기의 사람들이 청동靑銅에 글자를 주각鑄刻하여 신을 두고 권위와 맹세의 지표로 삼은 것과 마찬가지이다.

동시에 언어학 내지 문자학의 측면에서 본다면, 쉽게 썩어 없어지는 죽간이나 목독木牘과는 달리, 한 번 새기면 오랜 기간 동안 변하지 않는 돌[石]에 글자를 새김으로써, 그가 통일한 서체書體 및 서법書法의 장구한 보전을 꾀한 것이라 할 수 있다. 이는 또한 새로운 예술의 영역이기도 하다. 그 결과 중국의 서법예술은 비碑계열과 첩帖계열의 두 가지로 나누어지게 되며, 진秦의 석각은 앞 시기 석고문石鼓文을 바탕으로 비碑계열을 개척한 작품으로 평가할 수 있다.

◁ 정부 기관의 관인.
좌측부터
행정자치부장관,
외교통상부장관,
국가보훈처장,
종로구청장의 관인
(출처 : 경향신문
2011.02.06)

한편, 한글에도 전서체가 있었다. 그러나 이는 한글의 역사에서는 근원을 찾을 수 없는 서체이다. 다만, 1948년 정부 수립 당시 사무관리 규정을 제정하고 관인의 권위를 높인다는 이유로 한자를 본 떠 한글에는 없던 전서체를 도입하면서 사용해왔던 것이다. 전서체 관인은 한자를 본 떠 만들었기 때문에 모음과 자음을 늘리거나 이리저리 꼬아서 한 눈에 알아보

기 어려운 형태이다. 즉 전서체의 권위를 이용한 것이다. 당연
히 권위주의적이라는 지적을 받아왔다. 결국 정부는 63년 만
인 2011년에 한글 전서체의 퇴출을 결정하고, 한글로 된 글씨
라면 양식에 상관없이 관인을 제작해 사용할 수 있도록 했다.

제4절 近代 字形

1. 隸書 [lprical Script – 화장을 처음 시작한 서민

노예奴隸, 예복隸僕, 예속隸屬 등으로 쓰이는 예隸는 '하인이나 종, 죄인이나 딸려서 매임' 등의 의미로 쓰인다. 허신도 '附箸[1] 也.(달라붙은 것이다. 『설문해자·권3·隸部강부』)'라 했다.

그렇다면 예서는 '죄인이나 하인의 글'이어야 하지만, 예隸는 진秦나라 때 문서업무를 주로 담당하는 하급관리를 의미한다. 그래서 영어식 표현도 사무직을 의미하는 Clerical일 것이다.

예隸가 진秦나라의 관리라는 것은 예서의 시작은 진대秦代라는 의미이다. 단, 그것이 성행한 시기가 한대漢代이다. 어쨌든 그 명칭이 신분을 나타내는 예서인 것은 예서가 새로이 생겨났을 당시 즉, 진나라 때에는 그 사회적 지위가 매우 낮았으며, 동시에 상층 통치 계층에서는 이를 깔보았음을 의미한다. 당연히 주된 서체는 소전이었다.

[1] '著'로 된 판본도 있다.

▽ 隸書의 대표작 가운데
하나인 乙瑛碑

그러나 간단히 예서가 진대에 생겼다고만 할 수는 없다. 진은 육국의 문자를 진의 문자로 일통하기는 하였으나, 진나라 사람들은 일상적으로 문자를 사용할 때 서사의 편의를 저버릴 수 없었으며, 그래서 정체正體의 자형을 끊임없이 파괴하고 개조하고 있었다. 다시 말하면 진秦 문자인 소전의 속체俗體로서 예서가 형성된 것이라 보아야 한다. 아무리 무서운 진시황의 정책이더라도 '아래'로부터 일어나는 서사의 편리함을 추구하는 움직임은 막을 수 없었으며, 갈수록 세상에 유행하게 되었다. 결국 예서는 진대秦代에 벌써 소전의 통치 지위를 동요시키게 되었고, 한漢 초기에 이르러서는 급기야 정식으로 소전을 대신하는 주요 자체가 된다.

진시황秦始皇의 서동문書同文 정책은 소전으로 시작하였지만, 그 결실은 한漢의 예서에서 맺어졌다고 해도 과언이 아니다. 진나라는 17년이라는 짧은 통치 기간 동안 많은 것을 시도하였으며, 많은 정책들이 한나라 420여 년의 밑거름이 된 것과 마찬가지이다.

한편, 예서의 기원에 대해 『한서·예문지』나 『설문해자·서』 등에서 예서는 진대에 나타나기 시작하였고, 당시 번잡하고 바쁘던 관옥官獄의 업무에 대처하기 위해 만든 일종의 간편한 자체라고 말하고 있다. 그래서 좌서佐(도울 좌)書라고도 한다. 또는 한대漢代 이래 정막程邈이 진시황을 위하여 예서를 만들었다는 전설도 전하고 있다.[2]

그러나 이는 잘못된 이야기이다. 예서가 형성되는 초기 과정에서 문자를 항상 사용하던 관부의 서리書吏 같은 사람들이

2] 『설문해자·서』에서도 다음과 같이 언급하고 있다.

'時有六書, 一日古文, 孔子壁中書也. 二日奇字, 卽古文而異者也. 三日篆書, 卽小篆, 秦始皇帝使下杜人程邈所作也. 四日佐書, 卽秦隷書. 五日繆篆, 所以摹印也. 六日鳥蟲書, 所以書幡信也.

(당시에 여섯 글자체가 있었으니, 첫째는 고문으로 공자의 벽중서이고, 둘째는 기자로 곧 고문이면서 이체인 것이며, 셋째는 전서 즉 소전으로 진시황제가 하두 사람 정막으로 하여금 짓게 한 것이고, 넷째는 좌서 즉 진의 예서이며, 다섯째는 무전으로 그것으로써 도장을 베껴 새기는 것이며, 여섯째는 조충서로 그것으로써 깃발이나 부절에 쓰는 것이다.)

그 형성에 반드시 중요한 작용을 하였을 것이고, 정막은 아마 이 과정에서 중요한 역할을 한 사람이었을 것이다. 사실 정막이 가공의 인물은 아니다. 그는 진의 관부에서 예서를 정식으로 채용했을 때 일찍이 이러한 자체에 대해 약간의 정리 작업을 한 적이 있으며, 이로 인해 정막이 진시황을 위해 예서를 만들었다는 전설 같은 이야기가 생겨났을 것이다.

고고학적으로 발견된 진계秦系 문자의 자료에 의하면 예서는 전국戰國[3] 말기에 형성되었다고 할 수 있다. 즉, 통일 전 전국 시기 진 문자의 속체를 바탕으로 점차 형성된 것이다. 심지어 진의 문자의 속체가 예서로 연변 되는 과정에서 다소 후대의 초서草書와 비슷한 서사 방식이 나타나기도 한다. 서사의 편리함을 추구하는 과정에서 최고의 모양과 방법을 찾으려 했을 것이고, 그 모양과 방법은 결국 한자의 흘림체인 초서의 모양과 유사할 정도까지 나아간 것이다.

이러한 변화는 나아가 한자들마다 각각 '의미를 담고 있는 부분'[4]이 있기 마련인데, 이 가운데 유사한 모양이면 공통의 모양으로 획일화시켜 버리기도 했다. 비록 실용성을 추구한 것이지만 이로 인해 후대에 한자의 자형으로 의미를 파악하는 데 다소 부적절하거나 난해하게 한 원인을 초래하였다. 이전의 소전체는 그 모양이 많이 변했다 하더라도 여전히 한자가 처음 만들어질 때의 상형적 의미를 찾을 수 있었으나, 예서에서는 그 모양이 너무 변해 한자의 원래 뜻을 짐작할 수 없을 정도가 되었다.

3] 기원전 770년, 周왕조가 洛陽으로 천도하기 이전의 시대를 西周시대, 이후를 東周시대라고 하는데, 동주시대는 다시 春秋시대와 戰國시대로 나뉜다. 春秋시대는 周가 수도를 옮긴 기원전 770년~기원전 403년 사이의 시기를 말하며, 戰國시대는 기원전 403년부터 秦이 중국을 통일한 기원전 221년까지의 시기를 이른다. 이 전국 시기에는 제후들이 周로부터 정신적 독립을 지향해 제각기 왕을 칭하였으며, 秦의 시황제가 중국을 통일할 때까지 멸망하지 않고 살아남은 일곱 국가인 秦·趙·魏·韓·齊·燕·楚가 곧 戰國7雄이다. '春秋'는 공자가 엮은 魯나라의 역사서인 『春秋』에서 유래되었고, '戰國'은 漢나라 劉向이 쓴 『戰國策』에서 유래되었다고 한다.

4] 이를 部件이라 한다.

한자 서체 연변의 역사에서 이 단계를 특별히 '예변'隸變이라고 부른다. 결국 소전小篆과 같은 고문자古文字의 자형이 한자의 자원字源을 이해하는 중요 수단이 되는 것이 바로 여기에 있다. 한편, 이는 일종의 한자의 간화簡化라 할 수 있다. 현재의 간화자簡化字와도 상통하는 부분이다.

그러나 초기의 예서는 진대秦代의 미숙함이 아직 남아있었다. 예서는 결국 한대漢代에 들어와 성숙하게 발전하는데, 가장 큰 특징으로는 전서篆書의 곡선을 직선으로 간략화한 점이다. 자형의 번간繁簡으로 보자면 대부분 번잡함에서 간단함으로 변했다고 할 수 있으며, 서체로서 보자면 파책波磔[5]이 발생했다고 할 수 있다. 무엇보다도 글자를 쓰는 데 있어서 일종의 기교와 멋을 부린 것이다.

파책이란 예서의 모양 가운데 가장 중요한 특징인데, 주로 가로획을 그을 때 오른쪽으로 이동하면서 획이 끝나는 곳에서 아래로 내리다가 다시 위로 올려 끝을 맺는 것을 말한다. 일반적으로 해서의 파책은 오른쪽 아래 방향으로 경사지게 그어지는데, 예서에서는 그 모양이 수평으로 그어지는 것이라 보면 된다. 일종의 물결모양의 곡선이다. 해서의 파책은 날捺이라고도 하며, 아마 예서의 파책에서 비롯되었을 것이다.

△ 隸書體의 파책   △ 曹全碑의 右자에 보이는 파책   △ 楷書體의 파책

5] 혹은 波勢, 挑法이라고도 한다.

이 외에 획의 굵기가 더 굵어졌으며, 전서에 비해 약간 더 동적으로 마디를 모나게 꺾어서, 이러한 특징이 전체적으로 직선적인 느낌을 갖게 한다. 현대의 한자에서 둥근 원형 모양의 획이 없는 것이 바로 이 예서에서 형성된 것이다. 전체적인 모양은 전서가 세로로 긴 직사각형이었다면 예서는 가로로 길다.

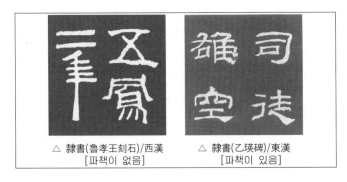

△ 隸書(魯孝王刻石)/西漢　　△ 隸書(乙瑛碑)/東漢
　　[파책이 없음]　　　　　　　[파책이 있음]

결국 파책은 예서가 성숙한 단계로 접어들었음을 의미하기 때문에 파책의 유무에 따라 위와 같은 특징을 갖추고 있는 예서를 한예漢隸 또는 팔분八分[6]이라 하고, 한예가 형성되기 전의 예서는 고예古隸 또는 진예秦隸라고 한다. 우리나라의 것으로는 광개토대왕릉비가 있다. 한예는 후한대에 장식미를 더해 대단히 우아한 풍격을 과시하고 있다. 대표적인 것으로 한대의 을영비乙瑛碑, 예기비禮器碑, 사진비史晨碑, 장천비張遷碑, 조전비曹全碑 등이 있다.

그런데 왜 파책을 하였을까? 무엇을 위하여 가로획의 끝을

6] 八分이란 명칭의 유래에 대해서는 여러 가지가 있다. 글자의 크기가 四方으로 八分인 것을 표준으로 삼았기 때문이라고도 하고, 이 서체를 자형이 '八'자처럼 비교적 납작하고 필획이 양 옆으로 뻗어 있어서 필세가 분산된 것 같기 때문이라고도 하며, 程邈의 예서를 8분을 잘라 내 버리고 2분만을 취하고, 李斯의 소전을 2분을 잘라 내버리고 8분만을 취했기 때문이라고도 한다. 이상의 설들 가운데 어느 것이 원래의 뜻에 부합되는가는 확정하기 어렵다.

위로 치켜 올린 것일까? 종이를 만난 붓이 죽간의 비좁음에서 해방된 자유를 표현한 것일까? 물론 가능한 이야기이다. 그러나 종이는 후한대에 만들어졌으며, 파책은 그보다 훨씬 전의 일이다. 또한 지금까지 발견된 파책의 흔적은 주로 목간이나 죽간 등에 보인다.

결국 파책은 이러한 재료가 주는 자연스러운 결과가 아니라 어떠한 의도가 있을 것이라 추측된다.

예서를 쓰는 사람들은 고급관리가 아닌 말단 하급관리였다. 그러나 하급관리라 하더라도 문자를 쓴다는 것은 사실 쉬운 일이 아니었다. 특히 전대前代의 왕조인 진秦은 문자를 권위의 상징으로 사용하였다. 권위는 황제의 권위였다. 그보다 더 옛날 갑골문은 신과 소통하는 수단으로서의 문자였다. 제사장이 적는 신의 계시였었다. 다시 말해 문자는 누구나 함부로 사용할 수 있는 대상이 아니었던 것이다. 그러한 문자가 한대에 들어와 관리를 뽑는 시험 과목이 되고, 시험에 통과한 자신들이 문자를 쓰고 있다. 그런데 자신들이 쓰는 문자는 상층 계급에서 쓰는 소전체와는 달랐다. 그 이름도 보잘 것 없는 예서!

예서의 파책은 전서에서는 가늘고 긴 선線이다. 예서를 사용하는 그들에게 이 가늘고 긴 선은 한없이 연약하게 비추어졌을지 모른다. 그래서 그들은 그 부분을 바꾸었다. 힘을 주고 치켜 올린 것이다. 이는 예서를 사용하는 사람들의 비판이자 자부심이다.

신의 계시이자 황제의 권위의 상징이었던 문자에 대한 비판, 또한 그토록 엄격한 존재였음에도 불구하고 이제는 누구라도 사용할 수 있게 되었음을 자랑하는 자부심. 그래서 그들은 맘껏 치켜 올렸다. 황제도 더더욱 신도 아니지만, 그들은 문자를 자랑스럽게 쓰고 있으며, 그 문자는 자신들을 그대로 반영하는 힘찬 모습으로!

앞에서 전서가 고대 자형의 끝이라고 했는데, 근대 자형의 시작은 예서로 본다. 자형이 이미 회화로부터 멀어졌으며, 서사의 신속함과 편리함을 추구했다는 점에서 특히 근대적이라 할 수 있다.

이는 현재의 간화자와 같은 맥락이며, 초서의 목적과도 통한다. 초서는 서법의 표현주의라 불릴 정도로 극단의 예술성을 추구하였는데, 사실 그 발단은 예서로 보아야 한다. 붓의 운용에 있어서 획의 굵기를 달리하여 모양의 아름다움을 추구한 점이 그러한데, 이 점도 예서를 근대 자형으로 보게 하는 중요한 원인이다.

이는 문자의 틀이 완성되는 서체 발전의 기틀을 마련했으며, 그래서 예서는 이후 서예라는 개념의 시작이라고 볼 수 있다. 실제로 이후에 등장한 서체의 규범이라고 하는 해서楷書의 자형도 예서에서 크게 벗어나지 않는 것을 보면, 이미 지금으로부터 대략 2000년 전에 한자 자형의 전형은 예서에서 모두 갖추어졌다 해도 과언이 아닐 것이다. 은은한 고풍古風의 예술미를 느낄 수 있는 서체로 현대까지 많은 사람들이 애용하고 있다.

다시 말해 예서는 한자 자형의 연변에 있어서 서동문을 잇는 2차적인 혁명인 것이다. 이는 소전이 top-down식의 '위'에서 시행을 강요하는 인위적인 것이라면 예서는 bottom-up식의 '아래'로부터 일어난 움직임이다. 소전이 거센 강물이라면 예서는 잔잔한 바다와 같다. 그 흐름은 도도해서 그 누구도 인위적으로 거스를 수 없었다. 갑골문이 신과의 소통을 위한 신성한 문자였다면, 금문은 전쟁을 통해 단련된 문자였다. 소전은 그러한 혼란을 겪은 후 황제에 의해 인위적으로 다듬어지고 보급된 문자이다. 그러나 역사의 흐름은 이에 그치지 않고 민중으로부터 시작된 편리함의 추구를 향해 흘러가게 되는데, 그래서 예서는 민중의 문자이며, 그 명칭 또한 폄하의 의미를 담고 있다.

한편 20세기의 간화자簡化字는 그 목적은 예서와 같으나 방법은 서동문書同文과 같은 방식이었으니, 한자는 마치 인간의 역사처럼 그 굴곡이 단조롭지 않다.

한자의 글꼴은 실용적이면서도 예술적으로 계속 변하는데, 이 과정에 등장한 것이 초서草書와 행서行書이다.

2. 草書 [Cursive Script — 추상화를 닮은 얼굴

풀의 글씨, 초서는 풀처럼 자유로우며 어지럽다. 바람보다 자유로우며 바람보다 더 어지럽기도 하다. '草'초는 고대에는 '거칠다·간편하다'의 의미를 갖고 있었으며, 이로부터 초서라는 명칭이 유래했을 것이다.

그런데 이 초서라는 명칭에는 광의와 협의의 두 가지 의미가 있다. 광의의 초서는 시대를 불문하고 거칠게 쓴 것을 모두 포함하며, 협의의 초서는 필획이 이어지고 필법이 빠르고 경쾌한 특정의 서체만을 전적으로 의미한다. 우리가 말하고자 하는 것이 이 협의의 초서이다.

이 초서는 한대에 형성되었다. 흔히들 가장 자유분방한 서체이기 때문에 한자의 연변에 있어서도 가장 늦은 시기에 출현했을 것으로 생각되나 사실은 그렇지 않다. 즉, 예서의 편리함을 추구하는 거대한 흐름이 자연스럽게 초서를 낳은 것이다. 그런데 이때의 초서는 일종의 예서의 속체로서 다름 아닌 예서를 초솔草率[7]하게 쓴 서체이다. 훗날 위진남북조의 동진東晉 시기에 새

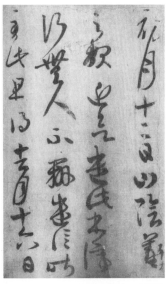

△ 王羲之의 「初月」 (今草)

로이 출현한 초서와 구별하기 위해 장초章草라고 불리는 초서체이다. 동진 시기의 초서는 금초今草라고 한다. 허신의 『설문해자·서』에서 '한흥유초서漢興有草書'라고 했는데 곧 이 장초章草를 말하는 것이다.

이 장초는 일종의 예서를 보조하는 간편한 서체라 할 수 있다. 즉, 예서를 흘려 썼는데 관청[官府관부]에서 문서업무를 담당하는 좌佐와 사史 같은 사람들에게 초서는 대단히 유용했을 것이다. 예서는 비교적 단아한 형태의 글꼴로 쓰기가 다소 번잡했기 때문에 예서의 윤곽만을 쓰거나 혹은 글자의 일부만을

7] 절실하거나 정밀하지 못한 모양, 거칠고 간략하여 엉성함 등으로 해석할 수 있는데, 草의 '거친 풀, 잡초'라는 의미와 率의 '소탈하다, 꾸밈없다, 경솔하다, 가볍다, 거칠다'의 의미가 결합된 의미일 것이다.

171

쓰되, 그것도 필획을 연결시켜 빨리 쓰도록 한 것이 원래의 초서이다. 단, 글자의 모양이 예서처럼 자연스럽지는 않았으며, 동시에 대중적으로 광범위하게 사용되지는 않았었다. 그러다가 한말에 이르러 예서의 풍격을 담고 있는 파책을 없애고 글자를 필기체처럼 연이어 사용하는, 우리가 흔히 말하는 초서의 형체가 출현하게 되는데 곧 금초今草이다.

금초는 종서縱書할 경우 연이어서 쓰기에 유리하도록 말필末筆과 기필起筆이 서로 이어지는 형태이며, 이미 간화된 형체이다. 때문에 이러한 서법에 익숙하지 않으면 글자를 알아보기 어렵다. 왕희지王羲之와 왕헌지王獻之가 이 금초로 유명하다.

당대唐代에 이르러 초서는 예술의 경지에 도달한다. 즉, 정보의 저장과 전달이라는 본래의 기능은 이미 약해진 반면, 하나의 예술작품으로서 필획의 구조와 글자의 배치 등에 치중하게 되는데, 이 단계가 광초狂草이다.

광초라는 이름은 미친 듯 거의 끊어짐 없이 글자들끼리 서로 이어서 쓰기 때문에 붙여졌으며, 서법書法의 표현주의表現主義

△ 章草(皇象急就章)/三國

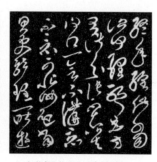
△ 今草(張芝終年帖)/東漢

△ 狂草(張旭)/ 唐代

라 일컬어지기도 한다.

이 초서는 점·획을 생략하고 단순화하여 쓰는 서체로, 여러 가지 글씨체 가운데 가장 빠르고 간략하게 쓸 수 있다. 주로 곡선을 사용하여 쓰기 때문에 동적이며 활달한 느낌을 준다. 동시에 자형이 일정한 형식에 구애받지 않기 때문에 작가의 개성이 충분히 발휘될 수 있는 서체이다.

그러나 효율적이고 신속한 필기 형태라는 취지가 너무 강조된 나머지 지나치게 간략화되어 실용적 가치를 다소 잃어버리는 결과를 초래했다. 결국 일반인들의 속성速成 필기체의 주축은 행서체行書體로 옮겨가게 된다.

3. 行書 Semi-cursive Script — 신속하되 분명한 사진

행서는 해서楷書를 바탕으로 한 서체이다. 그러나 단정한 서체를 추구한 나머지 쓰기에 너무 느려 능률적이지 못한 해서, 극단적인 흘려쓰기로 인해 판독이 난해하게 된 초서의 단점을 보완하되, 쓰기에 빠르며 판독이 쉽게 변형시킨 서체라 할 수 있다.

▽ 蘭亭序

그래서 行행은 '가다'의 의미이다. 쓰는 속도도 적당히 빠르고, 그렇다고 글자를 몰라 볼 정도로 심하게 흘려 쓰지도 않는 서체이다. 점·획이나 자형은 해서에 가까우면서도, 필법과 운필運筆이 초서草書와 비슷하여 활달한 느낌을 준다. 즉, 행서는 해서의 초서화이자 초서의 해서화이다.

시기적으로는 후한 말기에 출현하였는데, 전하는 바에 의하면 행서는 환제桓帝(재위 147~167년)·영제靈帝(재위 168~189년)시기의 유덕승劉德昇을 그 효시로 본다. 한漢·위魏 사이의 유명한 서법가 정요鍾繇와 호소胡昭는 모두 그에게서 이러한 서체를 배웠다고 기록되어 있다.

△ 蘭亭의 書法博物館 안에 세워져 있는 비각, 蘭亭이라 새겨져 있다.

△ 曲水流觴

대표작으로는 동진東晉시기의 서법가인 왕희지王羲之(303~365년)의 난정서蘭亭序인데 그의 글씨 중 최고의 걸작으로서, 글씨의 품격이 탁월하고 점·획이 완벽한 조화와 균형을 이루고 있어 만고萬古의 신품神品으로 일컬어진다.

란팅蘭亭은 져쟝성浙江省 샹하이上海를 지나 루쉰魯迅의 출생지로 유명한 샤오싱紹興에서 다시 버스로 약 30분쯤(13㎞) 가면 나온다. 춘추시기 월왕越王 구천句踐이 이곳에 난蘭을 심고, 한대에 다시 정자를 세우면서 란팅蘭亭이라는 명칭을 얻게 되었다. 이곳에 동진東晉 영화永和9년[353년] 3월 3일에 왕희지와 41명의 문인들이 모여 연회를 열었다. 그들은 구부러진

시냇물에 술잔을 띄우고[曲水流觴곡수유상] 잔이 자신 앞에 멈추면 시를 짓고 시를 못 짓는 자는 벌주를 마시는 일종의 놀이를 했는데[8], 33세의 왕희지가 이 시문들의 서문을 썼으니 이것이 천하제일의 행서인 난정집서蘭亭集序 곧 난정서이다. 지금은 란팅서법박물관蘭亭書法博物館이 세워져 있다.

왕희지는 서성書聖으로 불리고 있으며, 란팅蘭亭은 이로 인해 서법의 성지가 되었다. 필자가 그곳을 찾았던 2007년에는 주변의 습지를 메워 새로운 건물을 짓고 있었으며, 치꽁啓功 (1912~2005)과 샤멍하이沙孟海(1900~1992) 등 중국의 유명 서법가를 비롯하여 우리나라와 일본의 서예가들도 꾸준히 찾는 마음의 고향이기도 하다. 현재 매년 30만 명의 사람들이 찾는 중국 국가AAAA급의 관광지이자 중국의 4대 명정名亭에 든다. 1985년부터 매년 음력 3월 3일에 중국 란팅蘭亭 서법절書法節이 열려 세계 각 나라의 서예가와 학자들이 모여 서학書學을 토론하고 글씨와 시문을 짓고 있다.

오른쪽의 사진은 란팅에 들어서면 처음 만나는 비문인데, 사람 키를 훨씬 넘는 높이로 太자 하나가 크게 새겨져 있다. 이 글자는 왕희지의 부친 왕희王羲에게 온 편지에 적혀진 大대자가 맘에 들지 않은 어린 왕희지가 점 하나를 찍은 후 비로소 그 글자가 아름답게 되었다는 太태자다.

그러나 이 난정서는 지금 전하지 않는다. 당唐 태종太宗의 임종 때 그의 순장품으로 소릉昭陵에 묻히고 만 것이다. 다행인지 불행인지 태종은 모사본을 만들게 하여 공로가 많은 귀족과 신하들에게 나누어 주었는데, 여러 모사본

△ 『太字碑』,
晉王羲之書大字其父王羲之添點成太字라 새겨져 있다.

가운데 풍승소馮承素의 모본이 가장 저명하다. 특히 이 모본에 당唐 중종中宗 이현李顯의 신룡神龍이라는 년호가 적힌 소인小印이 있기 때문에 신룡본神龍本이라고 한다. 이 모사본에는 또 청淸 건륭乾隆 황제의 태상황제지보太上皇帝之寶라는 새인璽印이 찍혀 있으며, 이외에 수많은 열람자 또는 수장자들의 인장이 찍혀져 있으니, 그 가치를 증명해 주고 있다 할 수 있다. 현재 북경고궁박물원에 소장되어 있다.

△ 右上 부분에 '神龍'이라 찍힌 도장이 보이는데, 절반이어서 새겨진 '神龍半印本'이라고도 한다.

△ 난정집서의 왼쪽 끝 부분에 수많은 도장과 함께 거대하고도 선명하게 '太上皇帝之寶'라 찍혀져 있다.

4. 楷書 Regular Script — 모범 방정한 얼굴

소전의 화려함, 예서의 고박함, 초서의 난해함, 행서의 속도감 등으로 각 서체의 특징을 한 마디로 정리한다면 물론 무리

가 있겠지만, 이러한 서체의 흐름은 마치 인간의 일생이나 산
천의 변화와도 통한다. 각각의 서체는 다른 서체와 서로 영향
을 주고받았으며, 각 서체의 연변은 마치 씨앗에서 싹이 튼 어
린 나무가 점차 성장하면서 비바람을 만나 성숙해지고, 눈이
오는 겨울이면 잠시 성장을 멈추었다가 뜨거운 태양 아래서는
눈부시게 성장을 하는 것과 마찬가지라 할 수 있다. 이는 사람
의 일생과도 유사해서 동화童畫같던 서체는 사춘기를 맞이해서
화장을 시작하고, 철학적인 고뇌를 거친 후 다시 어떤 목표를
향해 질주하기도 하지만 하나의 모범적인 이상을 간직하고 있
었다. 그 모범적인 서체가 해서楷書이다.

해서의 楷해는 본보기라는 뜻이다. 그래서 '해서'란
사실 본보기로 삼을 수 있는 글자 혹은 척도가 되는
글자의 의미였으며, 어떤 서체의 고유한 이름은 아니
다.

그러나 시기적으로는 한漢·위魏 사이에 형성이 되었
으며, 남북조南北朝 시기에 주요한 서체가 되었고, 수당
隋唐 시대에 완성되었다.

이는 초서나 행서의 지나친 파격破格을 극복하고 점
하나 획 하나라도 정확하게 독립시켜 씀으로써, 필사
에 다소 불편했던 예서의 필법이 정리되고 세련되어
져 탄생했음을 의미한다.

그래서 해서체는 필획이 단정하게 곧게 뻗은 모습
이다. 가로획보다 세로획이 굵고, 가로획의 오른쪽이
올라가 있으나, 전체적으로는 점, 획의 간격이 고르고

△ 楷書로 된 千字文

정돈된 자형은 정방향에 가깝다. 글자의 모양을 비교해 보면

小篆 隷書 楷書 의 모양이다. 그래서 해서는 보편적으로 가장 많이 통용되는 문자이다. 이와 같이 해서는 바른 한자 자형의 전형으로 본보기 삼을 수 있는 서체이기에 방정한 예술미와 함께 한자 교습의 기본 서체로 그 역할을 충실하게 수행하고 있다. 그래서 정서正書 혹은 진서眞書라고도 한다.

이상의 자형 연변을 간략히 도표화하면 다음과 같다.

	甲骨文	金文	篆書	隷書	草書	行書	楷書	비고
商(殷)	殷商 갑골문							
周	周原 갑골문	商 말기에서 西周 말기까지 금문의 전성시기						
春秋 戰國			大篆의 시작	戰國 말기에 시작				▷太史 籒가 『史籒篇』을 지었다고 하나 실은 춘추전국 사이의 작품임. ▷秦代에 石鼓文을 지음.
秦			秦始皇, 소전으로 천하를 통일함.	古隷, 秦隷의 시기				▷焚書坑儒 시행됨. ▷李斯, 『蒼頡篇』 편찬.
漢 / 前漢				漢隷, 八分의 시기	前漢 시기에 章草 시작			▷趙高, 『爰歷篇』 편찬. ▷胡毋敬, 『博學篇』 편찬. ▷六書 이론. ▷『爾雅』 완성 ▷挾書律 폐지. ▷신라 건국. ▷백제 건국. ▷[新] 揚雄, 『方言』 편찬.
漢 / 後漢					後漢 말기에 시작		後漢 말기에 시작	▷許愼, 『說文解字』 편찬. ▷漢末에 反切 사용.
魏·晉				(조기 行書와 楷書의 영향)			八分楷法 혹은 楷法	
東晉 隋					今草 시작			▷王羲之, 蘭亭序
唐					狂草 시작			▷백제 멸망. ▷고구려 멸망.

제5절 漢字와 言語政策

1. 言語 政策

언어는 생명체와 같다. 태어나고 성장하며 소멸한다. 아직 소멸하지 않았다 하더라도 그 언어를 사용하는 민족이 사라진 다면 언어도 예외일 수 없을 것이다. 그리고 지금 당장 언어는 꿈틀거리면서 움직이고 있다. 머리카락이 자라고 빠지는 것처럼, 여름과 겨울 등 계절에 따라 옷을 달리 입는 것처럼, 생장과 소멸을 반복하며 동시에 시대와 상황에 따라 그 색을 달리하며 변화하고 있는 것이다.

그것을 한편에서는 classic하게 다듬고, 한편에서는 pop art적으로 변형시킨다. 국가를 다스리고 백성들의 복지를 생각하는 정부라면 언어를 아름답고 실용적으로 다듬고자 하는 시도와 노력을 하지 않을 수 없었을 것이다. 소위 표준어가 그 예이며, 표준이라는 용어 자체도 그 의도와 목적을 반영하고 있다. classic이라는 의미와도 통한다.

반면, 도도하면서도 유유한, 그러면서도 발랄하고 생동적인 흐름은 pop art일 것이다. 이것은 결국 국가의 정책에 반영되고 그것을 채택하게 되며, 이는 다시 민간의 사용에 영향을 미친다. 이러한 반영과 영향, 영향과 반영의 과정은 상호적으로 계속될 것이다. 얼핏 보면 국가의 정책에 따라 엄격히 사용되는 것 같으면서도 그 정책을 움직이는 거대한 힘이 있다는 것이다. 민중의 힘이다.

이에, 국가적으로 언어와 문자에 대해 어떠한 정책을 펴며, 그것은 또 어떻게 변화되는가를 살펴볼 필요가 있다.

2. 小篆과 隷變 그리고 繁體字와 簡化字

우선 간단히 한자의 경우를 예로 들어보자. 진시황제의 분서갱유焚書坑儒로 상징되는 서동문書同文정책은 한자의 자형字形을 통일시키고자 한 한자문화권 최초의 국가적 프로젝트였다. 그러나 민간에서는 그들 나름대로 복잡한 자형을 간략히 하여 실용적으로 다듬었다. 즉 예서隷書의 유유한 흐름은 서슬 퍼런 시황제의 칼날도 무디게 만들어버리고, 다음 세대인 한漢왕조에 들어서서 그 절정기를 맞이한다.

이 이야기는 크게 두 가지를 의미한다. 한 가지는 국가는 언어와 문자에 대해 고래로 통일을 꾀하여 소위 '표준'을 제정하고자 한다는 것이다. 예를 들면 소전이다. 이는 국가시책의 원활한 시행과 자국어의 아름다움을 보전하고자 하는 목적이라 할 수 있다.

다른 한 가지는 민간의 언어와 문자는 국가적인 정책과는 달리 나름대로의 모습을 갖추고자 한다는 것이다. 예를 들면 예서다. 이는 의도되거나 계획된 바가 아닌, 마치 나무가 햇빛과 바람에 맞추어 자연과 하나가 되듯 생명력을 갖추며 계속 변화하는 것과 같다.

소전과 예서가 2000년 전에 그러한 관계를 맺었었다면, 현재는 어떠한가? 지금도 그 대응과 관계는 계속되고 있다. 바로 번체자와 간화자의 관계이다.

번체자繁體字는 번·간繁·簡의 관계에서 나온 용어로서 간화자簡化字에 상대되는 용어이다. 쉽게 말하면 오래전부터 전통적으로 써 오던 방식 그대로의 한자를 부르는 말이다. 서체를 일컫는 표현이 아니라, 필사의 방식 즉 획수와 모양 등을 대상으로 하는 표현이다. 그러나 우리의 경우는 수천 년간 중국으로 부터 한자문화를 접해온 터라, 과거 중국에서 표준으로 쓰이던 해서체楷書體, 또는 정자正字라는 이름이 더 익숙하다. 일본에서는 구자체舊字體, 중화민국에서는 정체자正體字라고 하는데, 전통적인 한자라고 보면 된다.

우리나라를 비롯해서 조선민주주의인민공화국, 중화민국(대만), 일본 등에서는 이 정체자를 사용하고 있다. 한편, 중국 화교나 홍콩, 마카오는 아직까지 전통 한자에 더 익숙해서인지, 현재 홍콩과 마카오의 경우 광동어와 북경어 둘 다 공식 언어이며 글자 역시 번체자와 간화자를 혼용해서 쓰고 있다.

간화자는 의도적으로 만들어진 용어이다. 즉 기존의 정체자를 간략화하는 과정에서 그 상대적인 개념이 필요했기 때문이다. 간화자라는 용어가 나왔으니, 기존의 글자는 번체자로 불리게 되었다.

한자를 간략하게 쓰자는 움직임은 1919년의 5·4 운동을 기점으로 활발히 논의되었다고 할 수 있다. 즉, 중국의 전통 문화와 가치에 대한 반발이 심해졌고, 그 가운데 한자를 중국 근대화의 장애물로 여기는 경향이 강해졌다. 한자를 간략화하거나 심지어 아예 없애자는 주장들이 지식인들에 의하여 강하게 제기되었다. 5·4 운동을 이끈 푸스녠傅斯年(1896.3.26.~1950.12.20.)은 한자를 일컬어, '牛鬼蛇神的文字'.(지옥의 괴물처럼 타도해야 할 문자)[1]라고까지 혹평하고, 앞에서 말한 루쉰魯迅의 '漢字不滅, 中國必亡'(한자를 없애지 않으면 중국은 반드시 망한다)도 이때 나온 주장이다.

그 뒤 1955년, 중국문자개혁위원회中國文字改革委員會가 「한자간화방안초안」漢字簡化方案草案을 발표하고, 다음해 1월 「한자간화방안」이 정식으로 발표되어, 514자의 간화자와 54개의 간화된 한자의 변邊과 방傍이 채택되었다. 그 뒤, 간화자는 1959년까지 네 번 발표되어, 1964년 「간화자총표」簡化字總表로 정리되었다.

△ 간화자로 표기된 중국의 Wallmart 간판 "沃尔玛(Wallmart) 购物广场"

간화된 내용은 변과 방으로 사용되지 않는 간화자 350자<제1표>, 변과 방으로 사용하는 간화자 132자와 변과 방 14개<제2표>, 제2표를 참고한 간화자 1,753자<제3표>의 총 2,235자로 이루어져 있다. 이 2,000여 개의 글자는 중국인들이 자주 사용하는 한자의 대부분으로 보면 된다.

이 정책은 중국 정부가 기존에 쓰던 고전 한자의 획수가 너무 복잡하고 배우기 어렵기 때문에 문자의 보급을 위해 대대적인 언어개혁을 단행한 결과 나온 것이며, 한자에 발음 기호를 병행하는 한어병음정책과 함께 시행되었다. 1992년 쟝쩌민江澤民 중화인민공화국 주석은 '모든 인쇄물에는 간화자만 사용한다. 양안兩岸 즉 대륙과 대만의 한자에 관한 차이는 현상을

1] 牛鬼蛇神은 원래 불교 용어로서, 지옥의 鬼卒이나 神人 등을 일컫는 의미였다가 이후 사악하고 추악한 괴물을 비유하게 되었다. 특히 文化大革命 기간에는 타도해서 제거해야 할 대상을 통칭하게 되었다. 이를 傅斯年이 그대로 한자에 비유한 것이다.

그대로 유지한다. 서법書法(=서예)에는 번체자 사용도 무방하다.' 라는 지침을 발표, '간화자를 추구하되 번체자를 반대하지 않는다.'라는 입장을 천명하였다.

중국은 현재 이 간화자를 공식 언어로 사용하고 있으며, 국제적으로 UN이나 해외에서 발행한 세계지도 등에서 간화자와 한어병음으로 표기하고 있다. 2008년 베이징 올림픽에서는 국가의 입장 순서를 간화자의 획수로 정하기도 했다.

한편 간화자를 간체자簡體字(혹은 간자체簡字體)라고도 하는데, 용어에 대해 정확히 정의를 내리자면 간체자(혹은 간자체)는 과거 중국에서 존재했던 약자체를 모두 통칭하는 말이고, 현재 중국에서 사용되고 있는 규범화된 글자체는 별도로 간화자라고 한다. 그러나 일반적으로는 간체자라고 부르고 있으며, 이 경우 약체자를 통칭하는 개념이 아니라 간화자의 개념이다.[2]

홍콩이나 마카오의 경우와는 달리 싱가포르는 중국 정부의 노력과 국력의 확대로 간화자를 표준으로 도입하였다. 한국은 1990년대 초 중국과의 수교 및 대만과의 단교 후 간화자가 실질적인 표준 중국어의 위상을 가지게 되었다. 한국에서 출판되는 중국어 교재나 사전 등은 이미 간화자를 위주로 하고 있다.

[2] 이 저서에서는 '간체자'대신 중국정부가 공식용어로 사용하는 '간화자'로 통일하여 표기하고 있다.

그러나 간화자를 정자의 약자로 보아서는 안 된다. 새로 정립된 글자 체계라고 볼 수 있을 정도로 변화의 폭이 크기 때문이다. 간단히 그 원리를 살펴보자.

- 자형의 일부만 남긴다.
  - 예 虫(蟲), 广(廣), 录(錄), 灭(滅), 务(務), 乡(鄉)
- 자형의 일부를 변화시킨다.
  - 예 妇(婦), 丽(麗), 习(習), 显(顯)
- 변과 방을 다른 글자로 대체한다.
  - 예 蜡(蠟), 钟(鐘)
- 번체자의 특징적인 부분과 윤곽만 남긴다.
  - 예 飞(飛), 广(廣), 齿(齒), 厂(廠)
- 초서체를 해서화한다.
  - 예 书(書), 长(長), 乐(樂), 车(車)
- 변과 방을 간략화한다.
  - 예 邓(鄧), 观(觀), 对(對)
- 같은 음의 다른 글자로 대체한다.
  - 예 谷(穀), 丑(醜), 后(後), 机(機), 干(乾, 幹)
- 회의문자를 새로 만든다.
  - 예 尘(塵)
- 획수가 적은 고체자를 사용한다.
  - 예 从(從), 云(雲), 泪(淚), 网(網)
- 한자의 음을 의미하는 부분을 다른 글자로 대체한다.
  - 예 毙(斃), 护(護), 惊(驚), 肤(膚)

한편, 간화자에 상대되는 번체자라는 용어 대신 정체자라는
용어를 사용하는 데에는 일종의 간화자에 대한 거부감이 반영
된 것이라 볼 수 있다.

　중국을 비롯한 동아시아는 소위 한자문화권에 속한다. 이들은 오래전부터 한자로 써진 경전을 통해 문화를 전달·흡수하였고, 그렇게 생성된 한자에 대한 의식은 마치 오랫동안 익숙한 식단처럼 입맛을 쉽게 바꾸기 어려운 것과 같다. 이는 곧 정통성의 문제와도 직결된다. 그래서 그들은 여전히 정체자라는 용어를 사용하며, 당연히 간화자 대신 소위 전통 한자를 사용하고 있다.

　그러나 중국의 간화자 정책이 이번이 처음인 것은 아니다. 즉, 20세기 이전의 문자 정책으로 기원전 시기인 시황제의 서동문 정책을 들 수 있다. 앞에서도 말했듯이 그는 전쟁을 통해 통일된 중국을 자신의 나라인 진秦의 문자로 다시 한 번 통일한 것이다. 즉, 진시황의 통일 문자인 소전小篆은 통일 전 진나라의 문자인 대전大篆의 자형을 대부분 따르되, 어떤 글자는 필획을 줄이거나 자형을 고쳐 만들었으며, 한 가지 동일한 문자만을 사용하라는 서동문書同文정책은 다름 아닌 진시황의 문자 정책이며, 이렇게 탄생한 소전체는 당시의 간화자였던 셈이다.

　이는 다시 말하면 진시황의 서동문 정책은 국가에 의해 시행된 최초의 언어문자정책이며, 20세기 중국문자개혁위원회에 의해 시행된 한자간화정책은 그 두 번째 국가정책이다. 결국 중국에는 두 번의 문자 통일 정책이 있었으며, 그것은 모두 국가에 의해 시행되었다.

　한 가지 차이가 있다. 진시황은 문자의 통일을 시도하였으나, 발음의 통일은 시도하지 않았다. 물론 당시로서 발음의 통일은 불가능한 일이었을 것이다. 그래서 시황제는 불가능한

발음의 통일 대신 자신의 의지와 권위를 살려 문자의 통일에
전념하였는지도 모른다. 그러나 20세기에 들어선 인류의 문명
은 발음의 통일도 가능하게 되었다. 이를 정확히 알고 있었던
또 다른 황제 마오쩌동毛澤東은 한자의 간화와 통일을 넘어서
한자의 '표음화'表音化를 추진하였고, 그 결과 1955년엔 지방 사
투리를 없애고 베이징 발음으로 통일하는 '보통화'普通話 개혁을
단행했다.

   이는 사실 간화자 정책이 1956년에 발표되었으니, 그 보다
더 이른 시기에 시행된 것이다. 문자보다 더 중요했던 것이 발
음의 통일이었을까? 대화에 필요한 수단으로서는 손과 눈으로
전달하고 전달되는 문자가 아닌 입과 귀로 전달하고 수용하는
말이 더 쉬운 방법임에 틀림이 없다. 마오쩌동은 시황제가 문
자의 통일에만 그친 언어의 통일을 완성하려 한 것이다. 한자
의 발음을 로마자로 표기하는 '한어병음'漢語拼音은 1958년 전국
인민대표대회의 동의를 거쳐 시행했다. 문자와 발음의 통일과
표준화, 그리고 한자의 발음부호 표기. 이 세 가지가 20세기의
황제 마오쩌동이 시행한 언어정책이다.

3. 簡化字, 지금도 필요한가?

   그러나 간화자 정책은 과연 지금도 필요한가?
   올림픽의 국가별 입장순서는 일반적으로 처음 입장하는 그
리스와 마지막으로 입장하는 주최국을 제외하고는 주최국의

언어 순으로 입장한다. 영어권은 당연히 알파벳을 따랐고, 1988년 서울 올림픽은 가나다순으로 입장했다. 2008년 베이징 올림픽에서는 간화자로 표기한 첫 글자의 획수에 의해 입장 순서를 정했다. 예를 들어 아프리카의 기니아(Guinea)는 간화자 표기로 '几内亚'(지네이야)이기 때문에 几의 획수인 2획에 의해 올림픽의 발원지인 그리스 다음으로 입장했다. 번체자였다면 '幾內亞'이니 그 순서가 많이 달라졌을 것이다. 이는 중국이 자국의 문자를 세계에 알린 것이다. 그 문자는 정체자가 아닌 간화자임을.

한편, 이러한 간화자 정책은 중국이 간화자를 버리고 정체자로 돌아가기를 기대하는 일부 한자 문화권의 기대를 저버리는 일이기도 하지만, 중국으로서는 대단히 의미 있는 일이 아닐 수 없다. 중국은 더불어 전 세계에 설립된 콩쯔학원孔子學院을 통해 중국어와 중국문화를 보급하고 있으며, 중국의 간화자를 익히는 외국인들도 늘고 있다. 또한 UN이 중국어 표기를 간화자로 통일하는 등 간화자 사용 범위가 갈수록 넓어지고 있기 때문이다. 이렇게 국가적인 지원을 받을 뿐 아니라 이미 대외적으로도 상당한 권위를 인정받고 있는 간화자는, 그러나 현재 그 폐단에 대해 거센 비판을 받고 있다.

예를 들어 보겠다.[3]

2009년 3월 중국 양회兩會(=全國人民代表大會와 中國人民政治協商會議)에서 티앤진시天津市 정협政協위원 판칭린潘慶林은 사랑을 뜻하는 '爱'애자의 경우 간체화하는 과정에서 '마음[心]'자를 빼버려 '마음이 없는 사랑[無心之爱]'으로 변했다고 했으며, 간화자가

3] 이하 내용은 필자의 논문 「간체자 재론(1)」, 龍鳳論叢 37집, 전남대학교 인문학연구소, 2010」을 참조하여 수정한 것임을 밝힌다. 아래 王平의 주장 가운데 밑줄은 필자가 강조한 것임.

한자 본래의 의미까지 변형시켰다고 주장했다. 그는 이어 '과거에는 번체자가 너무 복잡하고 어려워 글자를 간결하게 만들었지만 현재는 국민들의 교육수준도 높고 컴퓨터 사용이 대중화되었으므로 번체자를 사용하는데 어려움이 없을 것'이라고 덧붙였다. 이 같은 주장에 대해 대부분의 시민들은 부정적인 의견을 보였으나, 이미 논쟁의 대상이 되었음은 분명하다. 판潘위원의 주장에 동의하는 사람들은 '동일한 한자문화권이지만 번체자를 사용하는 한국, 일본 등 이웃국가들과 더욱 폭넓은 문화교류가 이루어질 것'이라고 했다. 판위원은 다른 10여 명의 위원과 함께 10년의 기간을 두고 번체자를 부활시키자는 주장을 정식 제안하였다. 이때부터 번체자 부활론이 표면화되었으며, 이후 문자 논쟁이 이어지고 있다.

또 중국 문학평론가 왕간王干은 2009년 3월, 자신의 블로그에 '50년 내에 간화자를 폐지하는 것이 어떤가?'라는 제목으로 다섯 가지의 간화자 폐지 이유를 게재했다.

> 우선, 간화자에 존재하던 이론적 기초는 이미 존재하지 않는다. 간화자는 한자 병음화를 위해 만들어졌지만 현재 한자 병음화는 실패했기에 폐지해야 한다.
> 둘째, 당초 간화자는 실용적인 차원에서 제안된 것으로 어느 정도 합리성이 있었다. 번체자는 글을 쓰거나 타자를 할 경우 복잡하고 느려 많은 문제가 따랐다. 하지만 왕선(王選)이 한자의 컴퓨터 입력문제를 해결하면서 더 이상 입력 속도에 대한 장애가 사라져 간화자의 장점이 그리 크지 않다.
> 셋째, 복잡하고 어려운 번체자를 사용하는 것보다 간략

화 시킨 간화자를 사용할 경우 문맹률을 낮출 수 있다고 주장하지만 중국은 간화자를 통한 문맹퇴치도 결국은 실패했다.

넷째, 간화자는 고전문화유산에도 많은 상처를 남겼다. 중국의 고전이나 많은 역사 유적지에 표기되어 있는 한자는 모두 번체자로 이를 이해하기 위해서는 별도로 번체자를 공부해야 하는 번거로움이 따른다. 이 문제는 이미 많은 전문가들이 강하게 지적한 바 있다.

다섯째, 간화자 폐지는 해협 양안 통일에도 유리하다. 타이완과 전 세계에 진출해 있는 화인들이 사용하는 한자는 간화자가 아닌 번체자다. 미국이나 일부 해외에서는 간화자와 번체자로 나누어 중국어 교육이 이루어지고 있으며, 외국인과 주고받는 서신 등에서도 번체자 교류가 훨씬 많이 이루어지고 있다.

이러한 왕간 등 문학평론가의 개인적인 주장을 너머선 중국의 국가적 공식 의결기구인 양회에서조차 간화자 폐지를 주장한 것은 그 사안이 이미 중국 내부만의 문제가 아님을 의미한다. 한자문화권을 형성하고 있는 국가들에게도 적지 않은 파장이 예상되기 때문이다.

사실, 대만이나 홍콩 등 아직 정체자를 사용하는 국가뿐 아니라 중화인민공화국 내 정체자로의 복귀 또는 정체자 교육 강화를 주장하는 세력들에 의해 정체자의 우수성이 주장되어 왔고, 그래서 간화자와 정체자 간의 주요 논쟁을 이루고 있다. 이 논쟁을 중국에서는 번간지쟁繁簡之爭 혹은 정간지쟁正簡之爭이라 부른다.

중국 현대의 유명 작가 빠진巴金은『수상록·한자개혁』隨想錄·漢

字改革에서 문어文語의 개혁에 주의를 촉구했다. 홍콩, 중화민국의 교육받은 이들조차 중국 대륙에서 발간한 책을 읽을 수 없으며, 중국 대륙에서도 중화민국과 홍콩의 서적을 읽을 수 없어, 이러한 간극의 발생을 간체화의 큰 단점이라고 꼬집었다. 또한 세계 각지의 중국인들뿐만 아니라 한자 문화권 내 국가 간 한자를 통한 의사소통이 가능함을 언급하며 과도하게 간체화하지 않아야 할 장점이라고 주장했다. 이에 대해 간체화를 옹호하는 이는 하나의 한자 체계를 잘 교육받은 사람이라면 경험과 잦은 노출을 통해 다른 한자 체계를 금세 익히는 것은 어려운 일이 아니라는 입장이다.

이처럼 이 논쟁은 중국 대륙, 대만, 홍콩뿐만 아니라 해외 화교들 사이에서도 격렬한 논쟁을 불러왔고 또한 현재진행형이다. 정치적 이데올로기와 문화적 정체성의 문제가 한데 얽혀있기 때문에 논쟁이 격하고 치열하다. 그 예로, 2009년 4월 21자 세계일보에는 다음과 같은 기사가 게재되었다.[4]

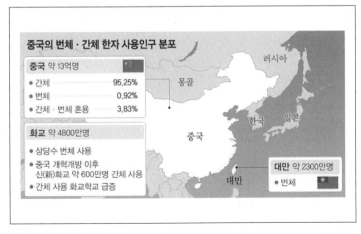

4] 강호원 선임기자
(hkang@segye.com)

간체냐 번체냐… 중국 '문자전쟁'
'간체 효용성 끝났다' 본토서 번체 부활론 꿈틀
'인구 95%가 간체 쓰는데…' 현실론 만만찮아
대만 한자 세계문화유산 추진 싸고도 신경전

… 나아가 중국의 문자 갈등은 한자의 세계문화유산 등록을 둘러싸고도 벌어지고 있다. 대만은 한자의 세계문화유산 등록을 추진하고 있다. 4년의 기간을 두고 이 작업을 진행한다는 구체적인 로드맵까지 세웠다. 이는 같은 한자를 쓰는 한국과 일본에도 영향을 미칠 수 있는 사안이기도 하다.

대만 중앙일보에 따르면 일부 대만 학자는 최근 '한국이 호시탐탐 한자를 세계문화유산으로 등록하려고 한다.'며 세계문화유산 등록을 서두르기를 재촉하기까지 했다. 대만은 지난달 캐나다에서 번체 한자를 세계문화유산으로 만들기 위한 회의를 연 데 이어 일본 교도대학과 게이오대학에도 지지를 호소하고 나섰다.

중국은 당황하는 기색이 역력하다. 대만이 번체 한자를 세계문화유산으로 등록하면 간체를 사용해온 중국으로서는 문자의 정통성과 헤게모니를 빼앗길 여지가 있기 때문이다.

중국 정부는 이에 '등록 주체는 중국이어야 한다.'고 주장했다. 한자의 세계문화유산 등재를 둘러싼 힘겨루기가 정치적인 갈등으로 번지고 있다.

그동안 논의되어왔던 간화자와 정체자를 주장하는 각각의 입장을 다음과 같이 ▶문화적 정통성 ▶문맹률과 식자율 ▶전통문화의 보존 ▶혼동의 문제 ▶쓰는 속도 ▶형성자 원리 ▶부수 ▶글자의 통합 ▶기타 등 몇 가지 측면에서 정리해 볼 수 있다.

▶ 문화적 정통성

▷ 간화자의 입장

한자는 수천 년 동안 끊임없이 변화해왔다. 갑골문, 금문, 전서, 예서에 이르기까지 한자의 모양은 계속 변해왔다. 더욱이, 현대 간화자 체계가 채택한 간략화 방법은 이미 예전부터 禮예를 礼예로도 썼듯이 수 세기 동안 역사적으로 통용되어 온 방법을 사용하였거나 시대를 거치며 지나치게 복잡화되었던 몇몇 정체자를 과거의 쉬운 형태로 복원하는 방법을 사용하였다.

▷ 정체자의 입장

그 동안 진행되어 온 한자의 변화는 양식의 사소한 변경에 불과하지 문자 구조의 변경은 아니다. 특히 진시황 이후의 역사는 더욱 그러하다. 중국 대륙의 정부가 진척시킨 간체화 사업은 중화인민공화국 정부가 그들이 내세우는 근대화라는 정치적인 목표의 달성을 위해 중국의 전통 문화를 곡해하기 위한 사업이다. 인위적이고 무리한 문자의 변경은 부수, 뜻, 소리에 기초하여 만들어진 한자의 특질을 무시하고 파괴하는 것이다. 聖성을 圣성으로 간화한 것은 聖성의 부수인 耳이를 버리고 엉뚱한 土토를 부수로 취한 경우를 대표적인 예로 들 수 있다.

▶ 문맹률과 식자율

▷ 간화자의 입장

획수가 정체자보다 적어 배우기가 쉽고, 간체화 사업 이후 중국 대륙의 도시와 시골의 문맹률은 줄고 식자율이 늘어났다. 이는 정체자가 공식 문자 체계였던 국민당 정부의 중국 대륙

점령시기나 청나라의 지배 시기에는 볼 수 없었던 것이다. 비록 현재 정체자를 쓰는 대만이 더 나은 식자율을 보여 주지만 50배의 인구와 260배의 영토를 가진 중국과 비교하기는 어렵다. 그리고 지역적으로 보면 광둥 성의 문맹률은 3.84%(2004년), 광시 좡족 자치구의 문맹률은 3.79%인데 대만의 문맹률은 이것보다 약간 낮은 정도에 불과하다.

▷ 정체자의 입장

문맹률과 식자율은 대중 교육의 접근도에 의해 결정되는 것이다. 간체화와 식자율간의 상관관계를 입증할 자료는 충분하지 않다. CIA 월드팩트북 2007년 자료에 따르면, 2002/2003년 식자율은 정체자를 사용하는 대만이 96.1%, 간화자를 사용하는 중국 대륙이 90.9%이다. 국민당 시절이나 청나라 시절과 비교하는 것은 문맹률이 90%에 달하는 시절과의 비교이어서 어불성설이다. 문맹률의 감소는 대중 교육과 학교 제도의 활성화, 시골 지역의 관리 제고와 관련이 있다. 중국 공산당 측에서도 문맹률의 감소와 간화자를 연결시키지 않는다.

▶ 전통 문화의 보존

▷ 간화자의 입장

중국 대륙 정부 이전에도 간체화의 움직임은 20세기 초반부터 있었다. 1950년대 시작된 간체화는 1960년대에 와서야 시작되는 문화대혁명과는 거리가 멀다.

▷ 정체자의 입장

스웨덴의 중국학자 Bernhard Karlgren은 1929년에 "중국이

한자를 버리는 날, 중국은 중국 문화의 근본을 포기하는 것이
다"라고 말한 바 있다. 전통 문화를 상징하는 한자를 간체화하
려는 주체인 중국 대륙 정부는 중국 전통 문화를 문화대혁명
등을 통해 훼손해온 바 있다.

▶ 혼동의 문제
▷ 간화자의 입장

書서→책, 晝주→낮, 畫화→그림을 각각 书서, 昼주, 画화로 바꿈
으로써 분별이 보다 쉬워졌다.

▷ 정체자의 입장

無무를 无무로 간화해 天천과 헷갈린다. 設설과 沒몰을 각각 设
설과 没몰로 간화하여 평시 손으로 적는 경우에는 분별이 어렵
다. 活활과 話화도 活활과 话화로 바뀌어 필기할 때 혼동되기 쉽
다.

▶ 쓰는 속도
▷ 간화자의 입장

획수가 적어 쓰기가 편하고 빠르다. 15획이 넘어가는 글자
가 정체자에 많은데 쓰기가 특히 어렵다. 중국어 정체: 邊변은
무려 18획인데 비해 중국어 간체: 边변은 고작 5획이다.

▷ 정체자의 입장

컴퓨터 시대에 쓰는 속도는 문제가 되지 않는다. 입력기
(IME)등을 통해 손쉽게 입력할 수 있다. 알파벳인 병음이나 별
도로 개발된 주음부호를 통해 컴퓨터로 한자를 입력하고 있고,

간화자든 번체자든 입력 속도는 비슷하다. 손으로 쓰는 경우에 있어서도, 많은 사람들은 행서를 통해 쓰는 시간을 줄이고 초서 또한 속기시 이용된다.

▶ 형성자 원리

▷ 간화자의 입장

많은 한자가 뜻 부분[주로 부수]과 음 부분 글자를 결합하여 만드는데[형성자], 간체화를 통해 형성자 원리에 부합되는 간화자가 많이 만들어졌다. 중국어 정체인 憂우를 忧우로 간화함으로써 心심이 뜻은 살리면서 중국어 간체인 尤우에 발음도 들어갔다.

▷ 번체자의 입장

간화자는 한자의 형성자 원리를 해치고 있다. 중국어 정체 盤(pán)의 소리 부분은 중국어 정체 般(pán)인데 盤(pán)을 盘(pán)으로 간화함으로써 발음이 엉뚱한 중국어 舟(zhōu)가 포함되었다. 그리고 중국어 정체 盧(로; 화로, 밥그릇)와 중국어 정체 爐(로; 화로)는 盧(로; 화로, 밥그릇)를 공통부분으로 하고 있던 것을 卢(=盧)와 炉(=爐)로 간화하였는데 炉(=爐)의 발음은 户(hù)와는 멀다.

▶ 부수

▷ 간화자의 입장

처음부터 부수 체계가 완벽하게 갖추기는 어려운 법이고 笑소조차도 웃음이라는 뜻과 무관한 대나무 竹죽을 부수로 쓰고 있다.

▷ 번체자의 입장

급격한 자형의 변화로 초래된 한자간 연결고리가 끊어져 뜻에 해당하는 한자, 소리에 해당한자를 모두 익힌 학생도 「뜻+소리」로 결합된 한자를 익힐 때 어려움을 겪는다. 鬧(시끄러울 뇨, 鬥 부수, nào)가 闹(門 부수, nào)로 간화되어 門문이 부수가 되는 오류를 낳았다. 愛애를 爱애로 간화해 心심이라는 부수가 없어졌다.

▶ 글자의 통합
▷ 간화자의 입장

글자 간 통합으로 오는 모호함은 적은 편이다.

▷ 번체자의 입장

後(뒤 후, hòu)와 后(뒤, 왕비 후, hòu, 後의 간화자)를 后(hòu)로 통합, 隻(새 한 마리 척, zhī, [주로 날짐승이나 길짐승을 세는 단위])와 只(zhī, 隻의 간화자)를 只(zhī)로 통합, 發(쏠 발, fā)과 髮(터럭 발; fā)를 发(fā)로 통합, 穀(곡식 곡, gǔ)와 谷(골 곡; gǔ, 穀의 간화자)를 谷(gǔ)로 통합하는 등 분별이 어렵다.

▶ 기타
▷ 베이징 올림픽에서는 국가의 입장 순서를 간화자의 획수로 정했다.

위와 같이 간화자의 각 방안은 나름대로의 장점과 단점을 동시에 갖고 있다. 장점만을 살리고자 한다면 간화자라는 실용성은 확보할 수 없을 것이다. 또한 단점을 제거하려고만 해도 역시 마찬가지이다. 문자, 특히 한자는 자형으로 이루어져 있다. 그 모양은 발음과 마찬가지로 시대와 사용자에 따라 변하기 마련이다. 그 흐름을 거역할 수 없듯이 오늘날의 시황제始皇帝는 하나의 자형만을 고집해서는 안 된다. 또한 20세기의 간화자가 한대漢代 예서隸書의 기능을 계승하고 있다면, 역시 마찬가지로 그 흐름을 거절할 수도 막을 수도 없을 것이다.

한자는 여전히 살아있는 문자이다. 한대漢代의 Top-Down 형식의 정책인 서동문書同文이라는 문자정책이 있었다면, 현재現在의 간화자 역시 그와 유사한 방식의 '위'로부터의 문자정책이다. 그러나 허신이 자형(=小篆體)의 심각한 변형에 개탄해 했던 한대의 예서체는 사실 지금의 번체자이다. 이는 다음과 같이 도식화할 수 있다.

서동문 정책 = 간화자 정책
소전체 : 예서체 = 번체자 : 간화자

다시 말해, 당시의 가히 혁명적이라 할 만한 간화자가 지금의 번체자가 되었고, 그것을 개량한 것이 현재의 간화자라고 할 수 있다. 이는 한자가 여전히 꿈틀거리며 움직이고 있는 생명체라는 것을 우리에게 증명해 주는 것이며, 그 유구하고 거대한 흐름을 어느 한 시점에서 의도적으로 개량하거나 멈추기보다는 자연스러운 발전을 유도하고 그 방향을 적절하게 설정해 주는 것이 현대 한자 정책의 올바른 흐름이 아닐까한다. 동시에 21세기에도 여전히 가급적 그 기능을 살리면서 한자의 명맥을 이어나갈 시황제와, 일종의 Software로서의 자격을 갖추어 현대의 문명에 걸맞은 Soft한 간화자가 필요하다고 하겠다.

　위의 간화자 논쟁은 최근의 일이지만, 사실 어느 한 나라의 언어와 관련한 정책은 고대로부터 의도적이건 그렇지 않건 계속 추진되어 왔다고 할 수 있다. 예를 들어 갑골문은 신神과의 소통을 위한 문자였기에 문자를 다루는 전문가인 정인貞人이 있었으며, 대단히 신성시되었을 것이다. 주지하다시피 소전은 황제의 권위를 드러내고자 제작된 문자이기에 분서갱유와 함께 협서율挟書律5]을 실시하여 민간에서 사사로이 책을 소장하는 것을 금하고, 이를 어길 경우 일족을 모두 사형에 처했다. 이 역시 진 통일 이전의 논의로 현재를 비판하는 것을 막고 새로운 지배질서를 건립하고자 하는 의도에서 비롯된 언어정책이라 할 수 있다. 진을 이은 한은 예서의 나라이다. 예서는 상부의 의도적인 정책으로 만들어진 서체가 아닌, 민간에서 자연 발생적으로 생긴 백성의 서체이다. 그런데 이 서체로 공문서를 작성했으니, 이는 한의 진과는 다르고자 했던 문화정책의 일환이라 볼 수 있다.

　그렇다면 언言과 문文은 그동안 일치하였을까? 물론 가능한 일이 아니다. 그러나 국가는 백성의 언과 문을 제대로 반영하고자 했고, 그 정책은 다시 백성에게 영향을 주었으며, 이는 세월이 흘러 다시 국가의 정책을 필요로 할 정도로 변하였으며, 이 과정은 반복될 수밖에 없다.

5] 秦의 始皇帝가 기원전 213년에 민간에서 책을 소장하는 것을 금지시켰던 법령. 이 때 挟은 소장한다는 뜻임. 挟書令이라고도 한다.

제5장 漢字와 한글

제1절 漢字와 世宗의 훈글

1. 네모난 글자

한자는 네모난 모양의 글자이다. 갑골문은 종횡무진, 그림
처럼 사방으로 자유분방하게 흩어지지만 그러나 그것이 옆이
나 세로로 길게 늘어지는 모습은 아니었다. 분명한 것은 글자
하나가 하나의 영역 안에서 완성되었다는 점이다. 최소한 영
어처럼 옆으로 계속 이어지는 모습은 아니었다. 이후 세로로
긴 小篆 에서 가로로 늘어난 隷書 단계를 거쳐 楷書 에 이르
러 정방형의 네모난 모양을 완성했다.

그러나 모양 자체가 네모라는 것은 또 다른 중요한 의미가
있다. 즉, 이 하나의 네모는 곧 하나의 음절音節(syllable)이기 때
문이다. 음절이란 쉽게 말해서 발음을 완성하기 위한 최소한
의 요건이라 보면 된다. 예를 들어 'ㅏ'라고 발음하는 경우는
어두 자음과 어말 자음이 없이 오직 모음만으로 발음이 이루
어지고 있으며, '가'는 「어두자음+모음」으로, '강'은 「어두자
음+모음+어말자음」으로 이루어지고 있는데, 위 세 가지 경우
가 모두 각각 음절이다. 즉, 음절은 하나의 모음을 기본으로 한
다. 이 모음은 반드시 있어야 할 존재이며, 그래서 그 명칭도
'어머니의 소리' 즉 모음母音이다. 이 모음을 중심으로 앞이나
뒤에 자음이 붙을 수도 있고, 그렇지 않아도 된다. 이 음절이
존재하는 공간을 한자는 네모난 틀에 두었다. 대단히 안정적

이다. 그러나 흘려쓰기에는 부적절하다. 초서는 그 한계를 극복하려 한 시도로 볼 수 있다.

한글도 네모다. 한자의 영향을 받았을 것이다. 그래서 한글도 네모 속에 모음과 자음을 넣었다. 그러나 그 구조는 사뭇 다르다. 한자는 형체와 형체의 결합인 반면 한글은 발음과 발음의 결합이다. 그런데 형체와 형체의 결합인 한자는 더 복잡하다. 한자에서 형체는 다음의 역할을 하고 있기 때문이다.

☐ 형체 단독[의미 겸 발음] : 상형자
☐ 형체[추상적 의미] : 지사자
☐ 형체[의미]＋형체[의미] : 회의자
☐ 형체[의미]＋형체[의미 겸 발음] : 회의겸형성자
☐ 형체[의미]＋형체[발음] : 형성자

형체와 형체의 결합은 다시 ☐☐☐☐☐☐☐☐☐☐ ☐ 등 다양하며 복잡한 구조로 이루어져 있다. 이 복잡함은 역으로 말하면 간단하지 않다는 말이다. 이는 simple하면서도 명료한 디자인과는 거리가 있다. 한글은 가장 복잡한 것을 가장 간단하게 만든 디자인이다. 한글을 보자.

☐ 형체[발음부호]

이게 끝이다. 물론 자음＋모음의 결합은 ☐☐☐☐☐ 등[1]으로 구분되기도 하지만, 모두 의미가 포함되지 않은 발음만의

[1] ☐☐☐☐을 예로 들면, 가, 구, 강, 국 등이다.

결합이라는 점에서 한자의 결합 방식에 비하면 단순한 경우의 수와는 달리 본질적으로 대단히 간단하다.

한글과 한자는 겉으로 보기엔 모두 네모이지만, 그 구조는 위와 같이 근본적인 차이를 가지고 있다. 또한 한글은 그 원리를 알고 나면 그 숨은 과학성에 감탄하지 않을 수 없다. 바로 상형의 원리가 발음기호 속에 숨어 있기 때문이다.

한글의 특징을 다음과 같이 들 수 있다.

① 상형성象形性

자모음子母音(보輔·원음元音) 28개 자는 '各象其形而制之각상기형이제지', 즉 그 형체를 상형하여 제작한다. 이때 형체란 곧 발음기관이다.

▷ 초성初聲 17자는 먼저 기본이 되는 아·설·순·치·후牙舌脣齒喉 5개 음을 발음기관의 형태를 상형하여 제작한다.

► 기본 5개자 :

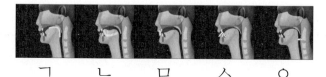

ㄱ　　ㄴ　　ㅁ　　ㅅ　　ㅇ

구분	제자題字 원리	기본 5음
아음牙音	혀뿌리가 목구멍을 막는 모양(象舌根閉喉之形)	ㄱ
설음舌音	혀끝이 윗잇몸에 닿는 모양(象舌附上腭之形)	ㄴ
순음脣音	입의 모양(象口形)	ㅁ
치음齒音	이의 모양(象齒形)	ㅅ
후음喉音	목구멍의 모양(象喉形)	ㅇ

▷ 나머지 12개 자는 5개 자를 기본으로 획을 더하여 제작
한다.

▷ 중성中聲 즉 모음母音 11개 자는 하늘·땅·사람의 형태를 상
형하여 제작한다. 사실 간단히 보면 점 하나와 작대기 두
개에 불과하다.

▷ 기본 3개 자 : · = 圓원[天], ― = 平평[地], ㅣ = 垂수[人]

▷ 나머지 8개 자는 ―와 ㅣ를 기본으로 ·를 加劃하여 제작
한다.

► 결과적으로 자음과 모음 모두 상형을 기본으로 하고 있다.

② 대칭성對稱性

자음子音
모음母音

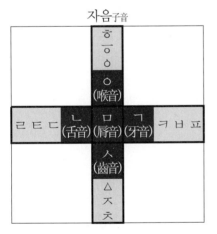

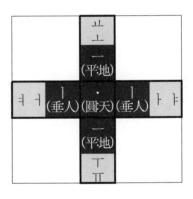

► 자음은 ㅁ을 중심으로, 모음은 ·를 중심으로 상하좌우
十자형의 대칭구조를 이루고 있다.

► 그 원리가 과학적이며, 대단히 조화롭다.

③ 기하학성幾何學性

▶ · ― ㅣ ㅇ의 네 요소만으로 모든 획의 표현이 가능하다.

▶ 자음과 모음의 결합에 따라 11,172자의 글자를 조합할 수 있는 확장성을 가지고 있다.

완벽한 대칭과 기하학적인 한글의 결합은 지구에 존재하는 물질 가운데 가장 단단하면서도 찬란한 빛을 발하는 Diamond처럼 단순하면서 안정적이다. 그러나 한글은 더 나아가 단순하면서도 다양하며, 안정적이면서도 활발하다.

아설순치후牙舌脣齒喉, ㄱㄴㅁㅅㅇ이 모두 구강口腔 안에서 '움직이고 만나며 터지고 부딪치는' 혀와 이와 입술과 목구멍의 모양을 본 뜬 것이다. 이처럼 소리를 상형한 글자가 한글인 것이다. 디자인된 문자이며, 문자가 곧 디자인이다.

이러한 천재적인 디자인 그리고 창조성은 가장 현대적인 문자이기도 하다. 예를 들어 한글은 휴대폰에서도 유감없이 그 능력을 발휘하고 있는데, 자판에 한글을 다 넣어도 자판이 남아돌아 갈 정도이다. 특히 Smart Phone에서의 자판은 소프트웨어적으로 특정 자모음의 위치를 이동하거나 조합할 수 있기 때문에 그 활용에 있어서 대단히 다양한 입력방법이 현재 존재하고 있는 것이 그 예이다. 반면 영어 자판은 그 종류가 결코 다양하지 않은 것은 배열과 조합이 그다지 용이하지 않기 때문이다. 그래서 한글을 입력할 때

△ QWERTY 자판
이 자판의 명칭은 키보드 첫째 줄의 스펠링에서 붙여진 이름이다.
그런데 이 첫째 줄의 나머지 스펠링들의 순서를 조합하면, 'Type Writer'란 단어가 된다. 즉, '타자기'를 처음 만들면서 스펠링 즉 키들을 자모음의 배열과는

는 손가락이 큰 사람일지라도 넉넉히 터치할 수 있어서 오타가 적지만, 영어로 자판이 바뀌면 'SMART'가 'small'해 진다.

이는 한글의 위대한 발상의 전환에 기인한 것이며, 그래서 한글은 위대하다.

무관하게 아무렇게나 흩뿌려놓으면서 장난을 친 것에 불과하다.

2. 漢字의 바다를 유유히 항해하는 「한글」호 돛단배

그러나 사실 한글은 일종의 가차자假借字라 할 수 있다. 일부 중국학자들은 한글은 한자의 발음 부호에 불과하다고 말한다. 그렇다. 일리 있다. 그러나 한글이 가차라는 것은 한글이 한자의 발음을 표기하되, 그 체계가 대단히 과학적이라는 데에 큰 의미가 있다. 한글은 한자의 바다 위에 한 조각 돛단배로, 그 바다를 유유히 항해하는 주인공이다.

한글은 한자를 대상으로 하되, 그 발음을 기록하여 우리만의 것으로 만든 문자이다. 그래서 한글이 한자의 가차자라는

△ 돛단배가 너무 작아서 안 보일 지경이지만, 이 작은 돛단배는 드넓은 바다를 유유히 항해하고 있다.

207

주장이 가능한 것이다.

한자는 일반적으로 우리나라의 고조선과 삼국시기 사이에 중국이 한사군漢四郡을 설치하면서부터 전래해 왔다고 보고 있다. 당시 고유의 문자가 없었던 우리로서는 한자를 수용했으며, 그것으로 적혀진 문헌들을 탐독해 왔다. 그 과정에서 한자를 보다 쉽게 읽기 위하여 이두吏讀와 향찰鄕札, 구결口訣 등을 만들어 사용하기도 했지만, 근본적인 접근이 아니었기 때문에 널리 통용되지는 못하였다.

△ 世宗大王
(1397~1450년,
재위 1418~1450년)

발상의 전환이 필요했다. 한글은 한자를 포기하되, 한자의 음으로만 문자를 대신하는 방법이다. 한자는 우선 그 개수가 자전에 수록된 것으로 5만자를 넘는다. 이 모두가 의미이며 부호이다. 굳이 이렇게 많은 글자를 소유할 필요가 있는가? 언어생활에서는 사실 글자를 사용하지 않고서도 얼마든지 의미의 전달이 가능하지 않은가? 문자란 지식의 저장과 전달에 있어서는 탁월하지만, 대화에서는 오히려 방해가 될 수도 있다.

그렇다. 한글은 마치 문자가 필요 없는 대화처럼 '발음기호'만을 적은 문자이다. 문자가 없어도 대화는 얼마든지 가능하지 않은가? 그러나 애초부터 문자가 없었다면 대화는 불가능하다. 설사 문맹자라 할지라도 사회적으로 통용되는 의미는 문자가 저장하고 있기 때문에 대화가 가능한 것이다.

세종은 아마 이렇게 생각했을지 모른다. '5만개나 되는 한자를 익혀야 하는 번거로움과 시간적인 노력은 한자와 그것으로 기록된 문헌, 그리고 그것을 사용하는 사람들에게 맡기자. 그리고 우리는 겉으로 드러난 발음만을 문자로 사용하면 되지 않겠는가? 번거로움, 시간적인 노력은 전혀 필요 없다. 우리는 저 넓고 깊은 한자의 바다에 발음으로 된 「흔글」호 돛단배만 띄우면 된다.'라고.

이는 마치 '나무의 열매'와도 같다. 나무는 열매를 맺기 위해 씨앗에서부터 발아의 단계를 거치고, 수년간의 비바람을 이겨낸 후, 굵은 뿌리를 바닥에 굳힌 이후에야 비로소 열매를 맺는다. 최종 수확물인 것이다. 한글은 한자가 이룩해 놓은 장구한 세월의 노력과 공력을 아주 손쉽게 활용하는 데 성공했다. 지극히 간단명료한 방법으로 말이다.

그러나 바다가 없이 배가 뜰 수 없고, 줄기와 뿌리와 잎이 없이 열매가 열릴 수 없다. 즉, 한자가 없다면 한글은 존재하기 어렵다는 말이다. 의미를 담당하는 역할을 그 누군가는 해 주어야 발음이 가능하기 때문이다. 형음의形音意가 모두 갖추어진 것이 문자이지 않는가? 서양의 알파벳은 고대 그리스, 로마, 앵글로 색슨 등 다양한 과정으로부터 그 어원을 형성하고 있다. 비록 표음문자이지만, 표음의 기능이 역사 속에 있는 것이다. 한글은 표의의 기능을 한자에 두고 있는 문자이기 때문에 한자 없이는 존재할 수 없다. 대신 번거로운 일은 한자가 하면 된다. 그렇다면 우리는?

사실 한글은 한자와 비교해서 다음과 같은 점에서 차이를 찾을 수 있다.

한자는 표음과 표의의 기능이 유기적으로 결합된 문자이다. 그래서 한 글자에 성부와 형부가 동시에 존재하는 다기능적 문자라 할 수 있다.

반면, 한글은 이 표음과 표의의 역할을 분업화한 문자이다.

영국의 산업혁명이 증기기관에서 일어나 분업으로 완성이 되었다면, 한글은 한자라는 증기기관을 엔진으로 삼아 소리와 의미의 분업화에 성공한 문자라 할 수 있다.

그래서 한글은 한자의 바다를 유유히 항해하는 돛단배이며,

그 바다의 주인이다.

중국의 한자는 별도의 발음부호가 없었다. 그래서 그들은 한대漢代부터 직음법直音法과 그 이후 반절법反切法2]을 이용하여 발음을 표시하려 했다. 노력을 힘들게 많이 했다. 그러나 결국 현재는 서구의 알파벳을 그대로 베껴 쓴 한어병음을 사용하고 있다. 장구하고 거대한 한자문화권의 한자가 그 발음을 서구의 알파벳을 사용하고 있는 것은 일종의 아이러니 혹은 모순이라 하지 않을 수 없다. 20세기 중국의 위대한 문호이자 사상가로서 신문화운동을 이끌고 좌익문화운동의 일원이었던 루쉰魯迅(1881~1936)은 '한자불명漢字不滅, 중국필망中國必亡'이라 하면서 한자의 폐지를 주장하고, 그 대신 한어병음으로 문자를 대체하자고 하였다. 만약 노신이 한글을 알았더라면 그래서 한글을 한어병음 대신 사용했었더라면, 지금 중국은 한글이 한자 대신 사용되고 있을지도 모른다. 물론 과장된 가정이겠지만 결코 헛된 가정은 아닐 것이다.

3. 諺文, 그리고 隸書

우리나라 문자의 최초 명칭은 『훈민정음』訓民正音(1446년, 世宗28년)이다. 현재 『훈민정음 해례본』訓民正音 解例本은 국보 70호로 지정되어 있으며, 유네스코 세계기록유산으로 등재되어 있다. 이 훈민정음이 국문國文으로 공식적인 인정을 받은 것은 반포 450년 후인 갑오경장(1894~1896) 때의 일이다. 근대화 과정에서 민

2] 直音法이란 음이 같은 同音字로써 글자의 음을 표시하는 방법이다. 즉 'A音B'의 방식이다. 예를 들면, '惡, 音烏(惡오의 음은 烏오이다)', '正, 音征(正정의 음은 征정이다)', '訊, 音信(訊신의 음은 信신이다)' 등이다.

反切法은 그 독음을 밝히는데 直音法보다 확실히 진보된 방법이다.

족의식의 각성과 더불어 '국문'이라고 주로 불리다가, 1910년대 초에 주시경 선생을 비롯한 한글학자들이 '한글'이라는 명칭을 사용하면서 통일되었다. '한글'의 뜻은 '큰 글', '세상에서 첫째가는 글'이다.

언문諺文이라는 명칭도 있었다. 이 명칭은 『세종실록』世宗實錄 권102에 '上親製諺文二十八字'상친어언문28자.(임금께서 친히 언문 28자를 만드시다.)라고 한 것에 연유한다. 처음에는 한문자漢文字에 대한 말로서 한글을 통칭한 것이다. 이 당시 세종과 한글 제작에 관여한 학자들을 제외하고는 거의 언문이라 불렸고, 근세에까지 널리 사용되어 왔다.

그런데 '언서諺書·언자諺字·언해諺解·반절反切 및 암클·중글' 등은 모두 우리글을 한문漢文에 비하여 낮추어 본 데서 나온 말이다. 언諺은 ①언문 ②상말 ③속담 ④조문하다의 뜻과 '안'으로 발음 될 경우 ㉠자랑하다 ㉡공손하지 못하다 ㉢강하고 억세다 등의 의미를 갖고 있다. 그리고 언어諺語는 속담을, 언역諺譯은 언문으로 번역함을, 언간諺簡은 언문 편지라는 뜻으로서 역시 한글로 쓴 편지를 낮잡아 이르던 말들이다.

그러나 훈민정음이 창제되기 전 그 창제를 위하여 세종은 이미 한글 창제 3년 전인 1443년에 언문청諺文廳이라는 기관을 궐내에 설치하였었다. 요즘 같으면 국립 국어연구소에 해당할 것이다. 사실 언문이란 명칭은 세종 당대부터 쓰였으며, 한글이라는 이름이 일반화하기 전까지는 그 이름이 널리 쓰였었다.

이렇게 보면, 언문이라는 명칭은 상常놈, 상인常人 즉 일반 대중들의 사용을 위하여 만들어지고 세상에 반포되었음을 의미

한다. 그러한 세종의 바람이 당시 유학을 숭상하고 한자만을
문자로 알던 지배계급에 의해 의도적으로 폄하되었다고 할 수
있다.

이는 한대漢代에 출현한 새로운 서체를 예서隷書라고 불렀던
것과 일치한다. 즉, 한대는 소전체가 황제의 문자로 군림하던
시기를 지나고, 사회경제적으로 분위기가 쇄신되고 문화적으
로 문자의 사용자가 늘어나던 시기였다. 앞에서도 말했듯이
예인隷人이란 관청의 하급 관리로서 문서업무를 주로 담당하던
직책이다. 이 사람들이 사용하는 문자는 소전에 비해 대단히
실용적이었으나, 황제의 권위를 업은 지배층에서는 이를 업신
여기고 폄하하였다. 쓰기에는 불편하나 황제에 명령에 의해
제작되었고 권위적인 풍격을 지니는 소전체는, 쓰기에 편리하
면서도 예술의 경지로 들어선 예서를 무시했던 것이다.

그러나 예서와 한글의 제작 배경과 그 이후의 과정을 보면
우리가 반성해야 할 점이 있다.

小篆 : 황제의 명에 의해 제작 [top down 방식]
　　　⇨ 권위적 ; 지배층의 지지를 받음.
隷書 : 하급관리로부터 시작 [bottom up 방식]
　　　⇨ 서민적 ; 지배층의 무시를 받음.
한글 : 임금에 의해 직접 제작 [top down 방식]
　　　⇨ 서민적 ; 지배층의 멸시를 받음.

예인들은 문자를 사용하는 데 대단한 자부심을 느꼈다. 그

래서 글자에 힘을 실었으며, 그것이 예술의 경지를 여는 계기가 되었다. 소전은 황제가 자신의 통일정책을 확대하고 권위를 드러내기 위해 제작된 글자이다. 반면, 자신의 권위가 아닌 백성들의 문자생활을 위해 창제된 한글은 오히려 지배층으로부터 소외를 받았다. 지배층으로부터 지지를 받았던 황제의 문자 소전체와, 그렇지 못했던 백성의 문자 한글. 한자만을 유일한 문자로 믿었던 우리의 지배층은 그 문자가 가지고 있는 힘을 자신들만 소유하려 했었다. 그래서 다른 문자를 용납하지 않으려 했고, 애민사상이 배어 있는 한글을 무시했다.

그러나 일본의 대한제국 강점기에 만약 한글이 없었다면 우리의 혼은 쉽게 일본에 넘어갔을지도 모른다. 비록 역사의 가정이긴 하지만, 한자라는 동일 매체가 갖는 힘은 현재 중국의 55개 민족을 지배하는 한족의 힘과 같다. 우리가 일본과 달랐던 가장 큰 힘은 우리의 문자가 그들의 것과 달랐으며, 그 문자에 우리의 혼과 힘이 온전히 녹아있었기 때문이라고 생각한다. 세종의 위대함이 살아나는 순간인 것이다. 반성할 과거는 반성해야겠지만, 우리는 다음의 사실을 잊어서는 안 된다.

시황제가 분서갱유라는 잔혹한 방식으로 문자의 통일을 완성[서동문 정책]하고 궁극적으로 사상의 통일과 지속을 위해 소전을 만들었다면, 그래서 불사초처럼 지배층의 권력과 그 지속을 갈망했다면, 세종은 이와는 너무나도 다르다.

사실 문자란 권력의 다른 이름이다. 힘은 지식으로부터 나오고 지식은 문자에 담겨 있기 때문이다. '콩즈학원'孔子學院 등

유가를 표방하는 현재의 중국은 경제발전이 이룩한 성과를 과거의 찬란했던 문화적 유산으로부터 보장받고, 동시에 그 힘을 적극 활용하여 현재의 정치적 기반을 굳건히 다지고자 하는 것과 결코 다르지 않다. 유가는 다름 아닌 수천 년 동안 권력자들이 자신들의 정통성을 확보하기 위해 내세웠던 사상이며, 곧 힘이었다. 그 힘은 공자의 사상을 담은 글에 있다. 시황제가 문자를 통일했으면서도 쉽게 무너져버린 치명적인 이유였다.

그러나 시황제는 문자의 힘을 일찌감치 간파한, 그래서 세계사에서 최초로 문자의 통일을 이룩한 황제이다. 하지만 그 목적과 의도는 자신의 영원한 권력과 통치를 위한 것이었다. 그리고 그것을 백성들로부터 멀리했다. 백성들은 통치의 대상이지 통치의 주체는 아니기 때문이다. 백성들이 통치자가 되지 못한 것은 문자라는 힘을 자신들이 온전히 소유하거나 누리지 못했기 때문이다.

이에 반해 세종은 무지한 백성들의 핍박으로부터의 해방과 정당한 권익을 위해 문자를 만들었다. 한자는 한나라 때 우리나라에 들어왔다고 전해지며, 수천 년 동안 지식인들의 사상과 권력을 위해 사용되었었다. 이 철벽 같이 단단하고 고립된 한자의 세상에서 어느 한 대왕은 그 한자가 지배하는 틀을 과감히 깨고 늘 개혁과 혁명을 꿈꾸는 저 천하고 무지하며 그래서 위험하기 그지없는 백성들을 위해서 글자를, 결코 배우기 어렵고 힘든 문자가 아니라 배우고 사용하기에 쉬운 글자, 한글을 만든 것이다.

그래서 그는 한 인간이며, 위대한 왕이다.

현재 소전체는 비록 고대문자로 존재하긴 하지만, 그 자체로서 풍격을 유지하고 있으며, 예서 또한 순박한 모양으로 사람들에게 사랑을 받고 있다. 반면 한글은 태어나서는 미운 오리 새끼처럼 미움을 받았으나, 현재는 아름다운 모양과 기능적인 우월함으로 우리들의 일상생활에 깊이깊이 살아있다.

제2절 朝鮮의 『訓民正音』과 中國의 音韻學

다음의 표는 宋元시기에 중국인이 자신들의 발음 가운데 자음체계를 연구한 36字母에 한글의 자음을 반영한 표이다.

清濁(발음방법) / 七音(발음부위)	全清 無聲無氣音	次清 無聲有氣音	全濁 폐쇄, 마찰, 파찰음	次濁 비음, 변음, 반모음	개수 36개
唇音 — 重唇音(雨唇音, 두입술소리)	幇[p] /b/ **ㅂ**	滂[pʻ] /p/ **ㅍ**	並[bʻ] **ㅃ**	明[m] /m/ **ㅁ**	4
唇音 — 輕唇音(唇齒音, 이입술소리)	非[f] /f/ **ㅸ**	敷[fʻ] **ㆄ**	奉[v] **ㅹ**	微[ɱ] **ㅱ**	4
舌音 — 舌頭音(齒莖音, 잇몸소리)	端[t] /d/ **ㄷ**	透[tʻ] /t/ **ㅌ**	定[d] **ㄸ**	泥[n] /n/ **ㄴ**	4
舌音 — 舌上音(捲舌音, 혀말이소리)	知[ʈ] /zh/ **ㅈ**	徹[ʈʻ] /ch/ **ㅊ**	澄[ɖ] **ㅉ**	娘[ɳ] **ㄴ**	4
牙音(軟口蓋音, 여린입천장소리)	見[k] /g/ **ㄱ**	溪[kʻ] /k/ **ㅋ**	群[g] **ㄲ**	疑[ŋ] **ㆁ**	4
齒音 — 齒頭音(齒莖音, 잇몸소리)	精[ts] /z/ **ㅈ** 心[s] /s/ **ㅅ**	清[tsʻ] /c/ **ㅊ**	從[dz] 邪[z]		5
齒音 — 正齒音(齒莖口蓋音, 잇몸센입천장소리)	照[tɕ] /j/ **ㅈ** 審[ɕ] /x/ **ㅅ**	穿[tɕʻ] /q/ **ㅊ**	牀[dz] **ㅉ** 禪[z] **ㅆ**		5
喉音 (軟口蓋音, 여린입천장소리 / 硬口蓋音, 센입천장소리)	影[ʔ] **ㆆ**	曉[x] /h/ **ㅎ**	匣[ɣ] **ㆅ**	喻[j] **ㅇ**	4
半舌音(齒莖音)				來[l] /l/ **ㄹ**	1
半齒音(捲舌音)				日[nz] /r/ **ㅿ**	1

[ ]안은 IPA(International Phonetic Alphabet, 국제음성기호)이며, / /안은 중국에서 현재 사용되고 있는 발음기호인 한어병음, 그리고 굵은 글씨는 한글의 자음이다. 단, ㅸㆄㅹㅱㆆㆅㅿ 등 중세국어의 음가는 학자마다 견해가 다름을 밝힌다.

217

자모字母란 Letter(낱자) 혹은 Alphabet을 의미한다. 한글이나 영어에서는 자음과 모음 모두를 포함한다. 그러나 중국 음운학音韻學[1](Phonology)의 자모 개념은 성모聲母 즉 어두자음語頭子音(the first consonant in one syllable)만을 의미하기 때문에 알파벳식 자모의 개념과는 차이가 있다.

그래서 36자모는 성모를 나타내기 위해 쓰인 발음부호인데, IPA같이 발음을 나타내는 전문적인 부호가 없었기 때문에 그 대신 해당 발음을 가진 한자로 대체한 것이며, 그 개수가 36개라는 의미이다. 이는 중국의 중고음中古音(수당隋唐시기의 발음)에서 성모가 36개임을 의미한다. 현대 중국어는 성모가 21개이니 예전에는 그 개수가 많았으며, 그것들이 현대로 오면서 줄었음을 알 수 있다. 다시 말하면 중국인들은 당(618~907)나라 말기 때부터 그들의 자음에 대한 연구를 시작하였으며, 송(960~1127)나라 때에 와서 다시 변한 발음을 반영하여 음계에 맞도록 정립한 것이다.[2] 이 시기는 우리나라의 발해(698~926)와 고려(918~1395)시기에 해당하니, 조선(1392~1898)의 세종은 이 성과를 적극적으로 활용한 것이다.[3]

아마 세종은 이 36자모표를 두고서 조선의 자음에 존재하는 발음에는 표시를 하고, 존재하지 않는 발음은 당연히 무시하였을 것이다. 이때 세종은 위대한 생각이 실현되는데, 중국인들은 발음을 한자로 나타낸 것에 반해 세종은 기호, 즉 발음기호로 표기하고자 한 것이다. 그래서 한글은 곧 발음기호이다. 세종은 고민하였을 것이다. 어떻게 발음의 기호를 나타낼까? 그는 실로 위대하다. 소리를 내는 구강 안에서 혀와 이, 그리고

[1] 혹은 聲韻學이라고도 한다.
[2] 36자모는 당나라 말기의 승려 守溫이 만든 30자모에다가 송나라의 학자들이 非母, 敷母, 奉母, 微母, 牀母, 娘母의 6자모를 더해서 성립되었다고 여겨진다.
[3] 우리나라는 조선 초기의 성운학자들은 대체로 한자음의 성모를 자모라고 하였으며, 훈민정음에서의 초성자도 자모라고 하기도 하였다. 이러한 자모의 개념은 중국 성운학에서 도입된 것으로 볼 수 있다.
그러다가 중종 때에 이르러 崔世珍이 한글을 諺文字母라 하고, ㄱ, ㄴ, ㄷ, ㄹ, ㅁ, ㅂ, ㅅ, ㆁ, ㅋ, ㅌ, ㅍ, ㅈ, ㅊ, ㅿ, ㅇ, ㆆ, ㅏ, ㅑ, ㅓ, ㅕ, ㅗ, ㅛ, ㅜ, ㅠ, ㅡ, ㅣ로 열거하였다. 이것은 알파벳식 자모의 개념과 일치하는 것이다. 이와 같이 한글의 자모음을 통틀어 자모라고 한 것은 이것이 처음이 아닐까 한다. 그 뒤 조선 후기의 학자들은 자모를 중국 성운학의 성모를 지칭하는 경우와 한글을 지칭하는 경우에 서로 같은 개념으로 사용하기에 이른 것으로 믿어진다.

목구멍의 모양을 그대로 본떠서 그려내면 된다고 생각하였고, 마침내 너무나도 쉬운 구조인 ㄱㄴㅁㅅㅇ의 다섯 기본음을 만들었고, 그로부터 나머지 자음은 확장하여 완성하였다. 모음은 이 책의 3장 1절에서 언급했다시피 하늘·땅·사람의 형태를 상형하여 제작하였으니, 한글의 자음과 모음은 모두 일종의 상형자라 할 수 있다.

다시 말해 세종은 한글을 만드는 과정에서 중국이 이룩해 놓은 성과를 십분 활용하되, 나아가 독창적인 방법으로 새로운 문자를 만들어 냈으니 그의 훌륭함이 돋보인다.

제3부

中國의
Pictograph

제6장　象形文字 甲骨文

제1절 中國에 존재하는 문자-象形문자

중국은 역사가 오랜 나라이다. 선사先史시대는 당연히 역사 시기 이전의 시대이니 차치하더라도 문헌의 기록을 갖고 있는 상商나라의 시작을 기원전 16세기로 보고 있으니 가히 3700년 의 기간이 된다. 그러나 차지하고 있는 면적과 민족의 구성을 보면 결코 거대한 나라라고만 단정하기는 어렵다. 즉, 한족漢族 을 포함하여 56개의 민족으로 이루어져 있는 중국은 다시 나 머지 소위 소수민족이라 호칭되는 55개의 민족이 차지하고 있 던 땅덩어리까지 포함하고 있기 때문이다.

그런데 이 소수민족 가운데 몇몇 민족은 자기네들 고유의 문자를 가지고 있다. 문자가 있다는 것은 언어가 있다는 것과 동일하다. 다시 말해 중화인민공화국이라는 한 개의 국가에 소속되기에는 동질적이지 않다는 의미이다.

실제 상황은 그 언어만큼 복잡·다양하다. 몽골족, 위구르족 및 티베트족 등은 일찍이 고유의 문자를 창제하여 현재까지 사용하면서 주변 다른 민족에게도 영향을 주었으며, 반면, 문 자가 존재하였다는 기록만 있을 뿐 현재는 전하지 않는 경우 도 있다. 또는 한족의 영향으로 한자를 자신들의 문자로 사용 하는 소수민족도 적지 않다. 그래서 중국의 문자를 '한자'漢字라 고 한정해서는 절대 안 된다. 한자는 '한족의 문자'라는 의미이 지 않는가!

224

현재 중국 내에는 27개의 민족(한족 포함)이 모두 39종(한자 포함)의 문자를 사용하거나 시범적으로 사용 중이라고 한다.[1] 그러나 저자는 이들 문자 가운데 동파문東巴文과 수서水書[2]만을 다루고자 한다. 상형문자이기 때문이다.

그런데 한 가지 언급해야 할 일이 있다. 필자가 이 책을 저술하는 도중에 새로이 발견한 사실로서, 중국에 존재하는 소수민족의 문자 가운데 Ersu Shaba(爾蘇沙巴)[3] 문자라는 것이 있다는 새로운 사실을 알게 되었다.

Ersu Shaba문은 Ersu(爾蘇)인의 제사장인 Shaba[沙巴]가 사용하는 회화문자이다. 현재 쓰촨성四川省의 량샨涼山, 야안雅安, 깐즈甘孜 지역에서 사용되고 있는데, 세상에는 1980년대에 처음 알려졌다. 현재까지 밝혀진 연구

▽ 尔苏沙巴(ErsuShaba)文
(http://www.flickr.com/photos/starving/ 참조)

성과로는 200 여개의 글자가 있는데 모두 사물의 특징을 정확히 반영하고 있으나, 고정적인 필순과 서사방식은 없다. 이 문자는 점복서占卜書에 사용되는 문자로서 홍紅·황黃·남藍·녹綠·백白·흑黑의 여섯 색으로 글자를 쓰는데, 각각의 색들은 고유의 의미를 담고 있어서 특별히 도화적인 성질이 강하다.

1] 『중국의 소수민족』(정재남, 2008.7, ㈜살림출판사) 333쪽 (郭大烈·董建中 편집 『中華民族知識通覽』, 云南敎育出版社, 2000, p.256 재인용) 참조. 그러나 이 통계에서는 水書와 尔苏沙巴文은 제시하지 않고 있으니, 이 통계 역시 정확한 통계라 보기는 어렵다.

2] 이하 東巴文 및 水書와 관련한 표기에 대해 본 저서에서는 그들 고유의 발음을 中譯한 한어병음의 발음을 따르지 않고, 우리말 표기의 편의상 동파족, 동파문 및 수족, 수서라 표기함을 밝힌다.
3] 간체자로는 尔苏沙巴로 쓰며, 발음은 ěrsūshābā이다. 보통 Ersu문자라고 부른다.

225

제2절 甲骨文과 象形字

1] 鄭樵(1104~1162) : 중국 南宋의 역사학자 언어학자로 『通志』의 편찬자이다. 斷代史를 부정하는 史論을 펼쳐 특정 왕조 중심으로 역사를 서술하는 대신 會通과 相因을 중시하는 通史를 제창했다. 이에 上古 이후 隋에 이르는 시대까지 통사를 紀傳體로 서술했다. 특히 『通志』에서 六書의 비율을 분석하였다(象形類 608자, 指事類 107자, 會意類 740자, 形聲類 21,810자, 轉注類 372자, 假借類 598자 합계 24,235자). 『爾雅注』3권의 저자이기도 하다.

2] 段玉裁(1735~1815) : 小學과 音韻에 정통하고 說文연구에 뛰어났다. 說文學의 泰斗로서, 『說文解字』의 注書인 『說文解字注』 30권을 저술함으로써 난해한 설문 注釋에 획기적인 업적을 남겼다. 저서에 『春秋左氏經』(12권), 『毛詩詁訓傳』 등이 있다.

3] 『說文釋例』는 총 20권으로 六書에 대한 정의, 體例, 문자의 異體와 或體 및 重文, 『說文』 글자 배열의 순서와 해설의 형식, 雙聲疊韻과 『說文』의 脫字와 訛字 등을 논설한 책으로서, 書籍의 체례와 한자의 形體結構 및 演變規律에 관한 가치가 있다. 특

허신이 『설문해자』에서 '6서'를 분석하고 분류한 이래, 후대 학자들은 심층적인 연구를 진행해 왔다. 특히 상형자象形字에 대해서 더욱 그렇다. 상형자를 남송南宋의 정초鄭樵[1]는 정생正生과 측생側生으로, 청대淸代의 단옥재段玉裁[2]는 독체상형獨體象形과 합체상형合體象形으로, 왕균王筠[3]은 『설문석례』說文釋例에서 정례正例와 변례變例로, 타이완의 주종래朱宗萊는 『문자학형의편』文字學形義篇(1918)에서 순상형純象形, 합체상형合體象形, 변체상형變體象形으로 분류한 바 있다.

현재 비록 독체獨體상형자에 대해서는 별다른 이견이 없다고는 하지만 역시 정설은 없으며, 합체合體상형자나 변체變體상형자에 대해서도 이견이 분분하다. 예를 들어 혹자는 상형자를 독체상형자, 합체상형자, 반합체半合體상형자로, 또는 단체單體상형자(이 단체상형자의 하부에 다시 전체全體상형자와 특징特徵상형자, 상관相關상형자로 나눔), 부가附加상형자, 기타로 나누는 것 등이다.

그러나 갑골문 상형자의 가장 두드러진 특징은 다름 아닌 상형성象形性이라 할 수 있다. 상형자에 대한 분류와 분석이 여러 가지인 것은 앞에서도 말했듯이 조자자造字者의 주관적인 취상取象이 반영되기 때문이며, 이를 후대에 귀납적으로 정리한 결과가 현재의 여러 주장 및 학설이다. 그래서 우리는 이러한 여러 특징들의 세세한 분류들에 얽매이기보다는 상형성이라

는 큰 안목에서 개략적인 특징들을 파악하는 것이 중요하다고 생각된다.

1. 繪畫文字

갑골문은 일종의 회화문자라 할 수 있다. 그림으로 표현되었기 때문이다. 이는 일반적인 상형문자의 기본적인 특징이자 필연적인 성질이기도 하다. 그러나 7장에서 다룰 납서納西(Naxi)족族의 동파東巴 상형문자보다는 회화의 정도가 그다지 크지 않다.4] 갑골문은 이 회화로 표현된 문자로 시작해서 지금의 한자로 '변화'하였다.

보통 이런 경우 '발전'이라는 표현을 사용하지만, 한자가 소전체와 예서체를 거쳐 해서체와 초서체, 다시 간체자로 변한 것과 한자의 부수部首나 부건部件 등의 활용에 있어서 과연 어느 측면에서 발전을 이룩했는가에 대해서는 사실 답을 하나로 내리는 것은 의미가 없다. 갑골문은 갑골문대로, 초서체는 초서체대로, 부수는 부수대로 각 상황에 따른 역할이 있었다. 예를 들어 書서의 갑골문 가 간체자 书로 변한 것을 비교해 본다면 갑골문은 손에 쥐어진 붓이 보이나 간체자에서는 무슨 모양인지 의미를 연상하기가 쉽지 않으며, 부수를 찾기도 어렵다. 그러나 필사의 편리함에 있어서는 간체자가 편리하다. 결국, 한자는 각 시기별, 서체별, 기능별의 특징을 있는 그대로 고찰하고 그것이 후대에 어떻게 '연변'演變 되었는가를 이해하

히 『說文解字』에 대한 후대의 주석본인 淸代 段玉裁의 『說文解字注』를 비롯하여, 朱駿聲의 『說文通訓定聲』, 桂馥의 『說文解字義證』과 王筠의 『說文句讀』 등이 許學의 정수를 잇고 있으며, 이 네 명을 두고 '說文四大家'라고 한다.

4] 동파문에 비하면 차라리 추상적이라 할 수 있을 정도로 간단한데, 동파문이 平面的이라면 갑골문은 線形的이다.

는 것이 중요하다.

　　다시 이야기의 초점으로 돌아가서, 갑골문의 회화성을 보여주는, 예를 들어보면 ✦(象상), ✦(鹿녹), ✦(魚어), ✦(鳥조) 등은 전신全身을 그려서 지금이라도 액자에 걸어 놓으면 그대로 동물화가 될 정도로 회화적이다. 또 ✦(人인), ✦(目목), ✦(齒치) 등은 그 특징을 잘 포착했다 할 수 있으며, 심지어 ✦(龍용), ✦(鬼귀)처럼 상상의 대상도 표현해 내고 있다. 필자가 보기에 ✦(雨우)는 상형자이면서도 추상화처럼 아름답다.

　　대부분의 갑골문은 사물의 형체를 묘사하여 글자를 이룬다. 그러나 직접적으로 형체를 나타낼 수 없는 글자들은 상형의 字符에 특정의 지시부호나 몇 개의 상형자부의 의미들을 합쳐서 하나의 글자로 만든다. 예를 들면 ✦(刀인)은 刀인에 칼날을 의미하는 점을 찍었으며[5], ✦(及급)은 人인과 手수라는 자부字符가 합쳐져 사람을 쫓아가 붙잡는다는 의미를 나타내고 있다.

　　그리고 상형 자부의 음音을 차용하여 표음자로 활용하는 경우도 있다. 원래 찌르거나 베는 무기인 ✦(我아)가 대사代詞인 '我아'의 발음과 의미로 사용되는 것과 키 혹은 삼태기인 ✦(其기)가 '그것'이라는 대사의 '其기'로 사용되는 것 등이 그 예이다. 이는 상형象形의 자부字符를 성부聲符로 활용한 경우이다.

　　물론 이들 글자를 지사나 회의, 혹은 가차로 분석하는 경우

5] 이 刀을 상형이 아닌 다른 조자방법으로 볼 수도 있다. 許愼은 '刀堅也. 象刀有刃之形.'라 하여 상형으로 분석하였으며, 徐鍇도 칼날이 칼 앞에 있는 것으로 象形으로 보았다. 그러나 張舜徽는 '許云象形, 而實指事. 今俗稱刀口.'라 하여 指事로 분류하면서 허신의 말을 부정하였다. 현재는 대부분 指事字로 분류하고 있기는 하다. 단옥재는 특별히 六書의 분류로 나누지 않았다.

도 있다. 이는 적절한 분석이거나 타당하다. 그러나 필자가 말
하고자 하는 것은 이들 지사나 회의 및 전주는 모두 상형자를
근간으로 그것의 기능을 다양하게 활용할 수 있다는 점이다.

2. 異體字

갑골문의 두 번째 특징을 든다면, 역시 다른 상형문자와 마
찬가지로 이체자異體字가 많다는 것이다. 이 또한 지금처럼 자체
字體나 자형字形이 인쇄체처럼 고정적이지 않고, 여러 사람이 여
러 대에 걸쳐 사용하고 새롭게 제작하는 과정에서 얻어지는
필연적인 현상이라 하겠다. 예를 들어 『고문자고림』古文字詁林·
제1권6]에 실려 있는 '王왕'자의 자형은 갑골문의 경우만 다음
처럼 206쪽에서 208쪽까지 두 페이지 반에 걸쳐 있다.

6] 李圃 主編, 『古文字詁林』
(總12冊), 上海教育出版社,
2004年 10月.

▽
『古文字詁林·제1권』의
206~208쪽.

이체자의 정황도 몇 가지로 구분할 수 있다. ⅰ) 번·간체자 繁·簡體字의 혼용, ⅱ) 좌우左右방향의 자유로움, ⅲ) 정·도서正·倒書의 혼용, ⅳ) 서사書寫의 비非고정 등이다.

ⅰ)의 경우가 가장 일반적이며 그 수도 많다. 예를 들면, 犬견의 경우 （甲402）[7] （甲611） （甲1023） （乙581） （乙3853） （乙6141） （燕53） （佚635） （鐵142·4） （前84·1） （粹240） 등처럼 개의 전체적인 윤곽과 특히 치켜 올려진 꼬리라는 부분적인 특징을 강조했다. 그러나 필획의 수나 구체적인 사법은 전혀 통일성이 없이 자유스럽다.

획수가 그다지 많지 않은 雨우도 （鐵238·3） （京都3209） （存1747） （拾8·2） （佚247） （明·藏36） （乙9067） （前3·16·2） （前3·18·6） （後1·3210） 등 하늘을 의미하는 윗부분의 평행선과 빗방울을 의미하는 작은 선 혹은 점으로 이루어져 있지만, 역시 필획의 방법이 다양하다. 빗방울의 개수가 비의 많고 적음을 의미하는 갑골문 문장은 없으므로, 그 개수 역시 의미와는 상관이 없다.

글자의 크기 또한 犬견이나 雨우 모두 이 책에서 저술의 편의를 위해 크기를 대동소이하게 조정한 것이지 원래의 크기는 일정하지가 않으므로, 크기도 의미와는 관련이 없다.

나머지 이체자異體字의 경우의 예를 들어보면 다음과 같다.

7] 갑골문 관련 저작물의 약칭이다. 이하 본문에서 사용된 약칭의 全名은 다음과 같다.
甲－『小屯·殷墟文字甲編』(董作賓)
鐵－『鐵雲藏龜』(劉鶚)
藏－劉鶚, 『鐵雲藏龜』(劉鶚)
乙－『小屯·殷墟文字乙編』(董作賓)
佚－『殷契佚存』(商承祚)
拾－『鐵雲藏龜拾遺』(葉玉森)
前－『殷墟書契前編』(羅振玉)
後－『殷墟書契後編』(羅振玉)
菁－『殷墟書契菁華』(羅振玉)
粹－『殷契粹編』(郭沫若)
存－『甲骨續存』(胡厚宣)
明－『殷墟卜辭』(明義士)
珠－殷契遺珠
燕－殷契卜辭
京都－京都大學人文科學硏究室所藏甲骨文字

ii) 좌우左右방향의 자유로움 :

- 人사람 인　　(甲792)　　(燕4)

- 犬개 견　　(甲1023)　　(乙581)

- 耳귀 이　　(鐵138·2)　　(存下73)

비록 갑골문이 아직 성숙한 단계에 이르지 못한 현상이기도 하나, 모두 일관되게 상형성을 유지하고 있다.

iii) 정·도서正·倒書의 혼용 :

- 臣신하 신　　(甲2851)　　(京都2359)

iv) 서사書寫의 비非고정 :

- 牢우리 뢰　　(甲392)　　(乙1983)

- 牝암컷 빈　　(後1·25·10 : 从牛)　　(粹396 : 从羊)

　　　(前4.21.5 : 从豕)　　(前6·46·6 : 从犬)

　　　(甲240 : 从馬)　　(拾13·10 : 从虎)

　　　(乙1943 : 从鹿)[8]

牢뢰는 현재의 자형이 '从宀从牛종면종우'이나, 우리에 가두는 가축은 소뿐만이 아니기 때문에 가축의 종류를 구분하지 않고

8]　「甲骨文田猎 `畜牧及与动物相关字的异体专用」(치兴林, 『华夏考古』, 1996年 第04期) 참조.

있다. 위 자형에서도 ⬚(甲392)는 우리 안의 동물이 牛소이나, ⬚(乙1983)에서는 羊양이다.

牝빈 역시 현재의 자형은 '从牛从匕종우종비'로서 匕비는 암컷의 생식기이다. 즉, 동물 특히 가축을 키우는 데 암컷은 재생산을 하는 중요한 대상이었으므로 암수의 구별을 분명히 하고자 했을 것이다. 이때 가축이나 동물의 대상은 특정의 동물이 아닌 여러 종류가 가능하다. 위 자형에서도 匕비 옆의 동물이 牛소 羊양 豕돼지 犬개 馬말 虎호랑이 鹿사슴 등 다양하다. 다른 예를 더 들어보자.

– 車수레 거 ⬚(明1904) ⬚(前7·5·3) ⬚(拾12·16)

⬚(菁3·1) ⬚(珠290) ⬚(明藏641) ⬚(前7·5·3)

車거의 모양을 보면 실로 여러 가지이다. ⬚, ⬚는 바퀴가 두 개, ⬚는 바퀴가 세 개로 보이며, ⬚와 ⬚는 바퀴가 두 개이면서 수레의 앞부분에 사람이 어깨에 걸칠 수 있는 장치가 장착되어 있는데, ⬚는 분명 ⬚를 사람이 끄는 모양이며, ⬚는 수레의 축이 부러진 모양으로서 당시의 교통사고를 당한 차임이 분명하다. 바퀴가 두 개이든 세 개이든, 사람이 끌거나 그렇지 않든, 심지어 교통사고를 당하여 폐차 직전이라도 상관없이 모두 틀림없는 수레이다.

이렇듯 이체자가 출현한 이유는 상형자가 조자자造字者의 사물을 관찰하고 취상取象하는 과정에서 비롯된 것이다. 사실 상형자의 조자과정은 어떤 실물의 외형과 형상의 특징을 '직관적'으로 파악하는 것일 수밖에 없다. 그러나 이때 결코 '객관적'인 '전형'典型을 무시해서는 안 된다. 다시 말해 사물에 대해 선택, 추출과 정련, 개괄의 취상과정을 거쳐야만 객관적으로 누구나 인정할 수 있는 사물의 특징을 표현할 수 있다.

이는 동시에 사물에 대한 기계적인 묘사를 의미하는 것이 아니다. 비록 조자자의 주관적인 선택이긴 하지만, 이는 결코 개인적인 창조가 아니라 오랜 시기9]와 포괄적인 지역10]이 반영된 묘사이며, 그리고 또한 시기에 따라 정치·사회적 배경이 다르긴 하지만 그것들을 함께 아우르며 현재까지 전하고 있다. 그래서 현재 우리가 보고 있는 갑골문은 모두 사물의 외형적 특징이 반영되어 있으며, 동시에 그들의 오랜 견해가 융합되어 있는 것이다.

이러한 까닭에 상형자는 기본적인 윤곽을 유지하면서 다양한 모양의 글자들, 즉 이체자가 출현한 것으로 이해해야 한다. 특히 이러한 이체자를 두고 한편으로는 갑골문이 아직 완전히 정형화定型化되지 않은 미성숙의 단계에 머무르고 있다 할 수도 있다. 타당하긴 하나 이체자는 상형의 조자방식이 갖는 필연적인 과정임을 간과해서는 안 된다. 특히 갑골문은 회화문자와 비교하여 대단히 진전된 부호화의 단계를 보여주고 있다.

9] 갑골문은 商 왕조가 마지막 도읍지인 殷으로 천도한 이후부터 상의 마지막 왕인 紂王이 周나라에 정복당할 때까지의 기간인 총 273년간의 산물로 추정하고 있다.

10] 갑골문은 商이 발원한 黃河 유역뿐만 아니라 황하 이외의 지역에서도 발굴되고 있는 것으로 보아, 그 사용된 범위가 단순히 황하 유역에 국한되지 않은 광범위한 지역임을 알 수 있다.

제7장　東巴文과　象形文字

제1절 納西族 및 東巴文의 起源

중국의 구름 아래 남쪽에 있는 윈난성雲南省, 그리고 만년설을 지고 있는 위룽설산玉龍雪山을 배경으로 한 산악도시 리쟝시麗江市에 납서納西족이 살고 있다. 그들은 처음 보는 이들에게는 어린아이가 그린 그림 같은 대단히 원형적인 문자를 사용하고 있는데, 이 문자가 그들의 종교인 동파교東巴敎를 따서 이름을 붙인, 그리고 인류 최후의 상형문자인 동파문東巴文이다.

이들 납서족은 자신들의 문자뿐 아니라 직접 종이를 만들어 사용하고 있으며, 기본음계의 악보와 납서족 전통악기로 연주하는 납서 고악古樂 등을 간직하고 있다.

△ 납서족 제지창
▷ 납서족 고악대

촬영 : 김태완, 2007년 8월.

사실 한자의 역사는 갑골문이 사용된 기원전 13세기에 그 기원을 두고 있기 때문에 그 사용의 역사가 3000년이 넘는 문자이다. 그러나 그 모양은 현재 이미 대폭 추상화, 기호화되어

236

원래의 형체를 유추하기란 사실 불가능하다. 그런데 비록 갑골문보다는 그 역사가 짧지만, 원시적인 도화圖畫(혹은 회화繪畫)의 형태로 지금까지 사용되고 있는 상형문자는 이 동파문이 유일하다. 이는 그야말로 '살아 있는 화석'이다.

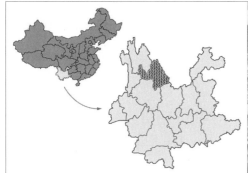

◁ 雲南省과 麗江市(사선 부분)
△ 麗江의 古城과 玉龍雪山
唐新华 촬영,
丽江政务(http://www.lijiang.gov.cn)
에서 발췌

또한, 1996년 2월에 발생한 진도7의 초대형 지진으로 사망 293명, 중상 3,700명의 인명 피해와 수많은 건물이 붕괴된 대참사가 일어났음에도 불구하고 리쟝꾸청麗江古城 내의 수백 년 된 목조 기와집은 70% 이상 온전했다. 이는 기둥과 대들보에 쇠못을 사용하지 않고 사개맞춤식으로 결합한 납서족의 전통 건축양식이 지진의 충격을 잘 흡수했기 때문이었다. 이로 인해 중국 정부와 해외 자원봉사단들은 리쟝麗江의 매력에 주목하였으며, 꾸청古城 구석구석까지 이어진 골목과 수로는 자연 친화적이고 치밀하게 조성된 도시계획의 완결판이었음이 세상에 알려지게 되었다.

해발 5,000미터가 넘는 만년설산인 위롱설산玉龍雪山과 함께 수많은 트레킹 족들이 찾는 곳이다. 이곳의 샹그릴라香格里拉 현縣은 빼어난 자연경관으로 인해 '유토피아'로 불리기도 했다

1933년 제임스 힐튼의 소설 '잃어버린 지평선'에서 히말라야 산맥 어딘가에 자리한 낙원으로 지목됐고 소설의 히트와 함께 세계적으로 열풍을 일으키며 많은 독자들의 마음을 사로잡았다. 티베트어로 '마음속의 해와 달'이라는 의미의 샹그릴라현은 이 작품을 통해 이상향을 뜻하는 보통 명사로 사전에 오르기도 했다.

이러한 배경으로 유네스코는 1997년 12월에 리쟝꾸청을 세계문화유산으로, 2003년 8월에는 동파東巴문자와 동파경東巴經을 세계기록유산으로 등재하였다.

그러나 2013년 1월 9일 밤 윈난성 샹그릴라현 두커쭝獨克宗에서 대형 화재가 발생해 오래된 문화재와 건물이 잿더미가 돼버렸다. 소실된 건물의 대부분은 비구니 스님들이 공부하는 대규모 불학원과 숙소로서 그 안에 소장돼있던 불상, 불화, 경전 등 불교문화재도 상당수 불에 탔다. 또 100여채의 가옥도 앙상한 뼈대만 남긴 채 사라졌으며 1980년 설립된 세계에서 가장 큰 티베트 불교 센터도 화마로 전소됐다.

안타깝기 그지없는 일이다. 아름다운 역사가 사라져 버렸다. 다만 그들이 사용하고 있는 문자는 불에 타지 않았으니, 위안으로 삼을 수밖에 없다.

이제 이 신비하면서도 소박한 납서족納西族과 그들의 동파문자東巴文字를 살펴보자.

1. 納西族의 起源

'納西납서'라는 한자 표기는 사실 영어로 Nakhi로 표현되는 고유의 부족을 한역漢譯한 것에 불과하다. 이를테면 '奧巴马(Obama)'처럼 고유명사를 편의상 혹은 억지로 한자로 표기한 것과 같다.[1] 그렇다면 납서족 본인들의 표기와 발음은 어떠할까?

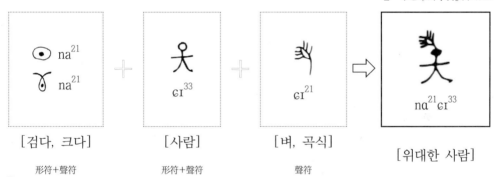

[검다, 크다]	[사람]	[벼, 곡식]	[위대한 사람]
形符+聲符	形符+聲符	聲符	

납서족은 사람[人]을 $\mathcal{F}_{\varepsilon I}{}^{33}$로[2] 표기한다.[3] 그런데 사람의 머리 부분이 검게 칠해져 있다. 이것은 $\bigodot na^{21}$ 및 Υna^{21}의 가운데점이 '검다, 크다.'의 의미인 것처럼 '검다, 크다.'[4]의 의미이자 동시에 na^{21}라는 발음도 함께 나타내고 있다. 그리고 사람의 머리 위에 장식되어 있는 $\mathcal{F}_{\varepsilon I}{}^{21}$모양은 곡식인 '벼'의

1] 納西를 중국어 발음으로 표기할 경우 독자들에게 익숙하지 않을 수 있기에 한글 음으로 표기한다. 東巴文도 마찬가지이다. 이하 소수민족 명과 그 언어명에 대한 표기도 마찬가지이다.

2] 여기에서 사용된 발음기호는 IPA(International Phonetic Alphabet)의 표기이며, 오른쪽 귀퉁이의 숫자는 성조를 의미한다. 이하 동일함.

3] 이 저서에서 사용된 자형은 『东巴常用字典』(和品正 編著宣勤 翻译, 云南美术出版社, 2004.9.), 『纳西象形文字词注释』(赵净修 撰, 云南民族出版社, 2002.9.), 『纳西象形文字字帖』(和力民, 云南民族出版社 2001.), 『东巴象形文常用字词译注』(赵净修 编, 云南人民出版社, 2001.), 『纳西象形文字谱』(方国瑜 編

撰, 和志武 參訂, 云南人民出版社, 1981.4.), 『麽些象形文字表音文字字典(國立中央博物院專刊)』(李霖燦 編著張琨 標音和才 讀字, 文史哲出版社, 中華民國61[1972].4.) 등을 참조하여 인용하였음.

4] 이때 '검다'와 '크다'는 同音관계이다.

5] 字形과 의미 및 발음에 대해서는 『东巴常用字典』(和品正 編著·宣勤 翻译, 云南美术出版社, 2004), 『纳西象形文实用字词注释』(赵净修 撰, 云南民族出版社, 2002), 『纳西象形文字谱』(1981, 上揭書, 이하 동일) 등을 참조하였음.

6] 唐나라 때 현재의 云南 지방에 있던 티베트·미얀마 계통의 민족이 세운 나라이다. 唐과는 親敵관계였으며, 8세기 후반이 전성기였다. 도읍은 대리석으로 유명한 大里이다.

7] 현재의 중국 云南省 지방을 주된 영역으로서 통치하고 있던 왕조이다. 宋 시기 937년 白族인 段思平이 南詔(738~937)를 멸망시키고 건국한 왕조로, 도성은 大理였으며 현재의 云南, 貴州, 四川省 서남부, 미얀마 북부 라오스와 베트남의 일부지역을 지배하였다. 1254년에 망함.

8] 調北征南은 明代에 중국 남부의 소수민족을 다스리기 위한 정책으로서, 곧 북의 군대를 동원해 남쪽을 정벌한다는 의미이다.

9] 改土歸流는 改土爲流라고도 하는데, 변두리를 다스리

의미이자 역시 ɕi[21]라는 발음도 함께 나타내고 있다. 결국, 두 개의 형부겸성부形符兼聲符와 하나의 성부聲符가 결합되어 두 개의 음절을 가진 한 개의 글자로서 자신들의 의미와 발음을 표현하고 있다.5]

납서족은 고대 강족羌族의 한 부류로 간주된다. 이 강족은 고대에 황하黃河의 서북쪽 및 황하의 지류에서 살다가 인구수가 많지 않은 까닭에 주변 강대 민족의 눈치를 봐야 했기에 진秦·한대漢代를 거쳐 서쪽과 남쪽으로 이동하였다. 당대唐代에는 지금의 진샤강金沙江 유역에서 번성하였으며, 이들을 납서족의 연원으로 추정하고 있다. 그러나 당대 역시 티베트 왕조나 남조南詔6]의 지배를 받았으며, 결국 이들의 이동은 사실 생존을 위한 'Exodus'이자 정착지를 찾기 위한 고난의 이동이었다.

이렇듯 9세기부터 시작된 이 이동은 11세기 초 쓰촨성四川省을 거쳐 윈난성云南省에 진입하였고, 송말宋末·원초元初에서야 비로소 리쟝麗江에 정착하게 되었다. 그러나 북방의 목초지에서 남쪽의 리쟝으로 이주한 뒤에도 납서족의 운명은 그리 순탄하지 못해서, 13세기에는 대리국大理國7]을 정벌하려는 몽골군의 침략을 받아 2세기 동안 쌓아 올린 재부를 모두 약탈당하기도 하였다.

다시 명대明代에는 조북정남調北征南8]에 의해 납서족의 수령인 목씨木氏는 리쟝麗江(지금의 진샤강金沙江)의 지방 관리인 토사土司로 임명되어 중국왕조의 간접 지배를 받았다. 그러나 청대清代에는 개토귀류改土歸流9] 이후 직접 통치를 받는 지역이 되었으며, 이는 자치적인 민족토호정권의 붕괴를 의미한다. 이후 서

북부의 짱족藏族이 남쪽으로 이동하고 이족彝族이 서쪽으로 들어오는 바람에 납서족은 그 수가 점차 감소하게 되었다.

현재에는 주로 윈난성에 분포하며 특히 리쟝시麗江市 위룽玉龍납서족 자치현納西族自治縣에 주로 집중되어 현재의 리쟝꾸청麗江古城을 이루고 있다. 2000년에 시행된 제5차 인구조사에 의하면 295,464명으로서 중국 전체 납서족 인구 308,389명의 95.8%가 이 윈난성에 모여있다.[10] 나머지는 쓰촨성四川省 남부와 티베트 자치구에 분포하고 있다.

납서족이라는 명칭이 현재의 명칭으로 확정되기 전까지 여러 명칭이 있었는데, 양한兩漢·위진魏晉 시기에는 '모샤이'麽沙夷(漢譯), 당대唐代부터 청대淸代까지는 '모시에'麽些라고 불리다가 근대에는 '모시에麽些, 모쑤오摩梭, 모시麽西' 등으로 불렸었다. 또한, 납서족은 자칭 '나시納西, 나르納日, 나한納罕, 나환納桓' 등으로 부르기도 하였다. 그러나 이들 명칭들은 모두 당시의 한자음漢字音으로 음역音譯하여 기록된 표현들이다. 결국, 이와 같이 시대와 지역에 따라 여러 가지 명칭으로 불리자 중국 정부는 1954년에 정식으로 납서족納西族이라는 명칭을 확정했다.

앞에서 말했던 '위대한 사람'이라는 원래의 뜻은 온데간데없이 그저 '서쪽의 변방 부족'이라는 의미로 음역된 것이다.

던 토착민 출신의 土司·土官 대신 중앙의 조정에서 임명한 관원인 流官을 보내 다스리게 한다는 뜻이다. 元代에는 土司·土官이 다스리는 간접통치였다가 明·淸 왕조 때부터 본토와 똑같은 州縣制에 따른 직접통치로 바꾸는 정책을 추진하였다. 淸나라 말까지는 많은 改土歸流가 이루어졌는데, 이것은 청나라의 정치력이 변경지역까지 확대되었음을 입증해주는 것이다. 그러나 이와 같은 중국화의 방침은 이에 반대하는 소수민족을 도륙하는 등으로 인해 소수민족의 반란이 일어나 성공하지는 못하였다.

10] 中华人民共和国 国家统计局(National Bureau of Statistics of China, http://www.stats.gov.cn)의 第五次人口普查数据(2000年) 참조.

2. 東巴文과 東巴經

1) 東巴文

① 東巴文 = '써ㄹ처러쳐'

농파분은 동파東巴의 문사이나. 이때 동파는 닙서족의 종교 전적宗教典籍이자 백과전서인 『동파경』東巴經을 기록하는 '동파' 즉, '지혜로운 사람'을 의미하며, 그래서 동파문이라 불린다.

△
納西族의 종이인 東巴紙이며, '人文'부분의 東巴文字들이다. 첫줄을 보면, '사람, 앉다, 뒤집다, 서다, 넘어지다, 움츠리다, 떨다, 춤추다, 무릎 꿇다, 힘들다(출산), 게으르다'의 의미이다.

11] 이외에 '多巴'라는 표현도 초기에는 사용되었었다.

상형문자로서의 동파문은 약 1,400여 개의 상용 단자單字가 있으며, 상형의 기능이 아닌 음절音節 및 표음標音의 기능을 하는 문자부호인 가파문哥巴文을 합하면 모두 2,000여 개에 이른다. 동시에 이 1,400여 개의 동파문은 어휘가 풍부하며, 세밀한 감정을 표현할 수 있다. 또한, 복잡한 사건의 기록은 물론 시詩를 지을 수도 있다.

그런데 '동파'라는 표기는 한역漢譯음11]일 뿐이며, 납서족들은 ❀로 표기하고 to^{33}ba^{21}[토빠 / IPA]라 읽는다. 현재에도 납서족은 이 '지혜로운 사람'인 동파 교주를 중심으로 여러 의식을 행하고 있으며, 동파문자는 현재에도 사용되고 있다.

이 동파문은 갑골문이나 사파문沙巴文[12]보다 더 회화적이며, 그래서 원시적인 모습을 하고 있다. 앞에서 본 동파 종이東巴紙의 '인체'人體 부분에 새겨진 글자 몇 개를 별도로 인용하면 다음과 같다.

| 눈 | 눈썹 | 눈을 감다 | 장님 | 외눈 |

| 울다 | 보다 | 서로 보다 | 책을 읽다 |

'눈'을 사실적으로 그렸다. 이 '눈'이 글자라는 것을 알면 이어지는 '눈썹, 장님, 울다, 책을 읽다' 등도 쉽게 그 의미를 알 수 있다. 혹은 자전에서 그 의미를 확인한다면 '아~ 그렇구나!'라며 절로 웃음이 나올 정도로 그 모양이 회화적이며 단순하다.

납서족은 자신들의 문자를 🌱🐚⛰🔔 또는 🏹🌿⛰🐦로 표기하며, sər^{33} tɕə^{55} lɣ^{33} tɕə^{55}라 읽는다. 이 발음을 한어漢語로 음역하여 '斯究魯究(sījiūlǔjiū)' 혹은 '森究魯究(sēnjiūlǔjiū)'라고 하는데, 원래의 의미와는 아무런 상관없는 그저 중국인

12] 이에 대해서는 제9장 沙巴文과 象形文字에서 다루고 있다.

들의 발음에 의해 한자로 옮긴 '가차'假借의 음에 불과한 음역자音譯字이다. 납서족의 발음과 비슷하나 영혼은 사라져 버렸다.

그렇다면 우리말로 발음되는 이 '써ㄹ쳐러쳐'는 무슨 의미일까? 〔그림〕는 나무, 〔그림〕는 솥단지 위에 음식물을 삶는 모양으로서 어떤 흔적, 〔그림〕는 돌, 그리고 〔그림〕는 나무인데 혹은 '좋아하다.'라는 의미로도 차용되며, 〔그림〕는 홍역이나 나병에 걸린 사람의 반점을 의미한다. 직역하면, '〔그림〕나무 〔그림〕흔적 〔그림〕돌 〔그림〕흔적'과 '〔그림〕나무 〔그림〕홍역 같은 흔적 혹은 반점 〔그림〕돌 〔그림〕반점'으로서 '나무를 그리고 돌을 그리다' 혹은 '흔적, 반점, 돌, 반점'으로서, '보이는 대로 그 흔적을 그린다'는 의미이다.'로 번역[13]할 수 있다. 즉, 나무나 돌에 새긴 부호로서, 나무에 새겨서 記事 즉 일을 기록하고, 돌에 새겨서 소식이나 정보를 전달한다는 의미로, 정보의 저장매체로서의 역할이다. 나아가, '나무나 돌에 흔적을 남기다, 새기다.'로 번역할 수 있는데, 자연사물을 묘사하는 상형문자의 본질에 충실한 해석이다. 이때 '흔적'은 '문자'를 의미한다고 볼 수 있다.

이 둘을 종합하면 동파상형문은 자연사물에 기탁하여 탄생하고 전승되었음을 알 수 있다. 특히 두 번째의 〔그림〕는 홍역이나 나병은 한 번 걸리면 심한 반점이나 흔적을 남기니 그 흔적은 비단 돌이나 나무 같은 자연사물에 새기는 것 이상으로 사람들에게 강한 인상을 남겼을 것이기 때문에 이 글자를 썼을 것으로 필자는 추정한다.

13] 중국의 학자들은 '나무를 보면 나무를 그리고, 돌을 보면 돌을 그린다.(見木畵木, 見石畵石)'로 번역하고 있으나, '〔그림〕나무 〔그림〕흔적 〔그림〕돌 〔그림〕흔적'에는 '보다'라는 의미가 없으므로 다소 의역이 섞여 있다 하겠다.

그런데 왜 새기는 대상이 '나무'와 '돌'일까? 주위에 흔해서 구하기 쉬운 대상이기 때문에 선택했을 수도 있었겠지만, 토템사상이 중요했던 고대시기에 흔하다는 이유만으로 경전을 나무와 돌에 기록하지는 않았을 것인데도 말이다.

바로 나무와 돌은 납서족 동파교에서 종교적 의미를 갖고 있는 신비스러운 물질이기 때문이다. 나무는 여성으로서 창세신의 상징이며, 돌은 남성으로서 역시 창세신의 상징이다. 납서족에게 두 신은 세상의 모든 기준과 지식 그리고 지혜를 창조했다고 전해진다. 그런데 납서족은 앞에서도 말했지만, 고대 강족羌族으로부터 기원하고 있으며, 강족은 '나무'와 '돌'을 부족의 토템으로 여겼었다. 훗날 이 나무와 돌이 동파문자로 발전하였고, 그들의 원시적인 무교巫教가 동파교東巴教로 발전하여 현재에 이르고 있다고 할 수 있다. 현재 납서족 대부분이 성씨가 목木씨인 것을 고려하면 그 의미는 대단하다.

② 창제 시기

그렇다면 이 동파문은 언제 만들어졌을까? 현재까지는 이렇다 할 사료들이 없는 상황인데, 동파경東巴經 및 다른 역사서에도 창제시기에 관한 기록이 없으며, 동파문과 연관된 문물도 출토되지 않았다. 그러나 학자들은 납서족 사회를 중국의 역사와 결합시켜 검토한 결과, 7세기 초인 수말隋末·당초唐初에 납서족의 원시 무교巫教가 Tibet 분교苯教(Bon Religion)의 영향을 받아 동파교東巴教가 형성되었고, 이때에 이미 직업화된 동파 무사巫師가 출현한 것에 근거하여 납서 동파문자東巴文字는 당대唐代

이전에 형성되어 적어도 7~11세기에 만들어졌고 늦어도 13세기 초에는 이미 크게 발전되었다고 할 수 있다.[14]

이는 사실 아직까지 확정적인 정설이 없는 상황에서 여러 정황을 참조하여 내린 결론이며, 일반적으로는 지금으로부터 약 1000여 년 전인 당대唐代에 만들어졌을 것으로 추정하고 있다. 다만, 동파문자가 고대 바빌로니아의 설형문자, 고대 이집트의 신성문자, 중남미의 고대 마야문자 및 중국의 갑골문자에 비해 원시적이며 순박하다는 것은 분명하며, 그 만들어진 시기가 다른 고대 문자보다 더 최근의 것이라는 점이 대단히 주목할 만하다.

그러나 이 동파문자가 세상에 알려진 것은 한자의 갑골문이나 이소인爾蘇人의 사파문沙巴文과 마찬가지로 그다지 오래되지 않았다. 동파문은 19세기에 세상, 특히 서구사회에 알려졌는데, 프랑스의 J.B.Acot는 1913년 『모시에 연구』麼些研究에서 그가 리쟝麗江에서 수집한 370개의 동파 상형문자를 소개했으며, 미국의 J.F.Rock은 1972년에 『납서어 영어 백과사전』納西語英語百科詞典(2권, 1963~1972)을 출간하기도 하였다. 대만에서는 리린찬李霖燦이 『모시에 상형문자 자전』麼些象形文字字典(중화민국 33년 6월[1944])을, 대륙에서는 팡궈위方國瑜와 허즈우和志武가 『납서 상형문자보』納西象形文字譜(1981) 등을 출간하는 성과를 냈다.

③ 哥巴文

이들 납서족의 문자에는 위와 같은 상형문자인 동파문 이외

14] 이상 동파문이 언제 만들어졌는가에 대해서는 儍玲華의 『納西 東巴文字의 字形分析』(전남대학교 碩士學位論文, 2009年 8月)의 24~25쪽을 참조하여 요약하였음.

에 또 음소音素문자인 가파문哥巴文이 있다. 동파문을 '형자形字', 가파문을 '음자音字'라고도 하는데, 가파문이란 음을 나타내는 성부聲符를 이미 만들어져 있는 동파문이나 혹은 한자에서 차용하는 방식이다. 즉 상형문자로 이루어진 동파문자 안에 성부를 나타내는 부호가 함께 있다는 것이다.

예를 들면[15], 灰재 회의 의미인 이 자는 로도 쓰는데, 는 불이 타고 난 뒤에 남은 가루를 나타내는 점 이외에 그 안의 자가 가파자로 발음이 ɣɯ⁵⁵이며 이것이 전체 글자의 발음을 나타낸다.

또, 參星삼성(세 별)을 의미하는 kˈɣ⁵⁵ɣɯ³³자는 팡궈위方國瑜[16]에 의하면 '从省, (kˈɣ³³, 割), (ɣɯ³³, 哥巴字)聲'이라 분석하였는데, 별의 의미로서 형부인 의 생략형과 割할을 의미하는, 그리고 가파자로서 전체 글자의 일부 발음이자 성부역할을 하는 ɣɯ³³가 결합한 형태이다.[17]

(ɣɯ³³) 이외에도 '까치'鵲를 의미하는 [18] tɕi⁵⁵sə³³자는 형부인 새의 자형과 성부인 tɕi⁵⁵와 上 sə³³의 소리를 결합하여 조자하고 있다. 또 '유리새'琉璃鳥를 의미하는 [19] tɕi⁵⁵ko³³lo²¹자 역시 형부인 새의 자형과 성부인 ko³³의 소리를 결합하여 나타내고 있다.

그런데 이때 까치의 上 sə³³과 유리새의 ko³³는 '한자'의 上과 谷의 모양과 발음을 차용하고 있는 경우이다.

15] 이하 哥巴字의 예는 俁玲華, 『納西 東巴文字의 字形分析 — 甲骨文·金文 字形과의 比較를 中心으로—』(전남대학교 碩士學位論文, 2009年 8月)의 부록을 참조함.

16] 『纳西象形文字谱』(1981, 上揭書) 참조.

17] 남서족의 동파문에는 卍자가 적지 않다. 이는 남서족이 그 주변의 민족과 문화적인 교류가 있었음을 의미한다. 이 동파문의 卍이 고대 印度문화의 卍(savastika)에서 기원하고 있으며, 그 후 佛敎와 藏族(Tibet)의 苯敎(Bon Religion)를 수용한 결과라는 견해도 있다. (木仕華,「纳西东巴文中的卍字」,『民族语文』, 1999年 第02期 참조)

苯敎의 부호

18] 『字谱』: 从鳥(tɕi⁵⁵, 剪), 上(sə⁵⁵, 哥巴字)聲. (까치다, 새를 따랐고, 과 上 소리다.)

19] 『字谱』: 从鳥(ko²¹, 哥巴字)聲. (유리새다, 새를 따랐고 소리다.)

이렇듯 음을 표시하는 음소音素문자인 가파哥巴는 gə²¹ba²¹라 읽으며, '제자'弟子라는 뜻이다. 이것은 후세의 동파 제자들이 만들어 사용했다는 것을 말해준다. 결국, 가파문이 만들어진 시기는 동파문을 개조하여 응용한 것이므로 동파문 이후이며, 동파문보다 발전한 형태라고 생각하는 것이 일반적인 학계의 견해다. 또한 가파문이 동파문보다 나중에 생겼으니, 동파문은 스승이며 가파문은 그 제자라는 의미이기도 하다.

그러나 약 2,400여 개나 되는 부호가 빈번히 중복되기 때문에 상용되는 것은 겨우 500여 개에 불과하며, 또한 그 자체字體가 매우 고정적이지 않아 지역과 사람에 따라 서로 다르고 게다가 동음同音과 근음近音이 혼용되어 사용되고 있기 때문에 가파문의 사용 범위는 그다지 넓지 않다.[20]

이 가파문 혹은 가파자의 방법은 위와 같이 한자의 형태와 음을 차용하는 경우가 있는가 하면, 동파 상형자의 필획을 간략히 줄여 사용하는 경우가 있는 등 그 방법과 분석이 다양하다. 그러나 필자는 이 저서가 주로 상형자의 특징을 분석하는데 주요 목적을 두기 때문에, 가파문에 대해서는 간략한 소개 정도로 가늠하고자 한다.

우리나라에서도 최초로 2006년 10월 1일 동파문의 전시회가 있었다. 서울 삼청동 자인제노에서 열린 이 전시회는 잊혀가는 중국 소수민족들을 영상으로 담고 있는 아시아 영상인류학연구소(소장 홍희, 대진대 중국학과 교수) 기획으로 동파문 15점이 소개되었으나, 원본은 아니며 윈난성의 동파문화연구

20] 중국의 20세기 초 저명한 문자학자인 周有光은 그의 논문 「纳西文字中的"六书"」(1994)에서 哥巴文은 音節이 250개, 상용되는 音節字는 686개, 단어는 2,000여 개인데 그 가운데 40여 개 음절은 專用 音節字가 없으며, 각 음절에 1~10개의 同音異體字가 있다고 하였다. 이는 곧 하나의 음에 여러 개의 부호가 있으며, 동시에 하나의 부호가 여러 음을 나타내기 때문에 哥巴文은 음절자모의 성격은 아직 구비하지 못하고 있다고 규정하였다.

소에서 동파문을 그대로 모사해 보내온 것들이다.

△ 채색 동파경의 일부

아시아 영상인류학연구소측은 '납서족이 남긴 1만여 권이 넘는 동파경 고본들은 세계 각국 박물관에 흩어져 있고 일본에서는 이모티콘으로도 사용될 정도로 잘 알려져 있다.'라며 '흙과 나무 등의 자연재료를 이용한 동파문은 독특한 예술성을 갖추고 있는 세계의 문화유산'이라고 말했다.[21]

그런데 이렇게 단순한 문자가 사실은 표의表意와 표음表音을 겸한 도화圖畫[22]상형문자이다. 간단히 상형문자가 아니라 '도화'圖畫상형문자라고 하는 의미는 그 형태와 구조가 대단히 회화적이기 때문에 붙이는 표현이며, 동시에 일반적인 상형문자에 비해 아직 문자처럼 기호화되지 않은 원시적인 그림의 형태를 갖고 있다는 의미이기도 하다. 심지어는 갑골문보다 더 원시적인 형태라고도 할 수 있다.

21] 「한겨레신문 인터넷판 2006년 09월 27일 기사 등록 (조채희 기자 서울=연합뉴스」 인용.

22] 일반적으로는 繪畫文字라는 용어를 사용한다. 반면, 중국 문헌에서는 圖畫文字라는 용어가 주로 사용되기 때문에 본 저술에서는 일반적인 개념일 때는 '繪畫'를, 중국 문헌을 언급할 때는 '圖畫'라는 용어를 사용하겠다.

사실 원시적인 문자가 표의와 표음을 겸비하고 있다는 것
자체가 신비롭기도 하지만, 그것이 현재에도 여전히 사용되고
있다는 사실이 중국 내외 학계에 더욱 높은 관심을 끌었으며,
앞에서도 말했듯이 세계기록유산에 등재되는 결과로 이어졌
을 것이다.

2) 東巴經

이 동파문자는 사실 동파경에 기록되어 보전되어 왔으며,
현재도 이 동파경을 그들의 종교인 동파교東巴教의 사제司祭
동파東巴가 기록하고 있다. 또 실제로 이 동파문으로 편지와
계약서 등을 쓰고 있다.

동파경은 그 내용이 다채롭다. 즉, 동파경은 1,000여 종
의 경전으로 구성된 집성集成도서로서 천문·역법과 동식물,
농·목축업, 종교, 의약품, 철학, 역사, 지리, 민속, 혼인, 가
정, 언어, 문자, 문학, 회화, 무용, 음악 등의 여러 내용을 포
함하고 있다. 때문에 납서족의 백과사전으로 간주되며, 납
서족 문화의 가장 중요한 요소이기도 하다. 또한, 동파 고적
古籍은 세계에서 유일하게 도화圖畫 상형문자로 적은 고적이
다.

때문에 동파의 가장 높은 지위에 있는 대동파大東巴는 시,
노래, 암송, 무용, 전각, 조각, 점, 회화, 농사, 의술 등 모든
분야에 소질을 갖고 있는 사람으로서, 대중의 존경을 받을
뿐 아니라 문자의 창제와 운용 그리고 발전에 중대한 역할
을 한다.

△
동파문을 기록하고 있는 東巴
그리고 大東巴와 필자.
촬영 : 김태완, 2007년 8월.

　그러나 통계에 의하면 현재 동파문에 정통한 동파인은 10명
도 되지 않는다고 한다. 동파교의 사제인 동파도 현재는 동파
문으로 관광객들에게 그들의 이름을 써 주면서 벌이를 하는
등 관광 사업화되고 있다.

　결국, 윈난성 사회과학원「리쟝 동파문화 연구소」麗江東巴文
化硏究所는 1980년대 초부터 동파경전을 번역하는 작업을 시
작하였으며, 그 결과『납서 동파고적 역주전집』納西東巴古籍譯注
全集 100권이 1999년에 출간되었다. 이 책은 동파문 원문을
게재한 후에 다시 납서어의 국제음표표기, 한문漢文직역과
주석, 중국어 의역意譯 등의 체재로 이루어져 있으며, 내용상
으로는 기복류祈福類의식, 양귀류임면식禳鬼類任免式, 상장류喪葬
類의식, 점복류占卜類의식, 기타의 다섯 부분으로 구성되어 있
다. 동파문화뿐 아니라 세계 고문화古文化의 큰 성과라 하겠
다.

△
『納西東巴古籍譯注全集』100卷
사진은 南網(http://www.yunnan.cn/)에서
인용. 전남대학교 중문과에서도 소장하고
있음.

제2절 東巴文의 造字方法 및 特徵

고대문자가 '서화동원'書畫同源 즉 그림으로부터 문자가 출발하였듯이, 납서 상형문자도 일상생활 가운데 접촉하는 동작[事사]과 물체[物물] 그리고 개념[意의]을 문자로 표현하고 있다. 그 방식은 도화圖畫로서, 글자 하나가 事사[동작]·物물[물체]·意의[개념]를 모두 나타낸다. 도화는 회화적인 아름다움을 추구하는 반면 문자는 간단한 필획으로 사·물·의의 개략적이며 특징적인 윤곽을 나타내며, 이때 다른 글자와의 혼동을 방지할 수 있어야 하므로 문자는 간결하면서도 심오하여야 한다.

그러나 어디까지가 도화이며 어디서부터가 문자인가에 대한 문제의 답은 그리 간단하지가 않다. 단순한 동굴의 암각화에서부터 시작하였을 그것은 점차 무늬를 입힌 토기, 나무나 돌 혹은 동물의 뼈에 새기는 상형문자, 금석金石에 명문銘文, 백서帛書나 죽간竹簡 등으로 발전하여 원시적 단계에서 벗어났다.

그런데 납서족의 동파문자가 이 도화와 문자의 경계에 있다고 할 수 있다. 즉, 이 문자를 분석하는 것이 그 경계선을 더욱 선명하게 그을 수 있을 것으로 기대된다.

1. 東巴文 造字方法에 대한 硏究 ─發表 年代順

동파문 연구가 세계 여러 지역의 학자로부터 관심을 받았음에도 동파문에 대한 실질적인 연구는 사실 그다지 오래되지 않았다. 이런 상황에서 최근 중국 내의 동파문 조자방식과 구조유형에 대한 연구는 어느 정도 성과를 거두었다 할 수 있다. 특히 팡궈위方國瑜의 '10서十書' 이래 최근 연구도 대단히 진전을 이루고 있다. 이에 필자는 이들의 연구를 발표된 년도 순서로 그 특징을 소개하려 한다.

1) 方國瑜의 '十書' - 1981년

납서 역사문화 연구의 아버지라 불리는 팡궈위方國瑜[1]는 『납서 상형문자보』納西象形文字譜(1981)에서 일찍이 한자의 조자법인 육서六書를 참조하여 동파문자의 조자를 열 가지의 방법으로 분석하였다.[2] 간략히 소개하면 다음과 같다.

① 의류상형依類象形 (형체에 따라 그려낸다)

대부분 간단한 필획으로 事사[동작]와 物물[물체]을 그려내는데, 그 모양이 순박하다. 그 방식은 형체에 따라 구불구불하게(隨體詰詘수체힐굴) 그 모양을 그려내는데(畵成其物화성기물), 필획의 繁簡과 방향에 얽매이지 않아, 눈으로 보아 알 수 있다(視而可識시이가식). 이는 납서 상형문자의 기본 구조방식이다.

天象	⌒	天	⊕	日	〰〰	雲
地理	🜨	山	🜨	石	⬭	水
用器	⚔	刀	⌒	弓	⚑	旗

1] 方国瑜(1903~1983), 纳西族이며 當代의 저명한 社會科學家이자 教育家이다. 云南 丽江에서 출생하여 文法学院 원장과 云南省 历史学会 회장, 云南省 文联 부주석, 中国民族研究会 고문 등을 역임하였다.

2] 이하 方国瑜의 10書에 대해서는 단행본 『纳西象形文字谱』(1981, 方国瑜 編撰·和志武 參訂, 上揭書)와 논문 「纳西族古文字的创始和构造」(方国瑜·和志武, 中央民族学院学报, 1981年 第01期)를 참조하였다.

253

② 현저특징顯著特徵 (특징을 부각시킨다)

형체가 비슷한 물체라도 각각의 구체적인 특징을 강조하면 그 모양이 비슷하더라도 의미를 구별할 수 있다.

鳥	🐓 鷄	🦆 鴨	🐦 鶴
獸	🐂 牛	🐃 水牛	🐗 猪
植物	🌲 松	🌰 栗	🎋 竹

즉, 해당 물체의 전체가 아닌 일부를 묘사하는데, 조수鳥獸는 그 머리를, 식물은 꽃과 잎 그리고 열매를 강조하는 방식이다. 이 역시 납서 상형문자의 일반적인 방법이다. 역시 상형에 속한다.

③ 변역본형變易本形 (본래의 모양을 변형시킨다)

원래 있던 글자의 자형을 변형시키거나, 의미를 나타내고자 하는 부분을 확대·강조하는 방식이다.

	🧍 立	🧎 坐	🛌 臥
人事	🏃 起	💃 舞	🧍 左
	🧍 右	🧍 飽	🧍 飢

立립은 서 있는 사람의 모습을, 坐좌는 앉아 있는 사람의 모습을, 臥와는 누워 있는 사람의 모습을, 起기와 舞무는 각각 사람의 발과 손을 확대하였다. 左좌와 右우는 해당되는 손을 강조하였고, 飽기와 飢포는 몸의 배 부분을 확대하여 묘사하고 있다.

④ 표지사태標識事態 (사물의 형상을 표현한다)

사물의 추상적인 부분을 사실적으로 표현하여 의미를 나타내는 방식이다. 이러한 비구체적인 사물은 방향이나 수량의 중복으로 그리고 그 사물의 형태로 표시하고 있다.

방위	⌂ 上	⌐ 高	)|(分
수량	⌐ 一	X 十	米 千
	⋮⋮⋮ 九	XXX 三十	
기타	⦂⦂⦂ 多數	⌐ 搖動	╱ 有聲

上상은 위로 솟아오르는 모양을, 高고는 기둥이 위로 높이 올라와 있음을, 分분은 둘로 나뉨을 나타내고 있다. 수량에 있어서는 그 수를 중복함을 알 수 있으며, 10진법이다. 또한, 요동치거나 소리를 낸다는 의미는 그 형태를 표시하고 있다.

⑤ 부익타문附益他文 (글자를 덧붙여 의미를 분명하게 한다)

글자[字]의 나타내고자 하는 의미가 분명하지 않은 경우에는 다른 글자[文]를 보조적으로 덧붙이거나 특정 부분을 돌출시키거나 하는 방식으로 의미를 분명하게 한다. 이때 文문은 독체자를, 字자는 합체자를 의미하는데 덧붙여지는 성분이 字자이거나 그렇지 않은 경우 모두 있다.

↟ 靠	↗ 登	⋈ 戴
‖‖ 露	⫴ 霜	↓↓↓ 冰雹(우박)
◠◡ 看	〜〜 眉毛	◠◠ 哭

그러나 이 경우 두 글자가 합쳐지는 단순한 의미가 아니며, 또한 종속관계도 아닌 의미의 결합이다.

⑥ 비류합의比類合意 (유사한 것들을 합쳐 의미를 결합한다)

의미상 연관이 있는 몇 개의 글자들을 합쳐서 의미를 나타내는 방법이다. 그러나 이때 발생한 의미는 각 글자의 의미와는 직접적인 관련이 없이 그것이 결합한 의미를 나타낸다.

晴	雷	陰
牧	執	縫
砍	磨	炙
饗	婚	祚

날이 맑게 갠 晴청은 하늘과 빛나는 태양의 결합, 우레 雷뢰는 하늘과 번개의 결합, 그늘 陰음은 하늘과 구름의 결합으로 그 의미를 나타내고 있으며, 가축을 기르는 牧목은 채찍을 손에 쥔 목동과 가축의 결합, 무언가를 잡는 執은 사람과 보리(麥맥)의 결합, 재봉하다는 縫봉은 바늘과 치마의 결합이며, 나무를 베는 砍은 도끼와 그것에 잘려 부러진 나무의 결합, 칼을 가는 磨마는 돌과 칼의 결합, 고기를 구워 먹는 炙자는 고기와 불의 결합으로 이루어져 있다. 그리고 잔치의 饗향은 두 사람이 함께 그릇에 담겨 있는 음식을 먹고 있는 모습이며, 결혼의 婚혼은 동파무사가 신랑과 신부의 이마에 깨끗한 술 기름(수유酥油)을 칠해 주고 있는 모습이며, 복을 기원하는 祚조는 역시 동파무사

가 제사를 모시는 사람에게 곡식과 술과 고기를 하사하는 모습이다.

위와 같이 두 글자[文] 혹은 여러 개의 글자[文]를 섞어 글자 간의 관계로써 여러 의미가 아닌 단 하나의 의미를 나타내고 있는데, 이런 방식은 대단히 많다.

⑦ 일자수의一字數義 (한 글자가 여러 의미를 갖는다)

事사[동작]와 物물[물체]을 나타내는 글자들은 모두 본의가 있으며 또한 인신의가 있다. 이 경우 자형은 동일하나, 음音과 의義는 다르다.

자형	의미	발음	의미	발음
	귀걸이	$he^{33}k'\gamma^{55}$	銀	$\eta\gamma^{21}$
	금단추	zi33	金	$hæ^{21}$
	斧	$tse^{55}be^{33}$	鐵	$\mathrm{s}u^{21}$
	火	$m\mathrm{r}^{33}$	紅	hy^{21}
●	灰	$\gamma\mathrm{u}^{55}$	黑	$n\alpha^{21}$

귀걸이는 원래 $he^{33}k'\gamma^{55}$로 읽으나, 대부분 귀걸이가 銀은으로 만들기 때문에 銀은의 의미로도 쓰이며, 이때 발음은 $\eta\gamma^{21}$이다. 나머지도 동일한 예이다.

⑧ 일의수자一義數字 (하나의 의미가 여러 자형을 갖는다)

자형은 다르나, 의미는 동일한 경우이다. 이 경우 구체적인 事사와 物물은 구분이 있지만, 각각 특정의 의미가 있으며 그 음과 의미는 동일하다.

기본의미	의미1	의미2	의미3	발음
光	星光	日光	火光	bu³³
焚	焚柴	焚屋	焚屍	bər²¹
裂	板裂	石裂	地裂	gɯ³³

⑨ 형성상익形聲相益 (형부와 성부가 서로 돕는다)

다른 글자의 형체를 더하되 그 음을 취하는 방식이다. 이때 더해진 자형은 의미를 겸하기도 하며, 오로지 음만을 나타내기도 한다. 또한, 자형은 전체 혹은 생략형을 취하기도 하며, 음이 동음일 때도 있고 비슷한 음일 때도 있다. 곧 표음문자의 역할이다. 또한, 이 형성상익은 자형이 비슷함으로 인해 의미가 혼동되는 것을 막는 작용도 한다.

자형	분석		聲符	역할
dzi³³mæ³³ 屋後	屋 +	mæ³³ 尾	mæ³³	聲字兼義

$dzi^{21}mæ^{33}$ 水尾	水	+ $mæ^{33}$ 尾	$mæ^{33}$	聲字兼義
$dzər^{21}k'w^{33}$ 樹根	樹	+ $k'w^{33}$ 足	$k'w^{33}$	聲字兼義
$dzy^{21}k'w^{33}$ 山麓	山	+ $k'w^{33}$ 足	$k'w^{33}$	聲字兼義
be^{33} 村	屋	+ be^{33} 雪	be^{33}	순수 聲字
$ts'o^{33}$ 樓	屋	+ $ts'o^{33}$ 跳	$ts'o^{33}$	순수 聲字

위와 같이 형자形字와 성자聲字로 이루어진 글자에서 성자聲字
는 음音만을 나타낸다. 대개 납서 상형문의 형성자에서 성방聲旁
의 자字는 고정적이지 않아서 인명이나 지명 및 귀신명으로 충
당되며, 또한 그 용자用字가 복잡하여 형성자의 자형만을 보고
서 경서를 읽지 못하는 경우가 더러 있다.

⑩ 依聲托事

事사[동작]와 意의[개념]의 형상만으로는 그 의미를 나타내
기 어려운 경우가 있다. 이때 동음同音 혹은 근음近音의 글자에
의거하여 이 가차한 글자의 형形을 해당 글자의 형形에 적용하
거나 혹은 가차한 글자의 음音을 해당 글자의 음音에 적용한다.
다만, 가차한 글자의 의미는 해당 글자의 의미에 적용하지 않

으며, 결과적으로 본의本義와 가차의假借義가 발생한다.

자형	의미	발음	가차의미	발음
	猴	y^{21}	先祖, 輕, (人)生	同音假借
	剪刀	tɕɪ^{55}	小, 怕, 駄(실을 태)	〃
	吊	tʂi^{33}	這, 破, 堆(柴)	〃
	腿骨	ts'i^{21}	扔(당기다)	ts'i^{55}
	籃	k'ə^{55}	破(碗, 사발을 깨다)	k'ə^{33}
	蛋	kɤ^{33}	身體, 好(吃)	gɤ^{33}
	門	k'u^{33}	祝願	ho^{33}

팡궈위方國瑜는 이상과 같이 예를 들고서, 문자의 구조는 대단히 복잡하여서 이 열 가지의 조자방법이 실제와 부합되는지는 더 깊은 연구가 필요함을 전제로 하였다. 그리고 한자의 '육서'와 비교해서 납서 상형문자의 열 가지 부류를 다음과 같이 정리하였다.

①의류상형依類象形과 ②현저특징顯著特徵 : '시이가식視而可識'
③변역본형變異本形과 ④표지사태標識事態 : '찰이견의察而見意'
⑤부익타문附益他文과 ⑥비류합의比類合意 : 숫자와 연관 지어 의미를 나타내는 방식
⑦일자수의一字數義와 ⑧일의수자一義數字 : 숫자와 의미가 서로 연관되어 의미를 만드는 방식

⑨형성상익形聲相益과 ⑩의성탁사依聲托事 : 발음으로 의미를 기
탁하는 방식

2) 王元鹿의 '五書' - 1988년

화동사범대학華東師範大學 중문과 교수인 왕위앤루王元鹿[3]의 '五
書'에 대한 내용은『중국 고문자와 납서 동파문의 비교연구』漢
古文字與納西東巴文的比較研究의 2장 3절의「납서 동파문자의 조자방법
」納西東巴文字的造字方法(1988)에 보인다.[4]

그의 '5서'는 ①상형 ②지사 ③회의 ④의차義借 그리고 ⑤형
성인데, 팡궈위方國瑜의 ①의류상형과 ②현저특징 ③변역본형을
'상형'으로 묶고, ④표지사태와 ⑤부익타문을 '지사'로 묶었다.
먼저 상형부터 살펴보자.

① 象形상형

허신의 상형에 대한 '一曰象形일왈상형, 畵成其物화성기물, 隨體詰
詘수체힐굴, 日月是也일월시야.'라는 정의처럼, 동파문은 日일과 月월
을 각각 ⊕과 ⌣의 모양으로 표기하며, 갑골문도 ⊖ ⊙과
☽ ☾ 등의 모양으로 나타내고 있는데, 모두 실체에 대한 직접
적인 묘사이다. 팡궈위方國瑜는 이러한 상형자를 그의 10서 가
운데 '의류상형'으로 분류하였다.

또 동파문은 鷄닭 계를 🐦로, 稻벼 도를 🌾로 나타내는데 이는
사물의 부분적인 특징을 '화성'畵成한 상형자로서 10서의 '현저
특징'에 해당한다. 이는 갑골문에서 羊양의 굽은 뿔 부분을 강

3] 1946年 9月 出生, 江苏 苏
州人이다. 주요 연구 분야는
比較文字学, 普通文字学, 中
国民族文字와 古文字学이다.
4] 王元鹿,「纳西东巴文字的造
字方法」,『汉古文字与纳西东
巴文的比較研究』, 华东师范大
学出版社, 1988年.

조하여 ♈으로 표현하는 것과 같다.

또 다른 예를 들면 立설 립을 ⼤모양으로, 坐앉을 좌를 ⽰모양으로, 左왼 좌와 右오른 우를 ⼈와 ⼈모양으로 표현한 것은 모두 ⼈(人인)字를 변형시킨 것이다. 허신은 이러한 조자방법을 상형에 두었는데, ⼤의 경우 『설문해자·권10·矢部녈부』의 '矢(머리가 기울 녈), 頭傾也. 从大, 象形.'과 ⼦의『설문해자·권14·了部료부』의 '了(짧을 궐), 無左臂也. 从了, 象形.'이라 하였다. 중국의 현대문자학자인 탕란唐蘭은 이러한 글자들을 '분화'分化에 의해 조성된 '상의'象意자에 두었고[5], 팡궈위方國瑜는 '변역본형'에 두었다.

한자 고문자 학계에서는 이러한 자형들을 상형에 두기도 하고 지사 혹은 회의로 분류하기도 한다. 왕위앤루王元鹿는 허신의 분류에 동의하였는데, 객관 사물에 대한 '畵成화성(그림으로의 완성)'일 뿐 아니라 물체의 형상에 따라 '詰詘힐굴(구불구불하게 형체를 구체적으로 그림)'하였기 때문이라고 하였다.

② **指事**지사

동파문의 ↑(一한 일), ↑↑(二두 이), Γ(高높을 고, 从 | 爲標, ═示其高度)[6], ⽳(中가운데 중, 與矛字同, 或曰借矛字)[7] 등은 추상부호로 이루어진 글자로서, 10서의 '표지사태'에 해당하는데, 지사에 두어야 한다. 이는 갑골문의 ━(一), ═(二), ⌒(上), ⌒(下)의 구조와 유사하다.

또한 ⃒(靠기댈 고, 从人坐, 背有依靠)[8], ⽥(聽들을 청, 从耳有

5] 唐蘭, 『中國文字學』, 76쪽, 上海古籍出版社, 1979年 9月.

6] 『字谱』: 高也, 从 | 爲標, ═示其高度.(높다, 표지가 되는 | 을 따랐고 ═는 고도를 나타낸다.)' 方国瑜의 『納西象形文字谱』(1981)의 풀이를 인용하였으며, 해석은 偰玲華의 『納西 東巴文字의 字形 分析』(전남대학교 碩士學位論文, 2009年8月)을 참조하였음. 王元鹿의 논문에는 간략하게 표기되어 있었으나, 필자가 方國瑜의 저서를 확인하여 정정하였음.

7] 『字谱』: 中也, 與矛字同, 或曰借矛字. (중앙이다, 창과 자형이 같다. 또는 창의 자형의 가차자라고 말한다.)

8] 『字谱』: 从人坐, 背有依靠. (사람이 앉은 것을 따랐고, 등에 기대는 것이 있다.)

所聞)9], ⟨image⟩(戴일 대, 从人頭上有所戴)10] 등은 상형자의 기초 위에 부호를 더한 글자로서, 대체적으로 10서 가운데 '부익타 문'에 해당하며 이는 지사에 두어야 한다. 갑골문의 ⟨image⟩(刀칼날 인, 象刀有刃之形)11], ⟨image⟩(曰가로 왈, 亦象口气出也)12], ⟨image⟩(甘달 감, 从口含一)13], ⟨image⟩(亦또 역, 象兩亦之形)14] 등은 구조상 위의 동파문과 유사하다.

③ 會意회의

동파문의 ⟨image⟩(晴갤 청, 从日光芒下射)15], ⟨image⟩(牧칠 목, 从人執 杖牧牛)16], ⟨image⟩(磨갈 마, 从刀在石上)17], ⟨image⟩(砍벨 감, 从斧砍 樹)18] 등을 팡귀위方國瑜는 '비류합의'에 두었으나 회의에 두어 야 한다. 이는 갑골문의 ⟨image⟩(从좇을 종, 从二人)19], ⟨image⟩(伐칠 벌, 从 人持戈)20], ⟨image⟩(立설 립, 从大立一之上)21], ⟨image⟩(牧칠 목, 从攴从 牛)22]과 구조상 대등하다.

④ 義借의차

이어서 왕위앤루王元鹿는 '의차義借'라는 분류를 새로 제시하였 는데, 곧 '이미 존재하는 글자의 형체를 차용하여 다른 의미나 그와 연관된 의미의 단어로 기록하는 방식'을 말한다. 이는 '本 無其字본무기자, 依聲託事의성탁사'가 아닌 '本無其字본무기자, 依義託 事의의탁사'에 해당한다. 예를 들면 '녹성속綠松石'을 의미하는 ⟨image⟩ [o21]은 그 색깔이 녹색이기에 '녹색'이라는 단어로 사용하면

9] 『字谱』: 从耳有所聞.(귀에 들리는 바가 있는 것을 따랐 다.)

10] 『字谱』: 从人頭上有所戴. (사람이 머리 위에 이고 있 는 것을 따랐다.)

11] 『説文』: 刀堅也. 象刀有刃 之形.(칼의 단단함이다. 칼에 칼날이 있는 모양이다.) 『説 文解字』의 풀이는 『説文解字 』(許慎 著, 徐鉉 校定, 中华 书局, 2004年)을 참조하여 필자가 추가한 것이며, 해석 은 『说文解字今释(上·下)』 (汤可敬, 岳麓书社, 1997年) 을 참조하였음.

12] 『説文』: 詞也. 从口乙聲. 亦象口氣出也.(어조사이다. 口와 乙의 결합이되 乙의 소 리를 따랐다. 또는 입에서 기 류가 나오는 모양이기도 하 다.)

13] 『説文』: 美也. 从口含一. 一, 道也.(아름다운 맛이다. 입이 一을 머금고 있는 모양 이다. 一은 맛이다.)

14] 『説文』: 人之臂亦也. 从 大, 象兩亦之形.(사람의 겨드 랑이 '臂亦'이다. 大를 따랐 고, 양 겨드랑이의 모양이 다.) 徐鉉 등 형제는 '今別作 腋, 非是. 지금은 腋이라고 쓰기 때문에 옳지 않다.'라고 주석을 하였다.

15] 『字谱』: 从日光芒下射.(태 양에서 빛이 내리 쬐는 것을 따랐다.)

16] 『字谱』: 从人執杖牧牛. 又 作 ⟨image⟩, 从人牧羊.(사람이 막대기를 쥐고 소를 방목하

17] 『字譜』: 从刀在石上.(칼이 돌 위에 있는 것을 따랐다.)

18] 『字譜』: 从斧砍樹.(도끼로 나무를 패는 것을 따랐다.)

19] 『說文』: 相聽也. 从二人 隨行也(서로 듣는 것이다. 두 사람을 따랐다. 따라 간다 는 의미이다.)

20] 『說文』: 擊也. 从人持戈. (부딪치는 것이다. 사람이 창을 쥐고 있는 모양을 따랐다.)

21] 『說文』: 住也. 从大立一之上.(머무르는 것이다. 큰 사람 모양인 大가 땅 모양인 一 위에 서 있는 것을 따랐다.)

22] 『說文』: 養牛人也. 从支从牛.(소를 키우는 사람이다. 손에 막대기를 쥐고 있는 支과 소 牛를 따랐다.)

23] 李霖燦 編著·張琨 標音· 和才 讀字, 『麼些象形文字標音文字字典』(國立中央博物院專刊)』의 「自序」 참조.

다. 또 羍로 쓰고 사람이 양을 방목하는 것을 따랐다.)

서 발음은 $[hər^{21}]$로 읽는 경우이며, '불'을 의미하는 ⚞ $[mr^{33}]$은 불의 색깔에 빗대어 '홍색'이라는 의미로 사용하면서 $[hy^{21}]$로 읽는 경우이다.

리린찬李霖燦은 '火'화를 '紅'홍으로 사용하는 것은 인신引伸이라고 하였다.23] 그러나 인신의 경우에 발음은 그대로 유지되는 반면, 이 의차義借는 발음까지 모두 변하므로, 하나의 글자가 의차로 사용된 후에는 두 개의 다른 단어가 되기 때문에 의차는 새로운 문자의 조자방법이다. 왕위앤루王元鹿는 팡궈위方國瑜가 이러한 부류를 10서 가운데 '일자수의一字數義'에 둔 것은 타당하긴 하나 엄격히 따지면 '의차'는 '일형수자一形數字'로 바꾸어야 한다고 하였다.

한고문자漢古文字에도 이러한 의차 현상이 있음을 다음과 같이 自자를 예로 확인하였다. 갑골문 시기의 自스로 자(𦣻)는 개사介詞로 사용되었으며, 고문헌에서는 '자기自己·자신自身'의 '自자'로 사용되었다. 그러나 갑골복사에는 '有疾𦣻'(코에 병이 났다. 乙6385)라는 예가 있다. 『설문해자·권1·王部옥부』의 '皇, 大也. 从自……自, 讀若鼻.'이라는 구절에 의거하면 '自자'는 원래 그 음이 '鼻비'였기 때문에 '코'의 의미인 '鼻비'를 기록했다가 나중에 '출발점'이나 '시작'의 의미인 '自자'와 '자신'의 '自자'로 차용되었음을 알 수 있다. 결국, 의차義借에 의하면 '自从(~으로부터)'와 '자신自身'의 '自자'는 모두 자신의 '鼻비(코)'와 연관이 있는 것이다.

⑤ 形聲형성

동파문의 '崗언덕 강'(🔲 to^{55})은 '从坡(🔲)종파板(🔲)聲성'이며, '屋後옥후, 집 뒤'(🔲 dzi^{33}mæ^{33})는 '从屋後종옥후'로서, 이때 🔲(屋집 옥, dzi^{33})과 🔲(後뒤 후, mæ^{33}) 모두 성부가 되고 있다. 이러한 글자들은 한자의 형성자에 해당되는데, 팡궈위方國瑜는 '의성탁사'依聲託事에 분류하였으며, 이 분류는 정확히 옳다.

상술한 상형, 지사, 회의와 의차義借가 기의記意의 방식으로 단어를 기록하는 조자방식이라면, 형성은 기의記意 겸 기음記音 즉 '의음'意音의 방식으로 단어를 기록하는 조자방식이다.

3) 周有光의 '六書' - 1994년

1958년에 공포된 「한어병음방안」漢語拼音方案을 주도하기도 했고 중국언어학자이면서 비교문자학과 문자의 발전규율에 많은 업적을 남긴 죠우요우광周有光[24]은 동파문을 6서로 분석하였다. 그는 「납서문자의 "6서"」納西文字中的"六書"(1994)[25]에서 납서문자에 대하여 다성분多成分, 다층차多層次의 성질을 갖고 있으며, '형의形意문자'에서 '의음意音문자'로 넘어가는 과도기적 단계의 문자로 규정하였다.

이에 죠우요우광周有光의 동파문에 대한 특징과 6서에 대한 내용을 살펴보면 다음과 같다.

① 象形상형

단체單體부호와 합체合體부호로 이루어지며, 이체자異體字가 많다. 그리고 도화성圖畵性이 아주 강하기도 하고, 약하기도 하다.

24] 周有光(1906. 1. 13.~), 原名은 周耀平, 周有光은 그의 필명이었는데, 훗날 '有光'은 그의 號가 되었다. 中國 江苏 常州에서 출생, 中國语言学者이자 文字学者이다.

25] 「纳西文字中的"六书"-纪念语言学家傅懋勣先生」, 『民族语文』, 1994年 第06期.

그리고 복잡함에서 간략함으로 변하는 동태적_{動態的}인 성질을
갖고 있다. 예를 들면 다음과 같다.

雲	虹	雷

② **指事**_{지사}

두 가지 종류로 나뉘는데, 주로 숫자로 이루어지는 독립적
지사 부호와 다른 독립 부호가 더해져 의미를 나타내는 비독
립적 지사 부호이다. 한자의 木_목과 刀_도에 점과 선이 더해져 本
_본, 末_말과 刃_인으로 변하는 것에 비유할 수 있다.

－ 독립적 지사부호

一	二	三	四	五	六	七	八

九	十	二十	三十	百	千	萬

－ 비독립적 지사부호

다수	粉	衆	林

위치	分	둘레		소리	說	鳴

숫자는 모두 독립적 지사부호이다. 그리고 무언가가 분쇄되어 다수를 나타내는 ⁂이 더해진 것이 '가루 粉분'이며, 두 사람의 주위에 다수를 나타내는 점들이 더해진 것이 '무리 衆중'이고, 나무 주위의 점들도 역시 '수풀 林림'을 나타내고 있다. 위치를 나타내는 O은 좌우에 더해져 '나누어짐(分분)'을 나타내고 있고, O의 주위를 둘러싸서 둘레를 나타내고 있다. 소리를 나타내는 ╱은 사람의 입에 더해지고, 새의 입에 더해져 그 의미를 나타내고 있다.

③ 會意회의

죠우요우광은 편장篇章회의와 사어語詞회의의 두 가지로 나누어 분석하였다.

편장회의란 하나 혹은 몇 개의 그림부호(도부圖符)가 마치 장편의 이야기가 3막 4장으로 이루어진 것처럼 편篇과 장章, 장章과 절節, 구절句節, 성어成語, 명칭 등을 나타내는, 그래서 '문자로 이루어진 그림(문자화文字畵)'의 성질을 가진다. 쉽게 말해 유치원생이 이야기를 그림으로 그려내고 다시 그 그림을 이야기로 풀어내는 것과 유사하다.

사어회의는 두세 개의 그림부호가 결합하여 하나의 단어나 글자를 만든다.

먼저 편장篇章회의의 예 가운데에서 이야기, 즉 편篇과 장章에 해당하는 예이다.

위의 마치 벽화 같은 몇 개의 문자는 납서족의 천지개벽天地開闢 신화의 일부이다. 이 신화는 하늘을 덮을 정도의 큰 홍수가 있은 후 인류의 조상인 '챠러리언查熱麗恩'이 하늘에 올라가 천녀天女인 '츄이훙빠오바이翠紅褒白'를 찾는다는 내용인데, 단 세 개의 도부圖符로 이루어져 있다. 이 글자들은 ①울타리 위에 앉아 있는 새와 모이주머니를 향하고 있는 화살, ②활을 쥐고 화살을 쏘는 남자, ③베틀을 쥐고 베를 짤 때 쓰는 북을 던지는 여자의 모양으로 이루어져 있다.

이 세 개의 글자는 "천녀天女 츄이훙빠오바이翠紅褒白가 베를 짜고 있을 때, 얼룩 반점이 있는 한 기러기가 날아와 채소밭의 울타리에 앉아 쉬고 있기에, 챠러리언查熱麗恩이 활을 쥐고 기러기를 세 차례 겨누었으나 화살을 쏘지 못했다. 보다 못한 츄이훙빠오바이가 연이어 쏘라고 소리치면서 베틀의 북을 던지자 챠러리언의 팔꿈치에 부딪혔다. 이내 화살은 발사되었고, 얼룩 반점이 있는 기러기의 모이주머니에 정확히 맞았다."라는 이야기를 담고 있다.

이외에 이 편장篇章회의는 다음절의 '명칭'이나 몇 개의 단어가 하나의 글자를 이루어 '성어'成語를 나타내기도 한다.

명칭 : (사람) + (곡식) = ($\text{na}^{21}\text{ɕi}^{33}$ 납서족)

성어 : (坡) + (艾, 蒿, 쑥) =

($ʑə^{21}\text{kv}^{33}\text{pɯ}^{33}\text{nɯ}^{33}\text{sɿ}^{33}$, 둑 위의 쑥은 풀보다 먼저 난다.) 이때 의 에 새겨진 검은 점은 납서족을 의미해서, 납서족의 역사가 오래되었음을 나타내고 있다.)[26]

사어語詞회의의 예는 다음과 같으며, 일반적인 회의의 조자 방법과 동일하다.

(晴갤 청: 하늘과 태양)　　(陰응달 음: 하늘과 구름)

(砍벨 감: 도끼와 나무)　　(縫꿰맬 봉: 바늘과 치마)

(婚혼인할 혼: 동파무사와 신랑신부)

(談말씀 담: 두 사람과 혀)

④ **假借**가차

죠우요우광은 가차 또한 부분部分가차와 전부全部가차의 두 가지로 분류하였다.

'부분가차'는 표음을 나타내는 성부가 없는 글자 일부를 동음으로 대체하는 방법이며, 이때 글자 본연의 성질은 바뀌지 않는다. '전부가차'는 완전히 동음으로 대체하여, 비표음문자를 표음문자로 바꾸는 방식이다.

납서 상형문자 가운데 동파문은 부분가차에, 가파문哥巴文은

26] 周有光은 IPA와 성조를 표기하지 않았으나, 필자가 문맥의 필요에 의해 추가한 것이다.

전부가차에 해당한다.

동파문의 가차 즉, 부분가차의 예는 다음과 같다.

자형	본의	발음	假借된 이후의 의미
	猴	y^{21}	先祖, 輕(가벼운), (人)生
	猪	bu^{21}	姻缘(부부의 인연), 輪班(교대 근무), 吻(입술, 주둥이)
	치즈	$t'v^{55}$	踩踏(짓밟다), 出錢(지불하다), 剝豆(콩 껍질을 벗기다)
	吊 (조상하다)	$tʂi^{33}$	這(이것), 破(깨뜨리다), 堆(땔감 등을 쌓다)
	箭	$tɕɿ^{55}$	小(작다), 怕(두려워하다), 馱(싣다, 태)
	天	$mɯ^{33}$	万(일만), 疤(흉터)
	拴 (묶다)	tsi^{55}	算(계산하다)
	毛	fv^{33}	去(가다)
	嚼(씹다)	$gɯ^{33}$	眞(진짜의)

위에서 보이듯이 차용된 이후의 의미는 원래의 의미와 전혀 관련이 없거나 혹은 연상관계가 있는 것도 있다.

동파문에는 약 45개의 가차부호가 있으며, 특히 이들 가차부호는 동파문의 형성자에서 성방聲旁의 역할을 하기도 한다.

앞에서 가파문은 전부가차에 해당한다고 하였는데, 가파문은 오로지 발음만을 나타내기 때문에 전부가차와 같다고 할 수 있다. 다시 말해 부분가차가 차용된 이후에 원래의 의미와 연상관계가 있는 것도 있는 반면, 전부가차는 의미와 관련이 없이 순수하게 발음만을 차용한 것이라 할 수 있다.

부호를 얻는 방법은 대부분 동파문 가운데 간단한 한 부분을 채택하며, 한자를 간략화하여 채택하기도 하나 이 경우는 드물다.

⑤ **形聲**형성

동파문의 형성자 구성방식은 한자와 비슷하여, 부수部首와 성방聲旁으로 구성되어 있다. 그가 든 예는 다음과 같다.

자형	部首	+	聲旁
to^{55} (崗, 언덕)	坡	+	to^{55} (板)
$æ^{21}$ (岩, 바위)	岩	+	$æ^{21}$ (鷄의 생략형)
$sər^{55}$ (肝, 간)	肝	+	$sər^{55}$ (紫)
be^{33} (村, 마을)	屋	+	be^{33} (雪)
$ts'o^{33}$ (樓, 건물)	屋	+	$ts'o^{33}$ (跳)

271

k‘o²¹ (親, 친척)	人	+	k‘o²¹ (籬의 생략형)
tɕi²¹ (眂, 달다)	人 (입을 벌린)	+	tɕi²¹ (刺)
gu²¹ (病, 병이 나다)	人 (옆으로 누운)	+	gu²¹ (倉)

이 외에도 사람이나 귀신의 이름, 지명 등 명칭만을 나타내는 '전명성자'專名形聲字도 따로 분류하였다. 이러한 종류의 형성자는 성방이 다수로서, 다음절의 단어나 명칭을 나타내고 있다. 이는 한자가 단음절 단어이면서 성방이 하나뿐인 것과 다르다. 예를 들면 다음과 같다.

자형	部首 + 聲旁 + 聲旁		
sæ³³sɿ²¹dzi²¹ (三思河)	(渠, 도랑)	sɿ²¹ (氣)	(羊毛)

또한, 형성자에 사용되는 부수와 그리고 자주 사용되는 성부를 제시한 점이 특이하다. 부수는 약 40여 개로, 성부는 약 200여 개로 추정하였다. 부수의 예를 몇 개만 들면 다음과 같다.

土	火	人
屋	樹	葉
角	爪	鳥
女	官	心

⑥ 轉注전주

죠우요우광은 전주에 대해 '글자의 모양이 약간 고쳐지고, 의미는 약간 바뀐다(자형약개字形略改, 자의약변字義略變).'라 전제하고 다음과 같은 동파문에 보이는 전주의 예를 들었다.

– 부호의 방향이 바뀌는 경우 :

月 → 夜	飯 → 餓
人 → 臥	鬼 → 死
左 → 右	

즉, 원래 '달'이었던 의 방향을 거꾸로 뒤집어 '밤'의 의미를 나타냈으며, 역시 '밥'이었던 의 방향을 로 뒤집어 '배고픔'의 의미를 나타내고 있다. 또 서 있는 '사람'인 을 눕혀 '눕다'의 의미를, 서 있는 '귀신'을 눕혀 '죽음'의 의미를 나타내고 있다. 좌우左右라는 글자도 마찬가지이다.

– 부호의 화법畵法이 바뀌는 경우 :

夫 站 → 李 坐		兂 跳 → 夾 舞
兲 走 → 夌 跑		

이 경우는 방향의 변형이 아니라 부호 자체에 변형을 주는 경우이다. 위의 표에서 보이는 바와 같이, '서다'라는 의미를 나타내고 있는 사람의 벌린 두 다리의 모양을 오므린 모양의 다리 모양으로 변형시켜 '앉다'라는 의미를 나타내고 있으며, 뛰는 사람의 팔다리 모양을 더욱 활달하게 변형시켜 '춤추다'라는 의미를, 걷는 사람의 다리 모양에 변형을 주어 '뛰다'라는 의미를 나타내고 있다.

⑦ 周有光의 東巴文에 대한 분석
그는 팡궈위方國瑜의 『납서상형문자보』納西象形文字譜(1981)에 수록된 동파문의 독체자와 합체자를 합친 총 2,274자(100%)에 대해 일련번호가 있는 1,339자(58%)는 기본자基本字, 기본자 아래에 부가된 685자(30%)는 이체자異體字, 나머지 일련번호가 없는 250자(11%)는 파생자派生字로 분류하였다.

그리고 이 통계는 동파문이 비교적 발전된 형의形意문자이긴 하나, 정확한 글자의 개수를 확정 지을 수 없고, 일자다형一字多形, 동음다자同音多字, 자형 대소의 불규칙, 일반적인 형체의 일정하지 않음, 단어의 순서에 따라 규칙적으로 서사書寫언어가 구현되지 않는 점 등을 들어 동파문은 형의形意문자와 의음意音문자의 중간 상태의 문자임을 보여주는 의미가 있다고 하였다.

특히 한자의 갑골문과『설문해자』의 대표 자체인 소전체 단계에 보이는 육서의 각 조자방법을 다음과 같이 동파문과 비교하였다.[27]

六書 \ 文字	甲骨文		小篆 (說文解字)		東巴文		
象形	276	22.5%	364	3.8%	象形字	1,076	47.3%
會意	396	32.3%	1,167	12.3%	會意字 (指事字 포함)	761	33.5%
指事	20	1.6%	125	1.3%			
形聲	334	27.2%	7,697	81.2%	形聲字 (假借字 포함)	437	19.2%
假借	129	10.5%	115	1.2%			
轉注	0	0%	7	0.1%	제외		
미상	70	5.7%					
	1,225	99.8%	9,475	99.9%		2,274	100%

위의 표를 통해 동파문은 상형을 위주로 하는 형의形意문자의 공통적인 특성을 갖고 있으며, 또한 동파문이 갑골문 형성자와 비슷한 20% 정도의 비율에 머무르고 있는 것은 한자가 한대에 와서 형성자의 비율이 80%에 육박할 정도로 증가한 것과 대조적으로 동파문의 발전 단계가 갑골문과 가까운 증거임을 알 수 있다고도 하였다.

이러한 상형자의 특성 이외에 지사자 또한 독립적인 지사부호로 이루어진 지사자가 있는가 하면 부가적인 자부로 이루어진 지사자도 있고, 회의자 역시 긴 단락의 이야기를 나타내는 회의자와 단어가 결합한 회의자, 그리고 단어로만 이루어진 형성자 및 구나 절로 이루어진 형성자 등이 있다고 하였다. 가

27] 周有光의 논문에서는 글자 수와 백분율 등 수치상의 오류가 있어서 필자가 별도로 확인하여 정정하고 도표화하였음. 아울러 갑골문의 비율은 형성자만을 20%로 추정하였으나 李孝定의「殷商甲骨文字在漢字發展史上的相對位置」(『中央研究院歷史語言研究所集刊』, 第64本, 4分 1993.)의 자료를 梁東淑의『그림으로 배우는 중국문자학』(서울, 차이나하우스, 2006, 128쪽)에서 재인용하여 27.2%로 수정하고 나머지는 추가로 보충하였으며, 소전의 가차와 전주도 추가하였음.

차자 또한 동파문은 부분적인 가차인 반면 가파문의 가차는 전체가 가차로 이루어져 있어서 동파문이 고한자에서는 볼 수 없는 초기 육서의 변화상을 보여주고 있는 것이라 분석하였다.

갑골문은 그 출현 시기를 기원전 1300년쯤으로 추정하고 있는 반면 동파문은 1000년 전에 만들어졌다고 보고 있기 때문에 시기상 직접적인 비교는 무리가 있으나, 동파문의 구성 방식으로 보아 그것이 갑골문처럼 상형자가 차지하는 비중이 크다는 것은 형체에 의미를 두고자 하는 상형문자의 본질에서 두 문자의 특징을 보여주는 일리 있는 분석이자 통계라 하겠다.

4) 東巴文의 合體字

납서 동파문의 독특한 특징으로, 두 개 이상의 자부字符가 결합한 단어單語나 구句를 들 수 있다. 일반적으로 한자는 회의자나 형성자에서 두 개나 많으면 세 개의 의미나 발음을 나타내는 부호들이 결합하여 하나의 글자를 만든다. 그런데 동파문은 이러한 조자 방식은 같더라도 한자와는 다른 차이를 보인다. 이에 대해 연구된 논의를 보면 다음과 같다.

허즈우和志武는 「시론 납서상형문자의 특징」試論納西象形文字的特點 (1981)[28]에서 이런 특수한 현상에 주목하여 동파문의 '합체자' 合體字라는 개념을 제시하였는데, 합체는 두 개 혹은 그 이상의 상형부호로 조성되는데, 그것은 회의자와는 다르며, 그것은 납서어에서 구句(phrase)나 심지어는 문장(sentence)을 이루기도

28] 和志武, 「试论纳西象形文字的特点—兼论原始图画字、象形文字和表意文字的区别」, 『云南社会科学』, 1981年 第03期.

한다고 분석하였다. 예를 들면 다음과 같다.

mbi²¹kɤ⁵⁵ʐua³³na²¹ 飛驥29] : 句(詞組: 두 개 이상의
單語가 일정한 규칙에 따라 구성)

ngæ²¹hæ³³ 佩劍30] : 句(短語: 單語와 單語의 결합 =
phrase)

ly³³ndzər⁵⁵ly³³sər²¹ 守糧食31] : 句(短語: phrase)

허즈우는 위의 자형만을 제시했을 뿐 다른 설명을 가하진
않았다. 팡궈위의 『자보』字譜를 참조하면, 하늘을 나는 천리마
는 말과 발굽과 날개가 결합한 하나의 글자이며, 는 사
람과 허리에 찬 칼의 결합, 는 앉아있는 사람과 그 사람이
지키고 있는 식량의 결합이다.

푸마오지傅懋勣는 「납서족 도화문자와 상형문자의 구별」納西族
圖畵文字和象形文字的區別(1982)32]에서 동파문을 두 가지의 특징으로
분류하였는데, 그 중 하나가 '그림 이야기책과 유사한 문자'로
서 도화문자로 불러야 한다고 논하였다. 그는 또 이러한 도화
문자의 특징을 '자조'字組라는 개념으로 제시하였다. 즉, 몇 개
의 형상이 합쳐지는 경우가 자조인데, 이때 내부적으로 각각
의 형상은 상호의존적이라고 하였다.33] 푸마오지의 이러한
견해는 동파문의 특수한 현상인 한 개의 글자가 하나의 음절
로 이루어진 도화문자가 아니라 여러 개의 형상이 연이어 이

29] 『字譜』: 驥也. 字从大馬,
出蹄生翅, 奔騰如飛也.(천리
마이다. 큰 말을 따랐고, 발
굽이 나와 있고 날개가 있다.
나는 것처럼 내달린다.)

30] 『字譜』: 佩也. 佩劍也, 从
人腰間佩刀.(차다, 검을 차다,
허리사이에 칼을 차고 있는
사람을 따랐다.)

31] 『字譜』: 曬糧也. 从人坐守
糧 (겉곡 즉, 껍질을 벗기지
않은 곡식을 말리다, 사람이
앉아서 곡식을 지키는 것을
따랐다.)

32] 傅懋勣, 「纳西族图画文字
和象形文字的区别」, 『民族语
文』, 1982年 第01期.

33] 나아가 하나의 형체가 위
주가 되고 나머지 요소가 부
가적으로 붙어지는 경우는
'單體字組', 두 개의 字組가
합쳐지는 경우는 '複合字組'
라고 분석하였다.

어지는 도화문자라는 점을 제대로 지적한 분석이다.

이 '자조'字組와 동일한 개념이 '합문'合文이다. 위쑤이성喻遂生은 「납서 동파자와 자조의 구분 및 자수의 통계」納西東巴字和字組的劃分及字數的統計(2003)[34]에서 글자와 그것이 기록하는 언어와의 대응관계로 자字와 자조字組의 기준을 삼아야 하며, 그래서 자조는 몇 개의 독립적인 자字가 단어·구·문장을 기록할 때 구성되는 조합이며, 자조의 음과 의미는 이러한 자조를 이루는 각 자의 음과 의미가 합쳐져서 이루어진 것이라고 하였다.

다시 위쑤이성은 「동파문 연구자료 문제 제기 세 원칙」東巴文研究材料問題建言三則(2008)[35]에서 한자, 즉 고대한자는 주로 단음절로 단어가 이루어지는 구조인 것에 반해 납서 동파문은 쌍음절이거나 다음절로 된 단어가 많다고 하였다. 예를 들면 '水尾수미 🐟 dzi²¹mæ³³'에 대해 팡궈위는 『납서상형문자보』納西象形文字譜에서 '从水从 🐟 mæ33, 尾'의 형성자로 분석하고 있다. 그러나 '水尾수미'는 사실 일종의 구句(자조字組, phrase)라 할 수 있는데, 즉 🐟(水 dzi²¹)와 🐟(尾 mæ³³)라는 독립적인 음과 의미를 갖는 두 개의 글자가 합쳐져서 이루어진 일종의 '合文'이라고 분석하였다.

李靜리징은 「동파문 합문 연구」東巴文合文研究(2008)[36]와 자신의 화동사범대학 박사학위논문인 『납서 동파문 비단자 구조 연구』納西東巴文非單字結構研究(2009)[37]에서 '비단자구조'非單字結構라는 술어를 제시하였다. '동파문은 단자單字 이외에도 도화圖畵와

34] 喻遂生, 「纳西东巴字字和字组的划分及字数的统计」, 『纳西东巴文研究丛稿』, 2003. (李杉, 「纳西东巴文构形分类研究的探讨」, 『理论月刊』, 2011年 第03期에서 재인용.)

35] 喻遂生, 「东巴文研究材料問題建言三則」, 『纳西东巴文研究丛稿』(第二辑), 2008年. (李杉, 「纳西东巴文构形分类研究的探讨」, 『理论月刊』, 2011年 第03期에서 재인용.)

36] 李静, 「东巴文合文研究」, 『兰州学刊』, 2008年 第12期

37] 李静, 『纳西东巴文非单字结构研究』, 华东师范大学 博士學位論文, 2009年 4月. 이 논문은 非單字結構를 合文, 字組, 字段, 複合字形의 네 가지 유형으로 나누고 있다.

준문자准文字가 있는데, 이것들이 혼합적으로 함께 사용되는 조합'이라는 의미이다.

그는 동파문이 문자의 초기 단계에 속한다고 추정한다. 초기 단계 문자의 여러 특징 가운데 특히 합문合文이 다량으로 존재하는 데 그 근거를 두고 있다. 그가 제시한 동파문 합문의 특징은 다음과 같다.

첫째, 합문은 반드시 독립적인 두 개 혹은 두 개 이상의 단자單字로 구성되어 있다. 이는 문자의 초기 특징, 즉 도화적인 특징을 보유하고 있는데, 이때 도화적인 요소는 독립된 단자가 아니다. 이러한 도화적 요소와 단자의 결합은 동파문의 독특한 구조로서 일반적인 합문과 구별되어야 한다.

둘째, 합문은 독자적인 독음이 있을 뿐 아니라 단자의 음만으로 구성되기도 한다. 또한, 조합 안에서 발음되지 않는 단자도 있다. 이 역시 일반적인 합문과 다르다.

셋째, 외형적으로 볼 때 조합된 단자들은 대단히 긴밀하게 결합해서 마치 하나의 글자처럼 보인다. 그러나 이들 단자와 단자의 결합이 반드시 하나의 형체로 완벽하게 융합되는 것은 아니다.

그는 팡궈위의 『납서상형문자보』納西象形文字譜에 수록된 모든 합문을 단자의 수, 구조, 위치, 기능 및 발음이라는 다섯 가지 관점으로 고찰하고 있는데, 단자의 수만을 보면 다음과 같다.

ⅰ) 二字合文

[1228]³⁸ ɕy⁵⁵t'a⁵⁵(柏樹塔, 측백나무 탑)

= ɕy⁵⁵(柏樹) + t'a⁵⁵(塔)

ⅱ) 三字合文

[126-10] la³³t'a⁵⁵huɯ⁵⁵(沪沽湖, 호수의 이름)

= la³³(虎) + t'a⁵⁵(塔) + huɯ⁵⁵(海)

ⅲ) 四字合文

[72] muɯ³³t'ɣ³³dy²¹k'u³³(天地初開)

= muɯ³³(天) + dy²¹(地) + t'v²¹(桶) + k'u³³(門)

ⅳ) 五字合文

[111-9] la³³ba²¹la³³pa⁵⁵ko²¹ : 石鼓老巴山(산이름)

= 哥巴字 [la³³ + ba³³ + la⁵⁵ + pa⁵⁵] + ko²¹(草原)

이상의 논의를 통해 동파문의 문자 체계는 서로 다른 발전 정도를 보이는 문자가 병존하고 있으며, 이러한 현상은 특히 고대 한자와 다르기 때문에 기존의 '6서'로 쌍음절 혹은 다음 절 부호로 이루어진 동파문을 분석해서는 한계에 봉착할 수밖에 없음을 알 수 있다. 다시 말해 동파문 분석에는 동파문만의 시각과 신중함이 필요하다 하겠다.

38] 方国瑜의 『纳西象形文字谱』에 수록된 번호임. 이하 동일함.

2. 境界線에 서 있는 文字

1) 納西 象形文의 特徵

이상 납서족의 동파 상형문자의 조자방법에 대한 연구 내용을 살펴보았다. 각 학자들의 내용은 부분적으로는 일리가 있으나, 전체적으로는 일치하지 않는 상황이 있는가 하면, 전체적으로는 타당하나 세부적으로는 모순이 있는 현상도 있었다. 필자 역시 동파문의 조자방법을 몇 가지로 분석할 수는 있겠으나 이 역시 전체와 부분, 부분과 전체를 통섭하기에는 다른 학자들처럼 무리가 있을 수밖에 없다. 이 말은 동파문은 동파문의 자체적인 특징과 성격에 맞는 기준이 필요하며, 그것이 비록 상형문자라 할지라도 한자를 분석하는 6서의 기준으로는 적절하지 않음을 의미한다.

그래서 동파문자는 원시적이라기보다는 성숙하지 않은 소박한 단계에 머물러 있다고 할 수 있다. 그 특징을 간추려보면 다음과 같다.

첫째 : 유형의 자는 많으나 무형의 자는 적다. 동시에 명사 특히 인명과 신명 등이 많으며 동사나 형용사는 적다.

둘째 : 글자의 모양과 의미가 대단히 긴밀하게 밀착되어 있다. 예를 들어 각종 나무의 명칭은 특정 나무의 모양과 특징을 자세히 묘사하여 의미를 나타내고 있다.

셋째 : 글자의 대소와 방향으로 의미를 구분하고 있는 것 등이다.

이는 동파문자가 일반적인 회화와는 다르다는 의미인데, 즉, 구체具體와 사실寫實에서 추상抽象과 사의寫意의 방향으로 변해왔으며, 이는 문자의 불규칙한 곡선으로부터 규칙적인 직선으로 발전하는 성질을 반영하는 것으로서, 부호符號의 역할이 강조되었음을 의미한다.

그래서 동파문자는 일반적인 상형문자와 다른 특징을 지니고 있다. 그 이유는,

첫째: 글자의 수량에서 동파문은 그 체계가 상대적으로 간단하여 약 2,000여 자인 반면, 한자는 상형문자이면서도 약 50,000여 자에 이르고 있으며, 각각의 한자는 그 의미가 특정의 의미를 구체적으로 반영하고 있으며 또한 대단히 상호 연계적이어서 나타내는 의미가 다양하다.

둘째: 구조에서 동파문자는 한자처럼 완전히 성숙한 단계에 이르지 않았기 때문에, 표의의 기능이 한자처럼 명확하지가 않다. 즉, 어떤 개념에 대해 제한적인 정보만을 문자에 나타내는데, 사물의 윤곽을 간단한 필획이나 회화적인 그림으로 그 의미를 보여주고 있는 것이다.

결과적으로 동파문자는 엄격히 말해 도화문자에도 그렇다고 상형문자에도 속하지 않는, 그 중간 단계의 과도기적 상태라 할 수 있다. 이는 인류의 문자가 도화문자로부터 상형문자로 전변轉變되었다는 중요한 증거이기도 하다.

이에 동파문자의 조자방법에 대해서는 이상과 같은 기존의 분석을 검토 및 비판하는 것으로 끝맺고자 한다. 그러나 동파문이 조자방법 이외에 갖는 특징은 다음과 같이 짚어볼 수 있겠다.

2) 納西 象形文의 取象과 構形

하얼빈 대학교哈爾濱學院 교육과학대학敎育科學學院의 쑤잉蘇影은 「상형자의 취상과 구형을 논함」論象形字的取象與構形[39]에서 한자 상형자와 동파문 상형자의 차이를 비교하여 상형자가 어떻게 사물의 형상을 취하는 가의 취상取象과 그것을 구조적으로 문자화하는지의 구상構想에 대해 논했다. 또한, 미앤양사범대학교綿陽師範學院 문학매체대학文學與傳播學院 콩밍위孔明玉의 「시론 납서 동파문 상형자 가차자의 특징」試論納西東巴文象形字假借字的特點[40]과 윈난성雲南省 리쟝시麗江市 동파문화연구소東巴文化研究所 리징성李静生의 「나서 동파문과 갑골문 비교연구」納西東巴文與甲骨文的比較研究[41] 또한 이 동파문에만 머무르지 않고 한자와의 비교를 통해 비교적 객관적인 분석을 보여주기에 다음과 같이 요점을 소개하되, 필자의 견해 및 여타 논문의 분석을 곁들여 논하겠다.

① 사물의 전체를 묘사 - 整體象形정체상형

이른바 '정체상형整體象形'은 사물의 부분이 아닌 형상 전체를 그려내는 것으로 이렇게 만들어진 글자의 모양이 곧 글자의 의미가 되는 것을 말한다. 한자도 이에 속하는데, 이 정체상형자는 다시 두 가지로 나누어진다.

39] 苏影, 「论象形字的取象与构形」, 『哈尔滨学院学报』, 2010年 第01期.

40] 孔明玉, 「试论纳西东巴文象形字假借字的特点」, 『绵阳师范学院学报』, 2007年 第09期.

41] 李静生, 「纳西东巴文与甲骨文的比较研究」, 『云南社会科学』, 1983年 第06期.

첫째, 인류가 자연과 접촉하면서 접촉하는 사물의 외형을 그려 문자화하는 것으로, 그 묘사는 구체적, 사실적, 직접적이다. 마치 회화의 세밀화 혹은 정밀화 같은 이른바 세치묘사細緻描寫이다.

한자를 예로 들면 🐔鷄닭 계, 🐦燕제비 연, 🐟魚물고기 어, ✋首머리 수 등은 회화적 초기상형자에 가까우며, 대부분 사물의 전체를 세밀하고 자세하게 묘사하고 있다. 이는 허신이 말한 '수체힐굴隨體詰詘'하기 위한 전제조건이기도 하다.

동파문을 예로 들면 🎃瓜오이 과, 🐦燕제비 연, 👁目눈 목 등도 모두 사물의 전체를 직접적으로 묘사해서 형체를 완성한 상형자이다.

둘째, 사물의 전체 윤곽을 대체적으로 묘사하는 것으로서 이러한 생각을 그려내는 듯한 사의식寫意式의 묘사는 그 묘사하는 선이 훨씬 간단하다. 한자의 ㄱ又(또 우, 오른손), ㄱ斤도끼 근, †戈창 과와 동파문의 ⌒天(둥글며 지붕이 있는 하늘), 大人(사람) 등이 그 예이다.

상형자 가운데 세밀화 같은 정체상형은 훨씬 원시적인 도화문자에 가까우며, 사의식寫意式의 정체상형자는 문자의 추상화 내지는 부호화를 체현한 그래서 비교적 진보된 것이라 할 수 있다.

② 국부적 특징의 돌출 - 局部象形국부상형

문자는 언어를 부호로 기록하는 것이기에 의미 전달에서 간결함과 정확성이 요구된다. 상형자 역시 하나의 문자가 되기 위해서는 사물의 가장 전형적이면서 동시에 다른 것과 구분되는 특징을 묘사할 수 있어야 한다. '모범이 될 만한 본보기'로 풀이되는 소위 '전형'典型은 예를 들면 사람이나 소(牛) 혹은 말(馬)을 그려낸 글자를 보고서 누구나 다 사람을 사람으로 소나 말을 소나 말로 공감할 수 있는 형태를 말하는 것으로 이해하면 된다. 소를 그린 글자를 보고서 누군가 말이라고 하면 이는 전형화에 실패한 것이다.

결국, '국부상형'은 사물의 국부적 특징을 그려내어 사물 전체를 대신하는 것이다. 다시 말해 '부분'으로써 '전체'를 대표하는 이러한 상형자를 국부상형자라 한다. 예를 들어 한자의 衣옷 의는 의복의 옷깃과 소매만을 간결하게 묘사하였을 뿐 옷자락 등은 생략하였음에도 '옷'이라는 의미를 나타내기에 부족함이 없다.

이 국부상형은 정체상형에 비해 문자가 훨씬 더 간결하게 된 발전을 보여준다.

다시 예를 들어보면 한자의 牛소 우와 羊양 양은 모두 소나 양의 전신을 그리지 않고 머리 부분만을 돌출적으로 강조했다. 동파문에도 동물과 관련된 많은 글자가 있는데, 역시 동물 머리 부분의 특징을 그려 의미를 나타내고 있다. 예를 들면 牛소 우, 象코끼리 상, 鼠쥐 서 등이다.

한편, 일부이긴 하나 동파문은 정체整體상형과 국부局部상형을 동시에 사용하여 글자를 만들기도 하는데, 특히 동물류의 글자가 그렇다. 예를 들면 虎호랑이 호, 馬말마, 象코끼리 상 등이다. 그러나 이러한 예는 극히 드물며 일반적으로는 머리 부분만을 그리기 때문에 독립된 특징으로 분류하기에는 무리가 있다.

③ 형체 추가, 의미 부각 – 合體합체상형, 加體가체상형, 複體복체상형

조자의 과정에서 대상을 직접적으로 표현하기도 하지만, 배경을 더해 그 의미를 부각시키기도 한다. 이를 전통 문자학에서는 전자를 독체상형자라 하고, 후자를 합체상형자 혹은 가체상형자라 한다.

한자의 경우 眉눈썹 미, 果실과 과, 舌혀 설, 동파문의 경우 眉, 果, 舌 등은 독체상형자이며, 한자와 동파문의 조자방법이 대단히 유사한 합체상형자는 다음과 같다.[42]

42] 合體상형자의 예는 李静生의 「纳西东巴文与甲骨文的比较研究」를 참조하였음.

동파문	漢字	方國瑜 설명	갑골문	漢字	字義 설명
	吃	从人張口从飯		卽	人取食器
	亨	从二人共食		饗	兩人對食
	耕	从二人執犁		耤	人執耒耕地
	孕	从婦人懷子		孕	从婦女懷子

굳이 설명하자면, 🐥(吃먹을 흘)과 🐾(卽곧 즉)은 모두 식사를 하기 위해 밥그릇으로 대표되는 식기 앞에 사람이 있는 모습이다. 역시 두 사람 사이에 식기가 놓여있는 🐾과 🐾, 농부가 농기구를 쥐고 있는 🐾과 🐾, 배 안에 자식을 잉태한 아녀자의 모습 🐾과 🐾. 이들 모두 조자를 위한 조형의 방식이 대단히 유사하며 자의 또한 같다.

마치 번체자인 동파문과 그것이 간체자로 변한 갑골문을 보는듯하다. 하지만 간·번체자의 관계는 아니다. 그런데도 동파문의 사람은 머리와 두 팔과 두 다리가 모두 완전히 갖추어진 반면에 갑골문은 머리는 간략한 곡선이며 두 팔과 다리 역시 하나의 선으로 이루어져 있다. 그렇다면 문자의 발전상 간체자가 번체자로부터 나왔어야 하겠지만, 그러나 갑골문은 그 역사가 3300년이며 동파문은 1000년이니 간체자에서 번체자로 문자가 퇴보했을 리는 없고, 결국, 동파문은 독자적으로 조형造形과 조자造字를 한 글자로 보아야 한다.

이처럼 글자의 모양에서 간결함과 번잡함이 존재한다면 반면 상형자는 독체상형자로부터 합체상형자로 발전했다. 이는 인류의 사유활동이 갈수록 추상화되고 복잡해짐을 반영하는 것이다. 즉, 비교적 원시적인 구체적 사유가 추상적인 개념적 사유로 발전함에 따라 문자 역시 독체상형에서 합체상형으로 발전을 촉진했다고 할 수 있다. 이러한 변화 및 발전은 동파문과 갑골문 모두 역사의 법칙에서 예외가 아니다.

여기서 한 가지 특히 주의해야 할 사항이 있다. 합체상형은 일종의 사의寫意의 방식이라 할 수 있는데, 단독글자 두 개가 합쳐져 개념을 만들어 낼 때 반드시 그 글자들의 의미가 직접적인 작용을 하고 있어야 한다는 것이다. 예를 들어 人인과 木목이 합쳐진 休체는 합체상형이 되기 위해서는 '사람의 나무'여야 하겠지만, '쉬다, 휴식하다.'의 의미이니 이미 '사람'과 '나무'가 직접적인 작용이 아닌 간접적인 작용을 하고 있으니, 합체상형자가 아니라 회의자이다.[43]

④ 기존 상형자의 변형 — 變體象形변체상형

상형의 방식 가운데에는 기존의 상형자를 일부 간단히 변형시켜 그 본래의 의미를 살리면서 새로운 의미로 활용되는 경우가 있다. 주로 방향의 전도, 필획의 생략이나 감소 등이 그 방법인데, 한자의 경우 木목의 절반을 생략하여 나머지를 취한 것이 片편[44]이라면, 동파문의 경우 木목의 방향을 넘어뜨린 것이 도끼에 쓰러진 砍감자가 그 예이다. 두 가지 예 모두 '나무'의 본래 의미는 변하지 않았다.

이러한 변체상형자는 특히 인체와 관련된 글자들이 많다.

사물의 형상을 묘사하는 방법은 다양하다. 특히 글자의 각도를 바꾸는 변체상형은 사물에 근거한 글자의 모양이 확정되면 그 사물의 또 다른 특징이나 다른 각도로 얼마든지 확장된 의미를 나타낼 수 있음을 의미한다. 동파문과 갑골문이 서로 유사하면서도 다른 모양을 보여주는 것은 표의表意의 수요에

43] 사실 **李静生**의 상게 논문에서 예로 든 即은 동파문의 吃과 비교하기 위해 제시한 예일 뿐, 정확히 말하면 會意字로 보아야 한다.
44] 『說文解字·卷七·片部』: 判木也. 从半木

甲骨文			東巴文		
자형	의미	설명	자형	의미	설명
	大	큰 대 : 사람이 정면으로 서 있는 모양		人	사람이 정면으로 서 있는 모양
	夭	어릴 요 : 양어깨를 흔드는 모양		腰	굽은 허리의 모양
	矢	머리 기울 녈 : 머리가 기울어진 모양		舞	손을 흔들며 춤추는 모양
	交	사귈 교 : 양 정강이가 교차하는 모양		跌	거꾸로 넘어진 모양

따라 얼마든지 그 모양을 자유롭게 변형시킬 수 있음을 보여
주는 증거이기도 하다.

⑤ 상형의 다양한 방법

　이상의 동파문과 한자(갑골문)의 상형자의 비교를 통해 한
자 상형자는 사의寫意의 묘사에 뛰어나 선이 간결하고 개략적
이며 동시에 추상적인 부호가 많음을 알 수 있다. 반면 동파문
상형자는 정밀화처럼 선이 꼼꼼하며 정교한 동시에 구상적具象
的이다. 때문에 한자에 비해 원시적인 도화문자에 가깝다고 할
수 있다.

　결국, 한자와 동파문의 취상取象과 구형構形이 서로 대동소이大
同小異하다. '대동大同'은 한족과 납서족의 상형부호를 창조하는
사유방식이 기본적으로 일치한다는 의미이며, '소이小異'는 두
민족의 지리적 환경과 언어 토양이 서로 다른 문화적 차이를
낳았으며, 그로부터 차이가 비롯되었음을 의미한다.

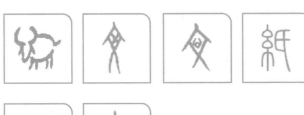

제8장　水書와 象形文字

제1절 水族과 水書

수서水書는 물로 쓴 글자가 아니다. 얼핏 우스갯소리처럼 들릴 수 있으나, 이는 수서가 그만큼 세간에 알려지지 않았으며, 그 연구가 아직 박약하다는 방증이기도 하다. 수서는 다름 아닌 중국 소수민족의 하나인 수족水族의 고문자이자 서적을 이른다.

1. 水族의 起源

중국의 수족水族 인구는 2000년의 인구조사에 의하면 407,000명이며, 그 중 90.8%에 해당하는 369,723명이 중국의 서남부인 꾸이조우성貴州省[1]에 분포하며 특히 싼뚜三都 수족水族 자치현自治縣에 집중되어 있다.[2] 나머지는 광시성廣西省 북부와 윈난성雲南省 동부에 흩어져 있다.

수족은 자칭 「sui^{33}」라 부른다. 당송시기에는 수족을 회유하기 위해 무수주撫水州[3]를 설치하였고, 사적에는 그들을 人인변에 水수를 더한 休, 犬견변에 水수를 더한 狖 등의 합성자를 만들어 표기하거나 수가水家, 수가묘水家苗 등으로 대체해 사용하였었다. '수족'水族이라는 명칭으로 확정된 것은 1956년이다. 그러나 정작 「sui^{33}」에는 어떤 함의가 있지 않으며, 단순한 호칭의 발음일 따름이다. 아이러니하게도 수족은 자신들의 문자가 있

△ 水族 여인의 전통의상

음에도 자신들의 사적을 기록하지 않았다. 이로 인해 수족이라는 민족의 연원을 고증하기가 쉽지 않으며, 수족과 접촉이 많았던 한족의 문헌자료에도 거의 기록되어 있지 않다.

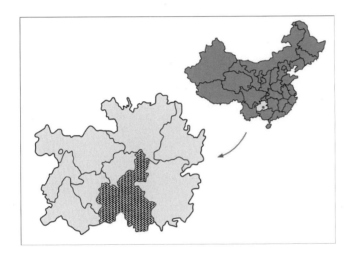

◁ 貴州省과 三都水族自治縣이 있는 黔南布依族苗族自治州 (사선 부분)

1] 중국의 남부와 서남부에는 지형적 특징으로 인해 오랜 기간 동안 漢族을 피해 자신들의 삶터를 이룩한 소수민족이 많이 거주하고 있다. 貴州省에는 17개의 소수민족이 거주하고 있다.

2] 中华人民共和国 国家统计局(National Bureau of Statistics of China, http://www.stats.gov.cn/)의 第五次 人口普查数据(2000年) 참조.

3] 『唐书·南蠻傳』, '開元中, 置莪·勞·撫水等羈縻州.(개원 년간에 莪·勞·撫水 등을 회유하기 위한 주를 설치하다.)', 『貴州省地方志摘抄委員会編, 『贵州省志·民族志』, 貴阳, 贵州民族出版社, 2002年 10月版, 下册第60页.(瞿宜疆, 「水文造字机制研究」(2007), 2쪽에서 재인용함.)

4] 고대의 嶺南지역 및 東南 연해 일대에 많은 부락이 있었는데, 사학계에서는 이를 '百越'이라 통칭한다.

결국, 수족을 지칭하는 슈이水와 쑤이睢는 수족의 발음을 한어로 음역한 것이다. 수족이 자신을 지칭하는 쑤이라는 명칭은 그들이 쑤이수睢水 유역에서 발상했기 때문에 얻은 명칭으로 알려지고 있다. 쑤이수는 허난성河南省 동부에 있는데, 이 지역이 고대 하상夏商문화권에 속한다. 그래서 민간에서는 '飲睢水음휴수, 成睢人성휴인(쑤이수의 물을 마시고 쑤이 사람이 된다.)'라는 설도 있다.

이에 근거해 학자들은 '수서가 하상문화의 유산이자, 수족의 정신적 지주'라고도 하며, 한편으로 민간과 학술계에서는 '은인殷人후예설', '백월百越4]원류설', '쟝시江西이주설' 등을 주장하기도 한다.

지금까지 수족의 기원에 대한 연구 결과 비교적 일치된 결론은 수족은 고대 중국 남방의 백월족百越族의 일부인 낙월족駱越族이 점진적으로 발전한 단일민족이라는 것이다. 수족의 민간 가요도 이를 반영하고 있는데, '수족의 선조는 원래 용강邕江 유역의 빠쑤이산岜雖山 일대에 거주했었는데, 훗날 전쟁의 영향으로 고대 선민들이 용강邕江을 떠나 지금의 광시성廣西省 허츠시河池市와 난단南丹 일대의 얜롱강沿龍江을 거슬러 올라가, 다시 지금의 치앤黔(꾸이조우성貴州省)과 꾸이桂(광시성廣西省) 변경으로 옮겨 가게 되었다. 이때부터 낙월駱越의 본류로부터 분리되어 점차 단일민족으로 발전하게 되었다.'5]는 내용이다.

그러나 일반적으로 선진先秦 시기 이전은 사료史料가 충분하지 않다. 수족 또한 선진 이전 시기의 역사적 흔적은 마찬가지로 확실하지 않다. 그럼에도 수족의 문자가 우리에게 선진의 흔적을 보여주고 있다. 이는 수족 고문자의 기원을 선진 시기 이전으로까지 거슬러 올라가게 하며, 단일민족으로 정착한 이후 원시문자의 기초 위에 자신만의 독특한 문자를 만들었을 가능성을 인정케 한다. 그러나 차후 언급하겠지만, 단일민족으로 성립한 수족은 고유의 단일문자를 만드는 데에는 실패하였다. 주요 원인으로는 첫째, 정치적 멸시와 핍박. 둘째, 경제적 낙후. 셋째, 문화적인 폐쇄성 등을 들 수 있겠다.6]

허광위에何光岳의 『백월원류사』百越源流史7]에 근거하면 수족의

5] 『水族簡史』(貴州省民族出版社, 1985年, 6~91쪽), 韋宗林, 「水族古文字探源」(『貴州民族研究』, 2002年 第2期)의 165쪽에서 재인용.

6] 세부적으로는 ① 秦 이래의 민족적 핍박, ② 핍박으로부터 벗어나기 위한 이주와 그에 따른 고통 그리고 전쟁, ③ 전란을 피해 산간지역에 작은 단위로 거주해야 하는 연유로 인한 사회정치적 조직의 부재, ④ 경제적으로 발전하지 못한 낙후함과 대외적 폐쇄 등으로 설명할 수 있다.

7] 『百越源流史』(何光岳, 江西教育出版社, 1989年 12月), 95~104쪽 참조.

선조들은 은상殷商이 망한 후 중원으로부터 남쪽으로 이동하여
백월족百越族과 합류하였다고 하였는데, 자세히 보면 그 선민先民
인 뤄씨洛氏는 상商에게 멸망한 이후 일부는 핍박에 의해 남쪽
으로 이동하여 주周의 백성이 되었다. 그 후 춘추시기 초기에
허베이성湖北省의 샹양襄陽을 거쳐 후난성湖南省으로 흘러들어 갔
으며, 초楚나라 시기의 핍박에 다시 남쪽으로 이동하다가, 대략
전국戰國시기에는 광시성廣西省으로 옮긴 후, 백월百越의 지류가
되었다고 하였다.

洛(luò)뤄, 雒(luò, lè)뤄, 러, 駱(luò)루오는 세 글자가 서로 발
음상으로도 유사하며 이는 어떠한 친밀관계가 있음을 반영하
는 것이라 볼 수 있다. 때문에 만약 뤄씨洛氏가 낙월駱越의 선민
이라면 뤄씨洛氏와 상商은 동일한 시기에 주周에게 패망하였으
니, 이 점을 고려하면 수족은 최소한 고대 문명의 부족임에는
틀림이 없을 것이며, 이는 곧 수족 고문자를 그 문화의 유산으
로 볼 수 있는 근거가 된다.

또한, 40여 년 동안 고고학계에서 의문의 대상으로 여겨지
고 있던 하대夏代의 도편陶片에 새겨진 24개의 부호는 허난성河南
省과 관련이 있는 것으로만 여겨져 왔었는데, 수서와 관련한
언론의 보도가 있은 후 꾸이조우貴州省의 문서보관소가 이 부호
들을 변별할 수 있는 수서 자료를 제공하여 마침내 하대夏代 도
편陶片의 부호와 대응하는 십여 개의 부호를 찾을 수 있었다. 이
것은 수족 고문자가 하대夏代의 문화유물 부호와 일맥상통한
것이며, 하상夏商시기의 화하華夏민족 가운데 수족의 선조들이
포함되었다는 것을 알 수 있게 한다. 때문에 수서가 만들어진

지역도 초기에는 서북西北 일대였다가 북방北方에서 점차 쟝시江西로 전해지다가 다시 쟝시에서 구이조우성貴州省으로 옮겨진 것이라 볼 수 있다. 쟝시江西이주설의 내용이다.

그리고 쟝웨이강張爲綱 교수는『수족 원류 시탐』水族源流試探에서 '수족은 허난河南의 「스웨이」豕韋지역에서 발상發祥하였으며, 수족의 고문자는 갑골문, 금문과 유사할 뿐 아니라, 귀신을 숭배한 것도 은나라와 같음으로 인해 은의 유민임에 틀림이 없다.'고 하였다.

이렇게 본다면 수서는 그 창조 시기가 하상시대까지 거슬러 올라가게 되거나 그 이전의 시기까지 추정할 수 있으며, 수어水語 또한 고대 시기 한족과 수족 간의 교류로 인해서인지 71개나 되는 많은 성모聲母와 55~80개의 운모韻母[8]를 갖고 있을 정도로 간단·단순하지 않으며, 동시에 원시적이다.

---

[8] 水語는 漢藏語系, 壯侗語族, 侗水語支에 속한다. 그리고 壯語, 侗語, 布依語, 泰語 등 대부족의 聲母는 22~30개이며, 韻母는 80여 개다.

[9] 水書에는 普通水書(le kwa-白書)와 秘傳水書(le nam-黑書)의 두 종류가 있는데, 이 둘 사이에는 글자 모양이나 발음에는 차이가 없으며, 단지 글자의 뜻과 용법에 약간의 차이가 있다. 黑書에 있는 글자가 白書에 없는 것도 있다.

2. 水書의 意味와 水書의 內容

앞 1장에서도 간략히 언급했지만, 수족들은 수서를 '勒睢러쑤이' 혹은 '泐睢(le^{124}sui^{33}러쑤이)'라 한다. '勒러'와 '泐러'는 모두 '문자'나 '서적'의 의미이며 '睢쑤이'는 '수족水族'이라는 뜻이니, '泐/勒 of 睢' 혹은 'character of shui'로서, 결국 수족의 문자, 수족의 글, 즉 수서라는 의미이다.[9] 이때 '勒睢러쑤이' 혹은 '泐睢러쑤이'는 당연히 수서의 표기법이 아닌 한역漢譯한 명칭이며, 勒러와 泐러는 한어에서 명각銘刻, 전각(鐫 : 새길 전, 새기다, 끌, 송곳)刻,

각사刻寫의 의미이며, 현대한어에서는 사라졌지만 고한어에서
는 수륵手勒과 수륵手泐[10] 등의 용어가 있었다. 수서를 보통 수
족문자, 수문자, 수자水字라고도 하며, 이는 수족의 서적과 전적
을 일컫는 의미로 보면 타당하다. 한편, 일부 학자들은 수족의
언어는 수어水語, 문자는 수문水文 그리고 이 수문으로 기록된 수
족의 종교전적을 수서라 구분하기도 한다. 그러나 일반적으로
는 수서와 수문의 차이를 크게 두지 않기 때문에 필자도 그 기
준을 따른다.

수서水書와 수어水語는 서로 밀접한 관계가 있으며, 수서는 전
승되고 있는 수서초본水書抄本 이외에 수서사水書師라는 수서선생
을 통해 구전되는 지식과 습속을 결합해 해독해야 한다. 즉, 일
반 수족인들은 수서를 읽지도 못하며 그 내용도 알지 못한다
는 말이기도 하다. 이는 수서를 가르치는 교육시설이 없었기
도 하지만, 수서가 불완전하기 때문이며, 복합적인 역사적 과
정을 거쳤기 때문으로 볼 수 있다.

이를 두고 수서는 유형외재有形外在의 'hardware'적 요소와 무
형내재無形內在의 'software'적 요소의 두 가지로 이루어져 있다
고 한다. 전자는 수문자로 새겨진 수서 서적으로서, 이들은 수
족 선조들의 천문역법과 신앙문화, 민간지식이 복잡하게 기록
되어 있고, 후자는 앞에서 말한 수서사의 그것이다. 때문에 수
서는 독립적인 운용이 어려우며, 반드시 전수傳受와 해독解讀 그
리고 석의釋義에 의거해야 한다.

그렇다면 수서는 무슨 내용이며, 왜 기록되었을까?

[10] 고대의 書信용어로서, 手
書(친필 서신, 친필로 쓰다)
의 의미와 유사하다. 혹은 친
필로 쓰고 새긴 碑石을 일컫
기도 한다.

수서의 내용 역시 수족 자신들의 사상과 정신을 담고 있어서, 수족의 『역경』易經 혹은 『백과전서』라 불린다.

수서는 전설에 의하면 루두오공陸鐸公[11]이라는 사람이 창조했다고 한다. 꾸이조우성貴州省 두산현獨山縣 슈이안향水岩鄉 수동촌水東村 지역의 수족과 뿌이족布依族 사람들은 모두 뿌이어布依語와 수어水語를 사용해서 옛날의 민요를 불렀는데[12] 그러나 이는 대부분의 소수민족이 갖는 그들의 기원과 관련된 신화 혹은 전설일 따름이다. 하지만 이 전설 속의 수서 창제자는 수족의 보호 신으로 여겨지고 있다.

일반적으로 고대문자가 그러하듯이 수서 또한 본질적으로는 수족의 점술용으로 기록되었다. 즉, 점서占筮의 요구에 부응하며, 인사人事의 길흉 및 역사의 진행을 예측하고 태평성세에 대한 갈망을 기탁하기 위해 기록되었다고 할 수 있다. 즉, 일상생활에서는 사용하지 않고 수족의 무사巫師가 택일을 한다든가, 풍수지리를 볼 때 사용했다고 볼 수 있다. 그래서 수서는 일반적으로 점술용의 책으로 여긴다.

이상과 같은 배경으로 인해 학자들은 수서가 만들어진 시대를 하夏나라까지 올라갈 수 있을 뿐만 아니라 수서와 갑골문, 금문과 연관이 있음을 주장 혹은 인정하고 있다.

그러나 상형문자는 형形을 상象한 문자이다. 즉, 눈에 보이는 대상을 그려내는 것이기 때문에 자연 대상이나 인공 대상 모두 동일한 대상일 경우 그것을 그려낸 문자 또한 시대와 지역을 넘어 유사할 가능성을 배제할 수 없다. 다시 말해 갑골문과

11] 이때 公은 존칭을 나타냄.
12] 그 내용은 다음과 같다. "陸鐸公이라는 늙은이가 있는데 사계절 내내 산의 동굴 속에 사네, 푸른 돌판에 문자를 만들고 그 문자로 길흉을 헤아리네, 길일을 택해 모든 사람을 다 보내 직접 방을 만들 때를 기다리네, 책에는 이미 좋은 날이 없는데 어찌 동굴에 머무르지 않겠는가? 만약에 깊은 동굴이 어디에 있냐고 물으면 水岩과 水東에 있다네."

298

수서는 동일한 시대와 동일한 지역이 아니더라도 유사할 수 있다는 이야기이다. 설사 수족이 허난성河南省에서 기원하였다 하더라도, 그것을 은인殷人의 후손이라 단정하는 것은 갑골문 시기에 여러 부족들이 전쟁과 무역을 통해 갈등과 교류를 경험했다는 점도 고려해야 하기 때문이다. 즉, 타 지역에서 사용하고 있는 문자를 다른 어떤 지역에서 차용하여 사용할 가능성과 이때 그 발음도 함께 차용했을 가능성을 전혀 배제할 수 없다는 뜻이다.

이 문제에 대해서는 본 저서에서 다루어지는 갑골문, 동파문, 수서의 상형성 비교를 통해 어느 정도 밝혀질 것으로 기대한다. 그러나 그것들이 상형문자라는 렌즈를 통해 본다면 이는 필름에 투영되는 피사체의 모양은 결국 같을 수밖에 없어서, 이를 두고 당시 동일한 부족이 동일한 문자를 사용했다고 보는 것도 한계가 있다. 때문에 수문자에 대해 적절한 분석을 거치면 적절한 결론이 나올 것이다.

제2절 水書의 造字方法 : 自源字

현재 통용되고 있는 수서의 글자수에 대한 통계는 아직 확정되지 않았다고 보아야 한다. 물론 일상생활에서는 쓰이지 않고 주로 종교 활동에만 쓰인다. 글자수에 대한 연구결과를 보면 다음과 같다.

1986년에 출판된 『수족간사』水族簡史에서는 400여 개, 2004년에 출판된 『중국수족문화연구』中國水族文化研究에서는 500여 개의 글자가 있다고 보고되고 있다. 그런데 전문가가 열람한 2,000여 권의 수서 가운데 이체자는 주로 12지지地支, 춘하추동春夏秋冬, 천간天干, 구성九星[1] 등의 단자單字에서 집중적으로 발견되는데, 예를 들어 현재 '寅인, 卯묘' 등의 이체자는 각각 30여 개이다. 수족 고문자의 이체자에 대해 간단히 추측하여 각각의 단자마다 1개의 이체자가 있다고 계산하면 수문자水文字는 총 1,600개가 된다[2]고 하였다.

또한, 쟈이이장翟宜疆의 화동사범대학華東師範大學 박사 학위논문인 『수문의 조자체제연구』水文造字機制研究(2007)[3]에서는 자체적으로 「수문 상용자표」水文常用字表를 작성하였는데, 여기에 실린 글자 수는 이체자를 포함하여 1,049자이다.

그러나 꾸이조우성貴州省 싼뚜三都수족자치현 수족연구소가 편찬한 『수서 상용자전』水書常用字典(2007)에서는 식독識讀이 가능한 글자는 이체자를 제외하고 500여 개의 단자單字이며, 그 가운데 상용되는 468개를 수록하고 있으며, 이체자를 포함하

1] 고대 중국의 陰陽家에 의해 만들어진 것이다. 九星이란 一白·二黑·三碧·四綠·五黃·六白·七赤·八白·九紫 등 9개의 별인데, 이것을 木·火·土·金·水의 五行과 10干 12支에 배당해서 별마다 주인이 되는 해가 있게 하였다.

2] 班弨 著, 『中国的语言和文字』(广西教育出版社, 1995), 50~51쪽 참조.

3] 翟宜疆, 『水文造字机制研究』, 华东师范大学 博士學位論文, 2007.

면 모두 1,780개라고 하였다.[4]

이처럼 글자 수에 대한 통계가 일치하지 않을 뿐만 아니라 그 차이가 작지 않은 이유는 수서의 험난한 역정 때문이며 이 또한 그 방증이라 하겠다. 하지만, 수서는 수족의 일상생활에 밀접하게 작용하였으며, 현재는 보전상의 이유로 그 개수가 감소하였음은 분명하다.

수서의 가장 큰 특징은 상형문자와 유사해 사물의 형상을 묘사하고 있다는 점이다. 예를 들면 다음과 같이 새나 물고기 같은 것은 그대로 그림으로 나타내고 있다. 다시 말해 상형의 대상은 다양하다고 할 수 있는데, 주로 꽃, 새, 벌레, 어류 등의 자연세계의 사물뿐만 아니라 용과 같은 토템 등에도 적용되며, 아직도 상고문명의 정보가 보존되고 있다 할 수 있다.

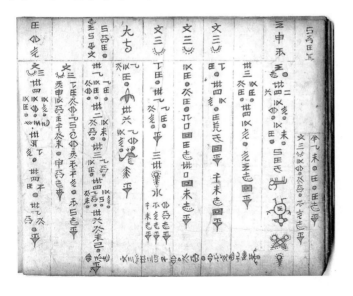

◁ 水書의 例 1

4] 이체자는 표제자와 함께 수록하고 있다.

그래서 수서는 갑골문과 금문의 고대부호와 유사하며, 수족의 고대 천문·민속·윤리·철학·미학·법학 등의 문화 정보를 기재하였기 때문에, 동파문자와 마찬가지로 상형문자의 살아 있는 화석으로 불린다. 그러나 수서는 몇 친 년이래 그 신비한 문자구조와 특수한 용도 때문에 일종의 핍박과 제한을 당한 문자가 되어 민간에서 힘들게 명맥을 유지하고 있다. 현재에도 수서를 사용하는 인구는 갈수록 감소하고 있다.

▷ 水書의 例 2

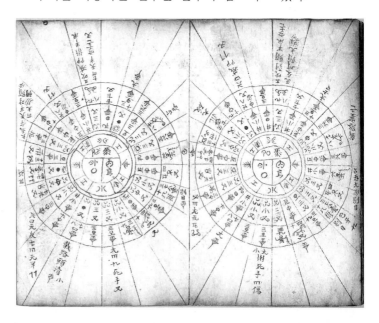

결국, 현재까지 볼 수 있는 수족 고문자는 구전되거나, 종이에 손으로 직접 베끼고, 수를 놓고, 비석에 새기고, 나무에 새기고, 도자기를 굽는 방법 등으로 전해 왔는데, 주로 손으로 직접 베껴 쓰거나 구전에 의해 지금까지 전해지고 있다.

이제 치앤난민족사범학원黔南民族師範學院 민족연구소 소속인 멍징춘蒙景村의 「"수서" 및 그 조자방법연구」"水書"及其造字方法研究(2005)[5], 샹하이교통대학上海交通大學 국제교육학원 소속인 쟈이이쟝翟宜疆의 「수문 상형자연구」水文象形字研究(2009)[6], 미국 Chicago대학 동아문화연구소 연구원인 천쓰陳思의 『수서의 비밀』水書揭秘(2010)[7], 수족으로서 꾸이조우貴州민족학원 부교수인 웨이종린韋宗林의 『남에게 넘어간 문명을 해독하다』釋讀旁落的文明 그리고 쟈이이쟝翟宜疆의 화동華東사범대학 박사 학위논문인 『수문의 조자체제연구』水文造字機制研究(2007)[8] 등을 참조하여 수서의 조자방법에 대해 기술하겠다.

이들의 연구성과는 대체로 수水문자를 자원자自源字[9], 차원자借源字, 병합자拼合字의 세 종류로 나누고 있다. 자원자는 수족이 자체적으로 창제한 문자를, 차원자는 수문에 차용된 한자의 변형 형체를 포함한 자부字符를, 병합자는 수족이 한자의 조자원리 및 방법을 터득한 후 한자 혹은 한자의 부건部件을 이용하여 자신의 문자에 이미 존재하는 자부 혹은 부건과 결합한 새로운 자형을 말한다.

그러나 무엇보다도 중요한 것은 수문자의 조자정황이 대단히 복잡하기 때문에 위와 같은 분류는 단순히 형식적인 분류와 귀납에 불과함을 간과해서는 안 된다는 점이다. 사실 수水문자 가운데 어떤 특정 자형은 어느 부류에 귀속시켜야 할지가 대단히 어려우며 향후의 심도 있는 전면적인 연구가 필요한 상황이다.

또한, 비록 위의 논의가 일정 정도 타당하긴 하나, 다소 개

5] 黔南民族师范学院学报, 2005年 第01期.

6] 『兰州学刊』, 2009年 第10期.

7] 陳思는 그의 저서 『水書揭秘』(2010)에서 韋宗林의 國家社科基金項目成果인 『釋讀旁落的文明』를 인용하여 수서의 조자방법을 요약하고 있다. 『水書揭秘』, 66~72쪽에서 재인용함.

8] 翟宜疆, 水文造字机制研究, 华东师范大学 博士學位論文, 2007.

9] 水族으로서 貴州民族学院 副教授인 韋宗林은 그의 연구성과인 『釋讀旁落的文明』에서 크게 1)自源文字 2)他源文字의 두 가지로 나누고 字源文字 안에 ①시간적으로 始初적인 문자, ②내용상 독창적인 문자, ③인식상 규칙적인 문자로 나누고 있다. 他源文字는 水族이 차용한 문자이므로 논외로 하고 있다.

인적인 기준에 치우치기 때문에 본 저서에서는 허신 이래 한자 및 동파문자 등 상형문자를 분석하는 전통적인 방법인 육서의 분석법을 이용할 것이다.

앞에서도 언급했지만, 자이이강翟宜疆은 그의 박사 학위논문인 『수문의 조자체제연구』(2007)에서 『수문 상용자표』水文常用字表에 근거하여 다음과 같은 분류 기준으로 글자수에 대한 통계를 내었다. 모두 이체자를 포함한 개수이다. 이 통계를 참조하여 분석하면 다음과 같다.[10]

구분1	구분2	개수	비율	비고
自源字	象形字	392자	63.74%	58.63% (총 수문자 1,049자 比)
	指事字	165자	26.83%	
	會意字	34자	5.52%	
	假借字	16자	2.60%	
	其他－義借	8자	1.30%	
합계		615자	99.99%	

* 이와 별도로 借源字는 37.1%, 拼合字는 3.4%, 기타 0.86%로 제시하였다.

본 저서에서 분석하는 대상은 우선적으로 전체 수문자 가운데 가장 많은 비중을 차지할 뿐 아니라, 상형성을 분석할 수 있는 가장 기본적인 대상인 자원자를 우선시하되, 차원자나 병합자도 수문자의 중요한 특징 가운데 하나이므로 이 역시 다음 항에서 다시 다루겠다.

10] 翟宜疆, 『水文造字机制研究』(华东师范大学 博士学位论文, 2007年), 24쪽 참조.

그러나 한 가지 분명히 짚고 넘어가야 할 사항이 있다. 즉,

위 통계가 수많은 기존 자료를 대상으로 얻어낸 비교적 타당한 결과라 할지라도 글자 수에서 각 저서나 연구자의 결과가 다르다는 점이다. 우선 개수의 다름에 대해서는 수문자에 대한 연구가 아직 확정단계에 이르지 않은 까닭을 그 이유로 들 수 있겠다. 또 육서의 기준에 의한 분류도 작지 않은 차이를 보이고 있다. 이는 육서가 기본적으로 갖는 경계의 모호함 때문이기도 하겠지만, 한자를 대상으로 한 기준을 부득이 수서라는 대상에 적용한 까닭이기도 하다. 또 각 학자들의 육서에 대한 정의와 경계에 대한 인식도 천차만별인 이유도 무시할 수 없다.

위와 같은 상황을 고려하면서 본 저서는 우선적으로 박사학위논문이자 비교적 최근의 자료인 쟈이이강의 자료를 우선으로 검토하되, 이 역시 타당하지 않거나 모순된 부분이 다소 보이기 때문에 참조 대상으로만 간주할 것이다.

1. 象形字

수서 고문자 가운데 가장 많은 비중을 차지하고 있으며, 동시에 자원자 가운데에서도 약 60%를 넘을 정도로 압도적이다.[11] 사실 상형문자라는 큰 틀 안에서 상형의 방식으로 만들어진 글자가 절반을 넘는다는 것은 그 문자가 상형을 넘어선 다음 단계로 전환하지 않은 채 초기 조자 당시의 상태로 머물러 있음을 의미하는 중요한 지표이다.[12] 즉, 허신이 말한 글

11] 수문자 전체에서는 약 30% 이상 정도를 차지하고 있다.

12] 象形은 漢字에서 이미 글자를 만드는 기본 요소로만 작용할 뿐 그것이 문자의 대부분을 이루지는 않고 있다. 鄭樵(1104~1162)가 중국 南宋 때에 완성한 紀傳體의 역사서인 『通志』에서 한자를 六書에 의해 다음과 같이 분류하였다.

種類	글자 수	비율	비고	
象形類	608자	2.5%	文의 단계 [象形·指事]	창조 원리
指事類	107자	0.4%		
會意類	740자	3.1%	字의 단계 [會意·形聲]	결합 원리
形聲類	21,810자	90.0%		
轉注類	372자	1.5%	운용 원리 [轉注·假借]	
假借類	598자	2.5%		
합계	24,235자	100%		

자를 만드는 1차 요소이자 독체자인 '文'문과 이차적으로 독체자를 중복시켜 글자를 만드는 합체자인 '字'자의 단계에서 수문자는 여전히 '文'문의 단계에 있는 것이다.

수서 상형자의 특징으로는 실체를 있는 그대로 묘사한 점이라 할 수 있는데, 실체 사물의 특징을 포착해서 간단한 선으로 나타내고 있다. 자세히 예를 들어보면 다음과 같다.[13]

1) 水書 象形字의 種類

① 天象천상 및 自然자연

② 동물

13] 이 저서에 나오는 水書의 자형은 대부분 『水書常用字典』의 자형을 스캔하여 인용하였음.

犬狗   虎

豹   猴

蛇   지렁이

거미   虫

魚   蝦

③ 식물

木   樹枝

花   草

果   이삭

④ 인체기관

臉   頭

口   耳

眼   鼻

腰

⑤ 人物

人   한 무리의 사람

夫   母

307

婦   子

⑥ 건축물 및 도구

家, 屋, 房   鈴

又 빗장   卓

棺   梯

刀   斧

鎌(낫)   弓

箭   倉

帚   筆

線   傘

⑦ 상상에 의거한 묘사

龍   怪物

天嘴鳥

⑧ 官印관인

2) 水書 象形字의 特徵

이상과 같은 예를 통해 다음과 같이 수서 상형자의 특징을

들 수 있다. 상형자는 우선 기본적으로 허신이 『설문해자』의
서문에서 문자의 기원에 관해 논하면서 '近取諸身근취제신, 遠取
諸物원치제물'이라 정의한 팔괘八卦와 동일한 선상에 있음을 전제
로 해야 한다.

　첫째, 사물 전체를 상형하거나 혹은 사물의 특성을 드러내
는 특정 부분만을 상형하는 방법이다. 이러한 정황은 동물 상
형자에 주로 보이며, 동일한 동물을 상형하는 경우에 나타난
다. 예를 들면 牛우의 경우 🐂 🐂 🐂 처럼 소의 전신을
상형하거나, 🐃 🐃 처럼 소의 머리를 상형하거나, 🐄 처럼 심
지어는 소의 뿔만을 상형하기도 한다. 사실 이러한 방법은 상
형문자의 간략화형이라고도 할 수 있으며, 동시에 상형문자로
서의 수서 역시 마찬가지로 그러한 특징을 갖고 있다고 할 수
있다. 이러한 일자이체一字二體의 정황과 부분으로 전체를 대신
하는 이러한 방법은 엄격히 말해 수문 상형자 가운데 충분한
발전을 이루지는 못하였다고 하겠다. 즉 대상의 일부를 변형
시키거나 혹은 확대·축소하여 특정 의미를 나타내는 데 실패
하였다는 뜻이다.

　이는 달리 말해 자형이 규범적이지 않다고도 할 수 있다. 즉,
수서 상형자는 그 자형에 있어서 통일된 기준이 있지 않고 현
저히 자의적이다. 이는 오히려 수서문자체계의 부호적 기초를
다지는 데 일조하였다. 그 이유는 수서선생의 소양과 관련이
있다. 수서선생은 아마도 자신만이 수문자를 읽고 쓰는 데 그
쳤을 뿐, 일반인들이 알 수 있도록 통일된 기준을 만들지 않았

기 때문으로 추정된다.

둘째, 수서 상형자는 복잡함과 간략함의 두 가지 특징이 공존하니, 전체적인 연변 과정으로 보자면 복잡함에서 간략함과 소박함으로 진행되었다고 할 수 있다. 도화의 관점으로 보자면 특히 수서 상형자는 동파문에 비해 대단히 조악한 수준이지만, 오히려 이 단순함이 사물의 핵심적인 특징을 간결하게 그려냈다고 보는 것이 더 타당할 것이다.

이는 달리 말해 독체獨體상형 뿐 아니라 합체合體상형도 공존한다고 할 수 있다. 독체상형이란 사물의 형상을 직접적으로 그려내는 것으로, 수서의 ☺ ☻ 臉뺨 검, Ɓ ⊃ 耳귀 이, ∂ ⌒ 鼻코 비, ⩗ ⌣ 口입 구, ∞ 眼눈 안 등과 같이 대상을 직접적으로 그려냈다. 합체상형은 사물의 의미와 관련되는 요소를 그려내는 것 이외에 또 그 사물과 상관되는 다른 사물을 함께 그려내는 것으로, 수서의 日날 일은 ⛤ ⛥ 처럼 태양 ⊕ 이외에 태양이 비추는 대지를 함께 그렸으며, 眼눈 안은 눈 ∞ 이외에 ⚘ 얼굴을 함께 그리고 있다. 사다리 ⛩도 사다리 井 자체 이외에 사다리가 처한 위치를 함께 그리고 있다.

셋째, 눈에 보이지 않는 상상의 대상도 상형화하였다. 예를 들어 ⚶ 천취조天嘴鳥 같은 경우는 한자의 龍용과 같이 상상의 동물을 상형한 것으로 상형이 반드시 눈에 보이는 것만을 대상으로 하지 않음을 보여주는 증거이다. 수문자에서 龍용은 ⚡

🐛 🐾, 괴물은 🐉 🐍 등이다. 즉, 위 수문 상형자의 분류 가운데 관인官印을 제외한 나머지 방법은 일반적인 상형자의 조자방법과 유사하다.

넷째, 관인官印은 수서 가운데 특히 유의할 만한 대상이다. 상형의 방식은 일반적으로 문자의 초기 단계에 사용되는 방식이므로, 이들 총 7개의 수서 관인 상형자가 존재한다는 것은 수서가 중원의 문화 가운데 인장 특히 관인의 영향을 받았으며, 그것을 문자 체계 안에 수용했음을 의미한다. 중국에서 관인은 한자가 정립되기 시작하는 진대秦代에서 시작되어 한자의 안정기라 할 수 있는 한대에 널리 사용되었다. 이는 문서제도의 시작 및 국가제도의 확립과도 연관되며, 인장은 곧 그 확립을 상징한다. 중국의 관인은 일반적으로 정방형이며, 수서의 관인은 부분적으로 변형은 있지만 대체로 중국의 관인과 유사하다.

관인이 수족 사이에서도 통용되게 된 이유에 대해 쟈이이강翟宜疆은 『수문의 조자체제연구』水文造字機制硏究(2007)와 「「수문 상형자연구」水文象形字硏究(2009)에서 당대唐代에 수족을 회유하기 위해 무수주撫水州를 설치함으로써 수족이 단일민족의 행정구역으로 확정되었고, 명대明代와 청대淸代에 걸쳐 시난西南지역의 소수민족에 대한 통치를 강화하기 위한 수단으로 한족을 장기간 유입시켜 수족과 통혼을 시키는 등의 조북정남調北征南·개토귀류改土歸流 정책의 영향이라고 하였다. 그 결과 수족은 중앙정부에 안정적으로 소속되게 되었으며, 결국 한족 정치문화의 영향으로 분석한 것이다. 이는 결과적으로 수서 상형자가 청대까지 자체적으로 글자를 만드는 방식 이외에 외부의 영향을 수용하여 조자하였음을 보여주는 방증이기도 하다.

다섯째, 상형은 문자를 만드는 가장 기초적이면서도 필수적인 방법이긴 하지만 상형이 기본적으로 갖는 의미 확장의 한계로 인해 수서 역시 다른 상형문자와 마찬가지로 사회구조가 복잡 다양해짐에 따라 늘어나는 어휘 확장의 요구를 제대로 수용할 수 없게 되었다. 그 결과 상형 이외의 조자방식인 회의 및 가차 등의 활용이 증가한 현상을 낳았다고 할 수 있다.

이는 다른 측면으로 보자면 수문 상형자의 발전이 비교적 더디었으며, 문자 수요의 요구를 적절히 충족시키지 못하였다는 의미이기도 하다. 물론 갑골문에서 시작된 한자도 상형 이외에 회의와 형성 등의 방법이 존재하지만, 이는 엄연히 상형을 핵심으로 한 상형의 역할을 극대화한 뛰어난 응용이다. 이에 반해 수서 상형자는 일차적인 상형 단계에 그치거나 그것을 일부나마 회의의 방법으로 활용하는 데에 머무르고 있다는 데에서 그 한계를 확인할 수 있다. 수서 자원자 가운데 상형자가 가장 많은 수량을 차지하고 있다는 것도 이를 반증한다. 이는 동시에 수문의 대부분 상형자는 차원자 이전에 형성되었음을 말하는 것이기도 한데, 차원자에는 수서의 다양한 사상체계가 반영되어 있기 때문이다.

여섯째, 수서 상형자에는 의미의 인신도 보인다. 인신이란

본래의 의미에서 의미가 확장되는 것을 말하는데, 이때 확장
되는 의미는 비록 새로운 것이긴 하지만 반드시 본래의 의미
와 연관되어야 함을 전제로 한다. 수서의 경우 예를 들면, ⬤

ᗇ 酒주는 단지의 모양인데 단지에 술을 담기 때문에 酒주의
의미로 확장된 글자 등이다. 이제 상형 이외의 수문자 조자 방
법을 살펴보겠다.

2. 指事字

일반적으로 한자의 지사자는 순수하게 선과 점 등 추상부호
로만 구성된 지사자와 상형부호가 첨가된 추상부호로 이루어
진 지사자의 두 가지로 나눈다. 수문자도 마찬가지인데, 예를
들면 다음과 같다.

1) 순수한 추상 부호의 指事字

이는 주로 숫자, 방향 등에 사용되는데 예를 들면 다음과 같
다.

숫자 ᅩ(一, ＼ : 一), ᅹ(二, ＼ : 二),

ᅭ(三, ∥, ＼ : 三)

방향 ⋈(◭, ▲ : 上), ✳(✳ : 中), ⋈(⋈, ⋈ : 下)

숫자와 방향 모두 이체자가 존재한다. 이체형이 모든 수문자에 존재한다는 것은 수문자의 독특한 특징 가운데 하나이지만, 이는 한자와 비슷한 모양임을 한눈에 알 수 있다. 비록 숫자는 일반적인 상형문자의 모양을 띠고 있지만, 上상·下하의 방향을 나타내는 글자는 한자의 山산에 선을 추가하여 방향을 나타냈음을 알 수 있다. 이때 이체형을 기준으로 삼는다면 이 경우는 순수추상지사자가 아닌 상형적 부호가 첨가된 지사자로 보아야 할 것이다. 엄밀히 따지면 숫자 1·2·3도 기준선인 '一'일에 점들을 숫자만큼 더한 모양으로 볼 수도 있다. 다시 말해 순수추상지사자를 엄밀히 구분하기란 쉽지 않으며, 큰 의미를 부여할 수도 없다.

2) 상형부호를 갖고 있는 指事字

이는 추상부호로만은 의미를 나타낼 수 없거나 또는 의미를 분명히 할 수 없을 때 사용되는 방법이다. 예를 들면 창고를 나타내는 龛자는 가옥을 나타내는 龕자의 아래에 ㅆㅆ을 더해서 곡식을 저장하는 장소를 나타내고 있다. 이때 이 점들은 많다는 의미이기도 하다. 또 제사를 나타내는 ﷺ, ﷺ, ﷺ, ﷺ자들은 모두 탁자를 나타내는 네모의 아래나 혹은 가운데와 주위에 ∞의 점들로 볼 수 있는 부호들이 더해져 제사를 의미하고 있다. ﷺ는 특별히 도사倒寫에 해당한다.

손자孫子에 해당하는 ⟨!⟩자는 강보에 쌓인 아이를 나타내는 ⟨I⟩ 모양과 그 아래에 점 •을 더했는데, 이때 점은 자식보다 더 아래 단계라는 의미이다. 이때의 점은 시간적인 의미를 나

314

타내는 지극히 추상적인 의미로서 지사자의 본래 의미에 대단히 적합하다.

그러나 육서의 분류는 사실 그 기준이 상당히 모호할 때가 많다. 지사자의 경우 이 점들을 '많다'라는 의미를 나타내거나 혹은 어떤 물건을 상징하는 추상부호로 본다면 이는 지사자에 해당하겠지만, 魚(창고)의 경우 아래의 점들을 곡식을 나타내는 상형 부호로 보거나, 豈(제사)의 경우 아래의 점들을 역시 제물을 나타내는 상형 부호로 본다면 이는 상형적 요소끼리 결합된 회의자에 해당하기 때문이다. 이는 한자의 경우도 예외가 아니다. 때문에 육서의 분류는 상형문자를 분석하는 기준 가운데 허신 이래 지금까지 자주 사용되는 방법의 하나일 뿐 절대적인 기준이 될 수 없음을 인식하여야 한다.

이 외에 수문 지사자의 특징을 든다면, 수문의 지사자는 수문 가운데 약 27%로서, 상형자의 64%에 비해 큰 비중을 차지하진 않지만, 한자와 비교하면 상당히 높은 비율이라는 점이다.

이는 한편으로 수문 가운데 지사자가 어느 정도 상용되는 조자방식이었음을 말하는 것이다. 또한, 수문의 지사자 조자방식이 비교적 빈번하게 사용되었다는 것은 수문 자원자의 조자방식이 이미 상형으로만 사용되는 단계를 벗어나 비교적 발달한 단계에 이르렀음을 의미한다. 그러나 전체 수문자의 자원자 가운데에서 상형자가 절반 이상을 차지하는 것 또한 아이러니이기도 하지만, 이는 상형자를 위주로 하되, 그것을 활용하는 방식이 지사의 방식이었다고 해석할 수 있겠다. 한자가 대부분 형성의 방식으로 변한 것과 큰 차이가 있다.

3. 會意字

수문 자원자 615자 가운데 회의자의 수량은 34개로서 5.5%에 그치고 있다. 그 조자 방법은 둘 혹은 둘 이상의 상형자가 조합하는 방식이다. 이 방법에는 두 가지가 있다.

첫째, 동일한 상형자 즉 의미부호를 조합하여 회의자를 구성하는 방법. 둘째, 동일하지 않은 의미의 상형자 즉 단자單字를 조합하여 회의자를 구성하는 방법이다. 첫 번째의 예를 들면, 중상重喪을 의미하는 圖자는 관棺을 의미하는 자를 두 개 중복하고 있으며, 또 오추귀五錘鬼를 의미하는 자는 추錘 자를 다섯 번 중복하여 회의의 방식으로 조자하였다. 두 번째의 예로는 토거土居 자를 들 수 있는데, 이는 사람에게 병을 옮겨 급기야는 죽음에 이르게 하는 가장 무서운 귀신인데, 사람을 거꾸로 그린 후 손발에 금선을 더하고, 배 사이의 점을 더했는데 이 점들은 독소를 의미한다. 또 귀사鬼師를 의미하는 자는 발아래에 요괴와 지산紙傘(종이 우산)이 더해져 있는데, 지산은 수족의 무덤 기호이다. 전체 자형은 귀사가 춤을 춰 요괴를 쫓아내며 죽은 자를 위로하는 모양의 회의자이다.

星 : 별빛이 대지 위에서 반짝이는 모양, 별과 대지의 결합.

井 : 흐르는 물과 구덩이의 결합.

坑 : 위를 향한 활 모양의 반원과 오목한 구덩이 아래의 공간의 결합.

屋 : 대문과 계단이 합쳐진 글자 등을 예로 들 수 있다.

時 : 이 글자를 옆으로 기울여 보면 ⱶ가 되는데, 좌변의 ┼과 우변의 ⱶ이 결합한 모양이다. 이때 우변에서 ┃는 측량대, ╱는 측량대가 햇빛 아래에 비춰진 그림자, 그리고 그 가운데의 점들은 시간의 흐름에 따라 달라지는 그림자의 길이를 나타내고 있다.

4. 假借字

가차는 기존 육서의 이론과 마찬가지로 기존의 글자를 차용하여 발음으로 활용하는 방식을 의미한다. 주로 28숙宿에 많이 사용되고 있다. 예를 들어 28개 별자리 가운데 하나인 규목랑奎木狼은 원래 狼랑을 의미하는데, 수서에서는 狼랑자 ⋔(laːŋ, 狼랑 및 凶흉의 의미)도 있지만, 소라모양 ⊚(laːŋ^{31})으로 대체해서 사용하고 있다. 이때 두 글자의 발음이 같다. 또 정숙井宿(정목안井木犴)은 犴안(낙타사슴, 엘크)을 의미하는데 수서에서는

[이미지]ŋaːn⁵⁵의 모양으로서 鵝(거위 아) [이미지]ŋaːn⁵⁵의 모양을 반서反書하고 있는 것 등이다.

그러나 이체형이 많은 수서의 상황을 고려하면 이는 한 글자의 모든 지형이 모두 가차의 기능을 하고 있지는 않고, 이체자 가운데 어느 하나에 해당한다. 예를 더 들면 다음과 같다.

[이미지] 男사내 남 (이체형 [이미지], [이미지]) mbaːn¹³ : 南 (이체형 [이미지]) naːm³¹

[이미지] 地땅 지 ti⁵⁵ : 代 ti⁵⁵ : 次 ti⁵⁵

[이미지] 糖사탕 당 taːŋ³¹ : 堂 taːŋ³¹

[이미지] : 六여섯 육 (이체형 [이미지], [이미지]) ljok³² : 祿 (이체형 [이미지], [이미지]) ljok³²

사실 가차자는 의미부호인 상형자를 음성부호로 활용했다는 점에서 그 중대한 의미를 찾아야 한다. 수문자가 상형·지사·회의 그리고 가차로 이루어졌다는 것은 의미의 확장 방법인 전주와 의미와 발음의 결합인 형성의 방법이 없다는 것인데, 전주는 사실 근원이 같은 글자로부터 그 의미가 불어나는 것을 말하기 때문에 굳이 따로 분류하지 않아도 전주의 기능은 찾을 수 있다. 중요한 것은 한자의 70% 이상으로서 한자 조자의 대부분을 차지하고 있는 형성자가 수문자에 거의 없으므로[14] 수문자는 비교적 원시 단계의 문자라 보아야 한다는 것이다.

[14] 사실 앞에서 제시한 수문 時 [이미지]의 경우 좌변의 ✛과 우변의 [이미지]이 결합한 형태라고 했는데, 이때 ✛은 時의 발음을 나타낸다고 보는 견해가 있다. 필자도 이에 전적으로 동의하나, 다만 수문 가운데 형성자로 이루어진 글자가 거의 보이지 않기 때문에 본 저술에서는 형성자를 따로 분류하지 않았다. 이에 대해서는 차후 보다 심층적인 논문의 형태로 발표할 예정이다.

그러나 이 가차, 즉 의미부호를 발음부호로 활용한다는 것은 비록 상형의 글자를 만들지 못한 한계에 기인하였을 수도 있다. 하지만 이는 그림으로 그려져 의미만을 나타내는 부호를 그 그림이나 의미와 전혀 상관없이 오로지 발음 기호로만 사용했다는, 상형자를 일종의 부호로 간주했다는 중요한 인식의 전환이다. 비록 수문자가 원시단계에 머무르고 있긴 하지만 이 가차자의 존재는 그것이 표의표음문자表意表音文字(=표어表語문자)의 초기 단계로 진입하였음을 의미하는 중요한 증거이다.

5. 反書

수문자의 일부는 그 모양이 한자를 응용하여 쓰고 있는데, 즉, 반사反寫(뒤집어 쓰기), 측사側寫(기울여 쓰기), 도사倒寫(거꾸로 쓰기) 등 심지어는 반도反倒가 함께 사용된 예도 있고 특히 많은 그림이 거꾸로 그려져 있다. 이 반서는 수족의 문자 구성 가운데 많은 부분을 차지하며, 이와 같은 이유 때문에 일부 한족은 수서水書를 아예 '반서反書' 혹은 '반사反寫'라고도 칭한다. 이는 수서 자체의 자부字符가 대단히 적어 수서의 실제를 반영할 수 없을 뿐만 아니라, 현재 수서를 인지하는 사람 역시 소수여서 결국 수서는 체계적인 문자체계라고 볼 수 없다는 이유 때문이다.

주로 수서의 천간, 지지, 숫자 등이 이러한 방법으로 만들어

졌다. 그 예는 다음과 같으며, 한자와 유사하기 때문에 고대한
자와 함께 비교하겠다. 단 이체자는 제외하되, 반서의 예에 적
합한 경우에는 이체자를 제시하겠다.

1) 反書의 水書

① 天干천간

水書	甲骨文	金文	小篆	漢字 의미
⼂	十	十	⊕	甲
Ր	⟍	⟍	⟍	乙
丙	丙	丙		丙
丁	口	●	个	丁
芋	戉	戉	戊	戊
S	⼄	己	己	己
庚	庚	庚	庚	庚
辛	辛	辛	辛	辛
壬	工	工	王	壬
癸	癸	癸	癸	癸

② 地支지지

水書	甲骨文	金文	小篆	漢字 의미
子	子	子	子	子

水書	甲骨文	金文	小篆	漢字 의미
				丑
				寅
				卯
				辰
				巳
				午
				未
				申
				酉
				戌
				亥

③ **數字**숫자

水書	漢字의미
	五
	七
	八
	九

2) 反書의 原因

① 水文字 本然의 異體性

엄밀히 말해 수서의 반서反書[15]가 있기 위해서는 정서正書가 있어야 한다. 설사 정서가 한자라 하더라도 이는 한자의 측면에서 보는 관점이다. 그러나 정작 수서水書 가운데 사용된 반서는 수량상 많은 것이 아니라 간지와 숫자에 사용되기 때문에 그 '빈도'가 높다고 할 수 있다. 이는 한편으로는 수서의 사상적인 측면과 관련이 있기 때문에 단순히 형체적인 면으로만 보아서는 안 된다는 중요성이 있다.

수족 민간에 전해지는 수문자에 대한 전설은 그 정도는 다르지만 모두 수족 고문자의 반사反寫와 도사倒寫에 대한 원인을 알 수 있게 해 준다. 그 내용을 보면 다음과 같다.

수족 문자는 루두오공陸鐸公 등 여섯 노인이 신선들이 사는 곳에서 6년 동안 각고의 노력 끝에 터득하여 마침내 러쑤이泐雖 (水文 혹은 水書)를 손에 넣어 죽편竹片과 천 조각 (포편布片)에 적어 돌아오게 되었는데, 나머지 다섯 노인은 모두 병사하고 루두오공만이 갖은 고생 끝에 무사히 집에 도착하게 되었다. 그러나 '아이런당哎任党'(水語의 의미로는 '생면부지의 사람')에게 러쑤이泐雖를 빼앗겨 버리자 루두오공은 오로지 기억에만 의지하여 떠오르는 글자들을 적어냈으나, 그 수량이 이미 완벽하지 않았다. 그 후 '아이런당哎任党'에게 다시 빼앗기지 않기 위해 루두오공은 일부러 왼손으로 글자를 써서 글자의 필획과 필체를 바꾸었는데, 이때 몇몇 글자들을 도사倒寫, 반사反寫 혹은 필획을 증감하는 방식으로 표기한 것이 지금의 수족문자로 전해지게 되었다.

15] 이하 反書의 원인에 대해서는 韋宗林의 「水族古文字 '反书'的成因」을 참조하고, 필자의 견해를 추가하여 기술하였다.

이 외에 수문과 관련된 다섯 가지의 전설 가운데 하나도 반서反書와 관련되어 있다. 그 내용은 다음과 같다.

선녀仙女와 수족인 따챠오大橋가 서로 사랑하여 나량러納良力를 낳았는데, 선녀는 따챠오가 손상된 수서를 공부하는 것을 보고 많은 책을 소장하고 있는 그녀의 부친 천황天皇에게 남편과 자식을 안고 천신天神의 궁전으로 갔다. 그곳에서 따챠오大橋는 처남인 쥬祝의 음해를 받았으나, 선녀의 도움으로 화를 면할 수 있었다. 첫 번째 음해는 쥬祝가 따챠오에게 독주를 주었으나, 따챠오는 혼자 먹을 수 없어 두 잔으로 나누어 두었는데, 나중에 따챠오와 쥬가 실수로 함께 마셔 모두 죽어버렸다. 선녀와 그 자식은 따챠오를 매장하였으나, 아무도 쥬祝는 매장하려 하지 않았기 때문에 결국 쥬는 맹독을 가진 모기로 변했다. 천황은 외손 나량러를 시험하여 그에게 천서天書를 전수코자 하였다. 나량러는 열심히 공부한 끝에 천서를 천하에 전파하고자 하였으나 모친인 선녀는 노쇠하여 그와 동행할 수 없었다. 그래서 모친은 나량러를 동아줄로 묶어 세상으로 내려 보내면서 지상에 도착하여 밧줄을 흔들면 그 밧줄을 끊겠다고 하였다. 그러나 지상으로부터 두 장丈 길이쯤 남았을 때 나량러는 외삼촌이 변한 맹독모기에게 물리자, 그 아픔에 손을 저어 모기를 잡으려다 밧줄이 몇 차례 흔들리게 되었다. 천상의 모친은 그가 지상에 내린 줄 알고 이내 밧줄을 끊었고, 이에 나량러는 공중에서 추락하게 되었다. 그 결과 등에 짊어진 책들을 떨어뜨려 잃어버렸고, 또 오른손은 불구가 되었다. 그는 결국 기억에 의거하여 장애를 입은 오른손(혹은 왼손)으로 수서를 반사反寫하여 인간에게 전파하였다.[16]

16] 瞿宜疆, 『水文造字机制研究』(12~13쪽)과 韋宗林, 「水族古文字'反书'的成因」(23쪽) 참조. 韋宗林은 『借書奔月』에 근거하여 納良力이 오른손이 부러져 왼손으로 기록하였다고 하였다.

이외에도 여러 민간 전설 등에서 유사한 이야기를 볼 수 있는데, 비록 전설이긴 하지만 다음과 같은 점에 유의할 만하다. ① 수족 문자는 고대의 어떤 진보된 부족과 연관되어 있다. ② 수족의 조상은 그들과 접촉이 있었던 부족과 충돌이 있었으며, 그 결과 문자에 손실을 입게 되었다.

결국, 반서反書는 이들 전설에 의하면 수족 자체의 의도된 결과가 아닌 외부적 충돌에 의해 야기된 결과물인 것이다.

사실 방형方形의 상형문자는 음성부호가 아닌 이상 사물을 보는 각도나 방향, 그리고 독체를 넘어 합체의 과정에서 좌우나 상·하의 방향이 바뀔 수 있는 개연성을 처음부터 담보하고 있다. 수족 문자도 중국의 고문자 특히 갑골문이나 금문의 흔적을 많이 보유하고 있는데, 수족 문자의 시작이 진에 의한 통일 이전이라면 이는 곧 당시 '거동궤·서동문'車同軌·書同文 정책에 의해 통일되지 않은 여러 제후국 문자들의 잔존일 수 있다.

결국, 제후국 혹은 부족 내부적으로 이체자가 이미 존재하고 있었으며, 이는 필연적인 과정인 것이다. 한편으로 이러한 정황으로 미루어 수족 문자의 연원은 중국 고문자인 갑골문과 깊은 연관이 있을 가능성이 충분하다고 할 수 있다. 그 후 수족 문자도 흥망성쇠를 거치고 수족의 사회·경제·문화적 연변과 함께 현재의 수문에 이르렀다고 보아야 한다.

또한, 이체자가 그 모양이 다름에도 불구하고 동일한 의미를 간직하면서 존재할 수 있는 근거는 그 구조적 특징이 변하지 않는 한 정사正寫나 반사反寫 모두 그 의미가 혼동되지 않는다는 상형문자 조자방식의 본연적 특징에 기인한다. 수족 고

문자라 해서 고한자와 다르지 않으며, 이는 사의성寫意性과 일통
성一統性이라는 모순이 줄곧 동일 선상에서 함께 해 온 고문자
발전의 일반적인 법칙이다.

다음의 예를 잠시 보자.

－ 갑골문과 금문의 이체성

年 : 갑골문 　　　금문

月 : 갑골문 　　　금문

日 : 갑골문 　　　금문

時 : 『설문해자』

－ 수문자의 이체성

年 : 　　　　月 :

日 : 　　　　時 :

卯 : 　　　　水 :

寅 : 　　　　戊 :

秋 :

앞에서도 말했듯이 고대 한자는 물론이고 수문자도 각 글자
들이 기본적인 형체를 유지하면서 반사反寫, 측사側寫 그리고 점

325

과 획을 더하거나 빼고 있음을 쉽게 알 수 있다.

또한, 수문자는 오랫동안 여러 제한에 의해 베끼거나 옮겨 적었기 때문에 통일된 각판刻版이 없으며, 이로 인해 자형의 이체가 필연적으로 많을 수밖에 없다는 데에서도 그 원인을 찾을 수 있다. 수문자의 모든 글자가 두 개에서 열 개 이상의 이체형을 가지고 있기 때문에, 이 반서反書 또한 이체의 하나로 보아야 한다. 특히 時시만을 『수서상용자전』에서 찾아보면 등 무려 23개나 수록되어 있다.

결과적으로 반서는 여타 고대 상형문자가 그러하듯이 수문자의 대단히 보편적인 현상이며 고문자의 일반적인 특성이라 하겠다.

결국, '반서'라는 용어는 한족이 자신들의 문자를 기준으로 하여 타민족 문자를 폄하하려는 다소 편협한 시각의 산물이라 하겠다.

② 오랜 핍박에 의한 민족적 저항의식

수문자의 반서의 원인을 논하면서 고문자 본연의 이체성만으로만 해석할 수 없는 성질이 있는데, 곧 고한자와 실질적으로 자형에 있어서 대립하는 현상이다. 예를 들어보면 다음과 같다.

漢字	⼳ (左)	⼐ (右)	甲	乙	丁	己	辛
水文	 ✕	 ✕	 ∠	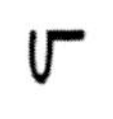 ⌐	 ⊤	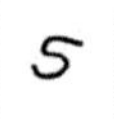 ⊆	 �𝕏

漢字	子	午	丑	未	辛	戌	五	七	九
水文	 丕	 古	 丑	 未	 𝕏	 天	 世	 十	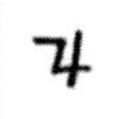 九

　특히 左좌·右우 같은 경우는 갑골문에서 그 방향에 따라 의미가 달라지기 때문에 그 방향을 엄격히 구분하고 있으며, 수서 또한 예외가 아니라는 점에서 주목할 만하다. 때문에 이는 결코 우연히 혹은 아무런 근거 없이 수서가 갑골문과 그 방향이 달라진 것이 아닐 것이다. 결국, 그 원인은 수족의 역사적 배경으로부터 살펴보아야 한다.

　앞의 '백월百越원류설'에서도 잠시 언급하였지만 수족은 백월족 가운데 '낙월駱越'의 일부가 번성하여 이루어진 단일민족임에도 진계秦系 민족으로부터 오랫동안 침략과 추방 등 억압을 당하면서 그들의 민족적 의식에는 당연히 역반응 혹은 저항의 의지가 배게 되었다. 특히 서동문 정책에 의한 진전秦篆(소전)으로의 문자 통일, 그리고 분서갱유에 의한 정치세력과 사상의 통일, 다시 말해 타민족 문자의 일률적인 사용금지 정책과 무력을 앞세운 타민족 문화의 말살 정책은 자신의 글과 문화

327

를 지키려는 고수固守심리와 타민족의 억압에 대한 배타排他심리
가 자연적으로 생겼을 것이며, 이러한 심리가 결과적으로 수
족으로 하여금 '반서'를 쓰게 하였을 것이다.

이는 상형문자의 보편적 특징인 이체자의 출현 배경과 엄연
히 다름으로써 다시 한 번 입증할 수 있다. 즉, 수문자 가운데
에서 진의 전서체의 흔적을 찾아볼 수 없으며, 대부분은 갑골
문의 서체와 가깝다. 이 외에도 한자의 서체 연변에 있어서 진
秦 이후의 서체인 해서체의 풍격이 많은 것도 이를 뒷받침하고
있다. 이는 수족들이 자신들의 문자가 진계秦系문자와 동일하게
되는 것을 원하지 않고 자신들의 선조를 숭배하고자 했던 연
유에서 비롯된 결과인 것이다.

③ 水文字의 신비적 색채

사실 고대문자, 특히 상형문자는 신비적인 색채를 떠나서는
문자가 성립될 수 없는 필연적인 배경을 갖고 있다. 다시 말해
그들이 숭배하는 샤머니즘적인 여러 신들과의 접촉을 통해 점
복·제사·전쟁·출산·경작 등 제반 사항들을 결정하였던 시기
에 그것들과 관련된 일을 기록하는 것은 당연히 샤머니즘적인
색채를 띠고 있으며, 그것을 배제하고서는 문자 자체가 성립
될 수 없다.

이는 고한자 뿐만 아니라 수문자도 마찬가지이다. 특히 수족
은 고래로 자신들의 경전인『수서』에 의해 혼인, 상장喪葬, 제사,
출행, 농사 등을 결정하여 왔기 때문에,『수서』는 정신적 지주
로서의 지위를 갖고 있다. 당연히 이러한『수서』의 신비감은『

수서』를 기록하고 있는 문자인 수서·수문자에 그대로 반영될 수밖에 없었을 것이다.

다시 말해 수서의 관념에는 신본神本의식이 농후하다고 할 수 있다. 이것은 수서를 만들 때의 지향점이 현묘한 이치 및 귀신과의 소통과 대화이기 때문으로서, 수서 전적 가운데에는 신의神儀 부호가 오랫동안 뒤섞여 있다. 예를 들면 아래는 年년에 해당하는 수서이다.

상단 수평선
중간수평선
중간수직선
하단 수평선

▶ 年자에 대한 해설 :
- 상단의 수평선은 도구刀具로 농작물을 수확함을 나타내며, 전년도의 수확기를 의미한다.
- 중간의 수평선은 한 해를 두 계절로 나눔을 나타낸다. 이는 고대의 수력水曆이 한 해를 겨울과 여름으로만 나눈 것에 기인한다.
- 중간의 수직선은 두 수확기의 사이를 나타내며, 한 해의 벼 경작기를 의미한다.
- 하단의 수평선은 도구刀具로 농작물을 수확함을 나타내며, 다음 해의 수확기를 의미한다.

위와 같이 수서의 年년은 농작물의 수확과 농기구 및 계절과 연관되어 있다. 동한의 허신도 『설문해자』에서 '年년'을 해석하기를 '곡식이 익은 것이다'[17]라고 하였다. 갑골문과 금문도 벼 이삭이 잘 익어 아래로 고개를 숙이고 있는 모양을 본떴다. 곡식이 익어 축하의식을 거행하는 것으로서, 이것을 한 해를 보낸다고 일컬었다. 그러나 이러한 '년'의 원래의 의미는 현재 이미 한어에서 소실되고 없다. 한족들이 해를 보내는 음력 섣달

17] 『說文·禾部』 年, 穀熟也 从禾千聲.

과 정월 초는 곡식이 익는 계절이 아니니, 계절과 '년'의 본의가 부합되지 않을 뿐 아니라 축하의식의 내용과도 관계가 없다.

또한, 수력水曆[18]에서 연말인 12월, 정월은 음력으로 8, 9월이다. 이때는 마침 수력에 있어서 연말과 정월이자 곡식이 익는 기간이다. 수족 사람들에게 이때는 묵은해를 보내며 새해를 맞이하고, 풍부한 수확을 축하하고, 선조들에게 제사를 지내고, 친척과 친구들을 접대하여 즐겁게 보내는 전통의 설(단절端節)이다. 고대에는 신년의 시작 달을 음력 정월이라 불렀고 음력 정월의 첫 번째 날을 정월 초하루라고 했는데 수족은 지금까지도 이와 같이 부르고 있다. 이처럼, 수족역법과 전통의 설은 신의神儀 부호와 함께 '년年'의 원래 의미를 가장 정확하게 해석하고 있는 것이다.

이러한 배경을 바탕으로 반서反書는 그 신비감을 더하는 작용을 할 수 있기 때문에 수서를 기록하는 무사巫師들은 의도적으로 반서를 사용했을 것이며, 그 결과 민족적 저항정신과 함께 수서의 반서의 원인이 되었다고 할 수 있다.

사실 수문자는 귀신과 관련된 일을 기록하고 있는 살아 있는 화석이며, 실제 생활에서 사람과 사람 간의 교류에 대해서는 거의 사용되지 않고 있다. 예를 들어 사람과 귀신은 상대적이며 상반되기 때문에 만약 사람이 정正이라면 귀신은 반反에 해당한다는 것을 수서에서 사람은 🧿, 귀신은 🧿 모양으로 표

18] 수족의 달력은 한족의 태양력의 순서를 거꾸로 계산한다. 예를 들면 水曆의 연말인 12월과 신년정월은 음력의 8, 9월이다.

기하고 있음을 통해서도 알 수 있다. 하나의 동일한 자체를 정
사正寫와 반사反寫의 형태 즉 반서로 표기하여 그 신비감을 더하
고 있는 것이다.

제3절 水書의 造字方法 : 借源字, 拼合字

　수문자는 주로 자원자自源字의 방식으로 이루어져 있다. 절반
을 넘는 양이나 조자 특징에서도 그렇다. 만약 그렇지 않다면
하나의 독립된 문자로 취급받지도 못했을 것이다.

　그러나 중국 대륙에 위치하면서 진대秦代부터 한족의 핍박을
받아온 수족은 자신들만의 문자를 그대로 고수하고 발전시켜
나가기엔 처음부터 쉽지 않았을 것이다. 결국, 약 37%에 해당
하는 차원자借源字, 즉 자신들이 직접 만들지 않고 다른 민족으
로부터 문자를 빌려 사용하는 방식의 글자들이 있을 수밖에
없었음을 우리는 인지해야 한다. 다른 민족의 문자는 다름 아
닌 한족의 한자이다.

　자원자와 차원자 및 병합자의 비율을 함께 보면 다음과 같
다.[1]

구분1	갯수	비율	비고
自源字	615자	58.63%	象形·指事·會意·假借 및 기타
借源字	389자	37.08%	
拼合字	36자	3.43%	
기타	9자	0.86%	
	1,049자	100%	

1] 翟宜疆, 『水文造字机制研究
』(华东师范大学　博士学位论
文, 2007年 10月), 73~80쪽
참조.

332

1. 借源字의 造字방법

수문자가 한자를 차용한 방법은 크게 세 가지로 나눌 수 있다.

첫째 한자의 형·음·의와 같거나 비슷한 차용, 둘째 한자의 형·음과 같거나 비슷한 차용, 셋째 한자의 형·의와 같거나 비슷한 차용 등이다. 자세히 살펴보면 다음과 같다.

첫 번째 방법은 한자의 원형을 그대로 차용한 것이라 할 수 있다. 주로 천간·지지와 숫자 등에서 보이는데, 자형을 보면 다음과 같다.[2]

天干 : 𢆉 𢆉(甲) 乙 乙(乙) 丙(丙) 丁(丁) 戊(戊)

己(己) 庚(庚) 辛(辛) 壬 壬(壬) 癸(癸)

地支 : 子(子) 丑(丑) 寅(寅) 卯(卯) 辰(辰) 巳(巳)

午(午) 未(未) 申(申) 酉(酉) 戌(戌) 亥(亥)

숫자 : 一(一) 二(二) 三(三) 田 四(四) 五(五)

六(六) 七(七))((八) 九(九) 十(十)

두 번째 방법은 앞의 반서反書에서 살펴보았듯이, 수서水書의 반서의 용도에서 비롯되었다고 할 수 있다. 즉, 한자의 모양을 차용하되 그 위치를 바꾸는 방식이다. 그러나 의미의 변화는 없다.

2] 이 경우 反書의 例字는 제외하였다.

天干 : ▲(甲) ⋃(乙) ┳(丁) ⅨⅩ(申)

地支 : ⟟(子) ⟟(丑) ⟟(午) ⟟(亥)

숫자 : ⟟ ⟟(五) ⟟(七) ⟟(八) ⟟(九)

세 번째 방법은 한자의 필획의 방향과 형태를 바꾸는 방식이다.

방향의 변형 : 开(天) ⟟(壬)

형태의 변형 : ⟟(力) ⟟(婦) ⟟(吉)

사실 이러한 차원자는 수서의 이체자와 큰 차이가 없다고 할 수 있다. 그러나 이체자는 한 개의 자형에 그 모양이 비슷하면서도 차이가 있는 여러 개의 자형이 존재한다는 것이고, 차원자는 그 근원과 유래를 분석한다는 측면에서 그 의미가 다르다. 다시 말해 차원자와 이체자는 별개의 문자가 아니라 동일한 문자이며, 우리가 바라보는 각도를 달리함에 따라 나뉜 분류라는 의미이며, 곧 차원자는 문자의 근원적 형태 연구이고, 이체자는 문자의 이차적 형태 연구이다.

또한, 차원자는 수족이 자체적으로 만들어 낸 자원자와 달리 수문자가 한자의 영향을 원하건 원하지 않든 간에 직간접적으로 영향을 받았음을 보여주는 증거이다.

2. 拼合字의 造字방법

병합자란 한자의 조자이념과 방법을 참고하여 한자와 수문자의 필획(부건)을 결합하는 방식을 말한다. 당연히 이렇게 만들어진 수문자는 기존 수문의 자원자와 차원자의 부분적인 특징을 동시에 갖고 있다.

즉, 수문 병합자는 수문자의 내부적인 고유성을 보호하고자 하는 욕구 그리고 수문자에 비해서 성숙한 외래문자의 충격을 부득불 수용해야 하는 상황에서 비롯된 필연적 선택의 산물이라고 할 수 있다.

그러나 그 수량은 자원자·차원자에 비해 그 비중이 약 3%로 대단히 낮다. 이는 한편으로 수족들이 한자의 영향을 수용하면서 동시에 자신들의 문자를 보호 내지는 한계를 극복하고자 하는 욕구가 적극적으로 반영되거나 그로 인해 수문자가 더 높은 단계로 진전되지 못하였음을 말하는 것이기도 하다. 병합자의 예를 들면 다음과 같다.

① 한자 + 한자 : 吠(口+犬, 獸)

② 한자 + 水文 : 𠀋 𠀋 𠀋(天+수문, 祖), 㛃(女+수문, 姑), 㛃(女+수문, 婦), 㛃(女+수문, 嫂), 㛃(女+수문, 妹) 특히 𠀋(祖)는 위의 𠀉 모양은 하늘로서 최고 및 최대의 의미를, 아래의 △ 모양은 사람들을 나타내어, 여러 사람들 가운데 가장 높은 사람이 조상이라는 의미를 나타내고 있다.[3]

③ 기타 : 𠀋(針)

[3] 그러나 𠀉을 母性 혹은 陰性으로, △를 男性 즉 陽性으로 보는 경우가 있는데, 그렇다면 이 경우는 회의자에 속한다.

이 수문의 병합자는 의미 부호의 병합이라는 차원에서 회의의 방법을 적극적으로 활용한 것이라 할 수 있다. 엄격히 말하자면 병합자는 회의의 방식이되, 그것을 다시 세분하여 수문자끼리 병합한 것이면 수문 자원자의 회의자로, 그렇지 않고 한자의 요소를 병합자의 부건으로 활용한 경우에는 병합자라는 기준으로 분류한 것임을 간과해서는 안 된다.

그런데 개념과 개념을 병합하는 방법보다 진보된 방법이라면 그것은 곧 형성의 방법일 것이다. 이 수문 병합자에서 형성의 가능성이 보이는데, 예를 들어 釜(sum[13], 針바늘 침)은 한자 金을 차용한 후 그 모양을 생략하여 성부로 사용한 것이다. 그러나 형부(의부)가 없기 때문에 완벽한 형성자가 되지 못하였다.

한자의 경우 'A독약讀若B(A의 발음 B처럼 읽는다.)'의 독약이나 종从A종从B(A는 성모, B는 운모와 성조의 결합)의 반절법反切法같은 발음을 기록한 수단이나 운서韻書가 있었다. 이 외에 『설문해자』의 해성자諧聲字 등 상고上古시기의 기초적인 음운자료나 중고中古시기의 여러 운서를 근거로 음운체계를 분석하고 있다.

그러나 수서의 경우 이런 자료들이 없이 오늘날 생존하고 있는 수서 선생 등의 발음에 근거하고 있다. 형성자가 극히 드물다고 단정하기 위해서는 성부에 대한 자료를 전제로 해야 하며, 학문적인 연구란 과학적인 방법에 근거해야 한다. 수서의 경우 자형의 분석이 그 방법이다. 또한, 수서는 한자의 모양을 변형시킨 글자들이 많다. 위의 예처럼 형성자의 가능성을 보여주는 글자를 분석함으로써 그 체계를 가늠할 수 있다.

결과적으로 비록 형성자의 단계로 들어서지는 못했지만 수문의 조자자들은 한자를 선택적으로 활용하여 동일한 기능의 부호로 사용하는 방법을 터득했음을 의미한다. 앞에서 예를 든 '姑시어미 고, 嫂형수 수, 妹누이 매' 등에서 '女여자 여'를 활용한 것이 그 예이다.

이는 동시에 한자의 연변 과정에서 형성자가 출연하게 되는 과정을 이해하게도 한다. 수문자도 충분한 시간과 한자와의 충돌이 없었더라면 형성자의 조자방법을 터득하고 조자했을 가능성이 충분하다고 할 수 있다.

337

제4절 甲骨文과의 比較

1. 水文과 古代漢字와의 연관

수족 수문자의 필사 방법은 상上에서 하下로, 좌左에서 우右로 그리고 횡橫·수竪·별撇·날捺·절折·구鉤 등을 모두 갖추고 있다. 기원전 13세기 은나라부터 그 시초가 보이는 갑골문과 그 뒤를 이은 주나라의 금문도 그러했다.

앞의 수족의 기원에서 살펴보았지만, 수족은 최소한 갑골문을 사용했던 사람들과 같은 시기에 살았을 것으로 추정된다. 그런데 글자를 보면 갑골문 및 금문과 근원을 같이 하면서도 더 원시적인 모양을 하고 있다.

예를 들어 갑골문과 금문은 한자의 人인을 각각 ?과 ?으로 상형하고 있는데, 수문은 🔆 🔆 🔆 등으로 나타내고 있다. 한자는 직립하며 두 손을 사용하는 인간의 특성을 드러내는 표의에 치중하였다면, 수문은 그에 비해 훨씬 사람을 회화적으로 그리고 있다. 동시에 고대한자는 수문에 비해 훨씬 간결하고 나아가 추상적이라고까지 할 수 있다. 결과적으로 갑골문과 금문의 '사람 ?'은 수문의 '사람 🔆'이 '진화'하는 과정으로 볼 수 있다.

다른 예를 더 들어보자.

字意	고대한자		水文
	甲骨文	金文	
豕, 猪			
鳥			
花			
곡식의 이삭	(年)		(穗)
牛			
家			
刀			
帚			

　굳이 설명이 필요 없을 정도로 수문은 갑골문이나 금문보다 훨씬 더 회화적임을 알 수 있다.

　특히 時시자를 보면 더욱 분명하다. 時시는 『설문해자』에 '四時也. 从日寺(之)聲.'이라고 하였는데, 갑골문과 금문에는 보이지 않는다. 그러나 수문의 時시 는 앞에서도 말했듯이 옆으로 기울여 보면 의 모양으로서, ＋과 이 결합한 모양인데, 또 모양으로도 쓴다. 이때 는 측량대, 는 측량대의 햇빛 아래 그림자, 그리고 그 가운데의 점들은 시간의 흐름에 따라 달라지는 그림자의 길이를 나타내고 있다고 하였다. 즉, 수문은 태양의 각도에 따라 달라지는 그림자의 길이를 점으로 나타내고 있으니, 이것은 고대인들이 막대기를 수직으로 땅에 세워놓고 그림자의 이동에 따라 하루의 시간을 재는 방법이다. 이렇게 시간을 재는 방법을 중국의 신화에 비추어보면 은상시기로부터 2000년 전인 요堯임금의 할아버지인 제곡고신帝嚳高辛[1]시대까지 기슬러 올라갈 수 있으며, 늦어도 요임금의 시기까지라고 볼 수 있다.

그런데 수문은 현재에도 여전히 회화적이다. 수문은 한자의 영향을 받았음에도 왜 한자처럼 간결한 모양으로 변하지 않았을까? 소위 진보와 정체의 면에서 본다면 한자는 진보하였고 수문은 정체되었다. 이는 아마도 수문은 한자의 영향을 흡수하려는 욕구가 아니라 거부하는 차원에서 부득불 수용했기 때문이며, 동시에 그 수량이 많지 않은 수문의 입장에서는 한자를 본래의 그대로가 아닌 반서의 형태로 수용하면서 자신들의 입장을 반영하였기 때문이라 생각된다.

2. 水文과 古代文化遺跡과의 비교

또 다른 예로 샨시성陝西省의 시안西安 빤포半坡문화유적을 들 수 있다. 이 유적지에서 발굴된 도기陶器 즉 토기에 새겨진 의문의 부호, 혹은 한자의 전신이라 추정되는 부호들이 수문과 연관되어 있다는 주장이다.

1] 중국의 五帝의 한 사람으로서 黃帝의 曾孫이며, 堯의 할아버지라고도 전해진다. 黃帝의 손자인 顓頊(전욱)을 보좌하여 그 공으로 亭땅에 봉하였다가 다시 전욱의 뒤를 이어서 亳(박)에 都邑하였으므로 高辛氏라 일컫는다.

西安 半坡 遺址의 圓形가옥 복원도　　　西安 半坡 遺址의 陶器 파편과 부호들

이 시안 빤포 유적지는 신석기 시대 양샤오仰韶의 채도彩陶문화의 전형적인 모습을 간직하고 있는데, 양샤오문화는 그 시기를 기원전 5000~기원전 3000년으로 추정하고 있다. 여기에서 출토된 도기에는 20~30여 개의 부호들이 새겨져 있다.

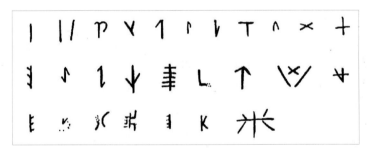

◁ 西安 半坡 陶紋 符號
高明, 『中国古文字学通論』
(北京大学出版社, 1996) 2
8쪽 참조

그리고 양샤오문화의 다른 도편 부호들을 보면 다음과 같다.

341

▷ 半坡博物館·陝西省考古
研究所·臨潼博物館, 『
姜寨－新石器時代遺址
発掘報告』(文物出版社,
1988) 참조.

그런데 이들 부호들에 대해 수문자 전문가와 수서선생이 수문자와의 대조를 통해 몇몇 글자들이 수문자와 동일하다는 조사결과를 발표했다.2] 특히 허난성河南省 이앤스시偃師市의 얼리토우二里頭 유적에서 출토된 24개 부호 가운데 약 20개가 지금의 수족문자를 전승한 것이라고 하였다.3]

▷ 二里頭 遺址의 商代 24
개 陶紋 符號

▷▷ 二里頭 遺址 陶紋 모
음

2] 2003년 12월, 荔波縣 檔案
局(문서관리부)와 水家學會
는 수문자 전공 학자와 수서
선생을 조직하여 약 1,000권
의 水書를 조사하였다. 그 가
운데 하나인 江蘇省의 민간
수집가인 凌씨가 소장하고
있는 10개의 부호는 北宋 초
기 河南省 臨汝窯에서 발굴

그러나 이들 토기에 새겨진 문양들이 수문의 모양과 다소 유사하더라도 그것들은 'ㅡ, 二, 三, M, ×, ↑, 十, ∧' 등으로 간단한 숫자 부호로 보는 것이 현재의 일반적 해석이다. 이 부호들은 아마 당시 도기를 만든 도공을 나타내는 표시나 지역 등을 새긴 일종의 기사記事부호, 혹은 그릇의 용량을 표시한 부호로 추정하고 있다. 즉, 이들 부호들이 의미하는 바가 정확히 무엇인지에 대해서 학계에서는 아직까지 이렇다 할 정설을 내놓지 못한 상태라고 할 수 있다. 특히 이들 부호들은 고정적인 독음과 의미가 있는 어소語素라고 인정할 수 없기 때문에 문자의 단계에 진입하지 못한 원시문자의 형태라고 보는 것이 타당하다.

다만, 이들 고대문화 유적지에서 발굴된 부호들의 의미를 해석하려는 시도는 반드시 필요하며, 그것이 수문과 직접적인 연관이 있기 위해서는 앞에서 제시했던 수문으로의 역문 이외에 보다 더 많은 연관이 있는 자료들이 제시되어야 할 것으로 생각한다. 또한, 고대에 문자가 아직 정연하게 정립되지 않았을 당시, 어떤 의미를 가진 부호, 특히 숫자를 새긴 부호라면 더더욱 유사할 가능성이 클 수밖에 없음을 간과해서는 안 된다.

하지만 수문자가 고대, 그러니까 갑골문이 만들어진 시기보다 이른 시기의 문양과 일치한다는 것은 수문자의 발생 연대를 가늠케 하는 중요한 자료임에는 틀림이 없음도 무시해서는 안 될 것이다.

된 八蓮瓣 陶瓷碗(8조 연꽃무늬 도자그릇)인데, 이 10개의 부호가 놀랍게도 수족문자라고 밝혔다. 이 부호는 水書의 역문으로 '七一 金方 未乙 子甲 大旺时'이며, 그 의미는 '甲子年 金秋 夏历 九月(水历一月) 乙未日 大旺(丑)時'라고 하였다. (「水文是一种比甲骨文更早的远古文字」, 蔣南华·林静·蒙育民, 『贵州师范学院学报』, 2011年 04期, 4~5쪽 참조.)
3] 『中国古文字学通論』(高明, 北京大学出版社, 1996년) 30쪽 참조.

제9장 沙巴文과 象形文字

제1절 爾蘇人과 沙巴文

쓰촨성四川省 깐뤄현甘洛縣의 깊은 산속에 깃들어 살면서 스스로를 백인白人으로 여기는 부족이 있다. 그들은 목숨을 걸고 스스로의 근원을 외부에 발설하지 않는다고 한다.

ersu man   ersu girl   aged-ersu-people

△
사진은
南網(http://www.yunnan.cn/)에서
인용하였음.

스스로를 이소인爾蘇人으로 부르는 그들은 자신만의 독특한 상형문자를 가지고 있다. 사파문沙巴文이다. 이 문자는 납서족納西族의 동파문자東巴文字와 함께 중국에서 발견된 두 개의 도화圖畵 문자 중 하나이다. 19세기 말엽에 세상에 알려진 납서족의 동파문은 현재까지 많은 연구가 진행된 상태이나, 사파문沙巴文에 대한 연구는 상대적·절대적으로 아직 초보적인 수준에 머무르고 있다.

   이 사파문沙巴文은 중국 쓰촨성四川省 서부에서 사용되고 있는 상형문자이다. 사파沙巴는[1] 이소인들의 종교사宗敎師가 점복서占卜書를 필사하는 데 사용되는데, 전하는 바에 의하면 원래 10여 종의 서적이 있었다고 하나 현재는 다섯 종에 불과하다.

   그 내용은 역사, 종교, 천상天象, 역법曆法, 의약, 언어에 두루 걸쳐있으나, 아쉽게도 문헌이 많이 남아있지 않으며 심지어 이소인 자신들도 접하기 어렵다고 한다.

△
머리에는 위엄스런 모자를, 얼굴에는 가면을 쓰고, 손에는 법기를 들고 있는 爾蘇의 沙巴. 즉 종교사이다.
사진은 南網(http://www.yunnan.cn/)에서 인용하였음.

1. 爾蘇人

   이소인은 자칭 「e˧su˩」라고 부르며, 구칭舊稱 혹 통칭通稱으로는 시판西番 혹은 판족番族이라 불리는데, 장족藏族에 속한다. 그러나 중국의 56개 민족에 그 이름이 없는 신비스러운 민족이다.

   생활습속 역시 장족과는 거리가 멀며, 신앙도 장족 불교와는 달리 거석巨石이나 백석白石 그리고 그들의 조상이라 여기는 두견새를 숭배하는 원시적인 종교를 믿고 있다.

1] 싸빠(萨巴)라고도 표기하는데 한자로 음역한 차이일 뿐 의미와는 관련이 없다.

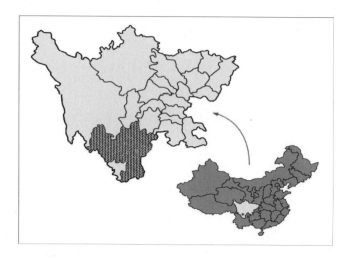

▷ 四川省과 涼山彝族
自治州 (사선 부분)

2] 冕寧 東部地區에서는 'do¹
cu¹(多續의 발음)로, 九龍·木
裏 및 冕寧 西部地區에서는
li¹zu¹(栗蘇의 발음)로, 甘洛·
越西·漢源에서는 e⁴¹su¹(爾蘇
의 발음) 혹은 pu¹e⁴¹z₁¹(布
爾茲의 발음)로도 부르는데,
pu¹e⁴¹z₁¹e⁴¹su¹(布爾茲爾蘇의
발음)라 합쳐서 부를 때도
있다. 그리고 石棉에서는 lu¹
su¹(魯蘇의 발음)라고 자신
들을 부른다.
3] 孫宏開, 「尔苏抄巴文」, 『中
国民族古文字图录』(中国社会
科学出版社,   1990년),
225~226쪽.

주요 분포지역은 쓰촨성四川省으로서 량산 이족涼山 彝族 자치주
自治州의 깐뤄甘洛·위에시越西·멘닝冕寧·무리木裏와 야안雅安지구의
스맨石棉·한웬漢源 및 깐쯔甘孜 장족자치주藏族自治州의 지우룽九龍
등의 현縣지역에 해당한다. 인구는 대략 2만 명이나, 그 분포
지역이 다양하여 각 지역마다 자신을 부르는 명칭이 다양하
다.2] 그러나 여러 가지의 이 명칭은 방음의 차이일 뿐 그 의미
는 모두 '白人'이다.

2. 沙巴文

이 사파문沙巴文에 대한 연구는 그 시작이 오래되지 않다.
1980년대에 세상에 처음 알려졌으며, 본격적인 연구물로는
쑨훙카이孫宏開의 「이소사파문」爾蘇抄巴文(1990)3], 「이소 사파문의

성질에 대한 시론」試論爾蘇沙巴文字的性質(1993)[4], 왕웬루王元鹿의 「이
소 사파문자의 특징 및 비교문학상의 인식가치」爾蘇沙巴文字的特征
及其在較文字學上的認識價値(1990)[5]및 니시다 타츠오西田龍雄의 『한자
문명권의 사고지도』漢字文明圈的思考地圖(1984)[6] 등이 있다.

이들 연구의 성과는 이소 사파문은 겨우 200 여개의 단체자
單體字로 이루어져 있는 초기 단계의 상형문자로서 문자의 형체
와 그것들이 대표하는 사물과 명확히 일치하나, 고정적인 필
순과 서사 격식은 가지고 있지 않다는 것을 밝혀냈다. 또한 여
러 글자들이 합쳐져 복잡한 도형으로 만들어질 때 이 문자는
그 복잡한 의미를 완벽히 표현해 내지는 못하며, 사파沙巴 즉 종
교사의 의미 해석이 필요하다는 것이다. 특이한 사항은 이 사
파문의 점복서占卜書는 홍紅·황黃·람藍·녹綠·백白·흑黑의 여섯 가
지 색깔로 이루어져 있는데, 각각의 색깔은 고유의 의미를 가
지고 있으며, 바로 이 점이 문자로서의 도화적圖畵的인 성질을
두드러지게 나타내는 것으로 파악하고 있는 정도이다.

사파문은 앞에서도 말했듯이 지금의 쓰촨성四川省의 일부 지
역에서 사용되는 상형문자이며, 장면어족藏緬語族 강어지羌語支의
이소어爾蘇語로 알려져 있다. 그러면서도 방언의 갈래는 다양하
여 서로 의사소통이 어려운 상황이다.

이소인爾蘇人은 한자를 사용하나, 일부 학교의 교사들은 이문
彝文[7]을 사용하며, 해방 전 일부는 장문藏文을 배우기도 했다.
중국사회과학원中國社會科學院 민족과 인류학 연구소民族學與人類學研究
所의 쑨홍카이孫宏開 교수팀이 1980년 경 과거 종교 활동에 종

4] 孫宏開,「试论尔苏沙巴文字
的性质」,『中国民族古文字研
究』(第2集, 天津古籍出版社,
1993년), 204~213쪽.
5] 『华东师范大学学报』(1990
年 第6期).
6] 大日本印刷株式会社에서 1
984年에 출간.
7] 夷字, 과두문蝌蚪文, 라라
문倮倮文이라고도 부르며, 彝
族이 자신들의 언어를 기록
하는 데 사용하는 문자이다.
여러 갈래의 이문이 있는데,
현재는 규범적인 이문으로
凉山规范彝文과 云南规范彝
文이 있다. 때문에 일부 이소
인 교사들은 이 彝文을 사용
할 것이다. 異族은 중국 서남
지부에 거주하는 인구 776만
(2000년)의 소수민족이다.

사했던 사파沙巴로부터 입수한 채색이 된 도화문자 자료에 의하면, 그 자료에는 이소민족에 대한 소개와 사파 도화문자 경서經書로 구성되어 있는데 수십 종이었다고 한다.

그러나 이소 사파문이 언제부터 시삭되었는가는 기록이 없으며, 민간의 전설도 제각각이어서 그 기원이 십여 세대 혹은 수십 세대라거나 심지어는 제갈량과의 전투에서 패하면서 대부분의 경서가 사라졌다는 이야기까지 있을 정도이다.

제2절 沙巴文의 특징

이소인은 사파문을 ndza^{33}ra^{33}ma^{33}(紮拉瑪 쟈라마)라고 부른다. 사파문은 손으로 기록한 것만 있으며, 죽필竹筆이나 짐승의 털을 여러 색깔의 염료에 묻혀서 쓰는데, 홍·황·남·백·흑·녹의 여섯 가지 색이다. 예를 들면 별과 달을 흑색으로 그린 것은 '선명하지 않거나 어두움'을 나타내며, 백색으로 그린 것은 '밝음'을 나타내서 길상여의吉祥如意의 의미로 인신된다.

1. 沙巴文 單體字

사파문은 문자의 역사상 가장 원시적인 문자라 할 수 있다. 즉, 문자를 이루는 서사부호나 도형부호는 상징적인 부호 내지는 약정부호로써 하나의 문단(語段)이 이루어지며, 도형에 있어서도 단어를 구분하지 않은 채 섞여서 사용이 된다. 이러한 문자는 문자화文字畵와 약정부호로 이루어진다.

그렇기 때문에 사파문은 언어를 정확히 기록할 수 없을 뿐 아니라 이소인들 자신이 사용하는 단어와 일대일 대응이 되지도 않는다. 문자를 쓰는 순서 또한 일정하지 않으며, 문자 부호의 수량도 언어를 기록하기에 필요한 단어의 수요에 크게 미치지 못한다.

음절音節의 특징을 보면, 사파문은 하나의 음절로 된 ʐu^{33}

(□ 상자)가 있는가 하면, 두 개의 음절로 된 $va^{11}ts a^{11}$ (⌘ 귀신)도 있다. 한편, 상서로운 별 무리를 뜻하는 ⌘는 $ji^{33}z_1^{11}nua^{33}pu^{33}$ 라는 네 개의 음절로 이루어져 있기도 하다.

부호의 특징을 보면, 사파문은 도화적 특징이 강해서 아예 도화문자라 불러도 손색이 없을 정도로 부호가 나타내는 특징을 대략적으로 추측해야 한다. 글자의 크기나 폭도 일정하지 않고 임의적이다.

단순하게 사파문자의 특색을 말하자면 사파문은 원시적 표의단계의 문자로서 부호화의 정도가 아직은 미흡한 초기문자적 특징을 보여주고 있다 하겠다.

사파문의 몇 가지 자형을 예로 들어보자.

① ⌘ $hk\varepsilon^{11}nua^{11}$: 가죽 부대, 자루.[1]

② ⌘ $htua^{33}k'u^{11}$: 화염이 활활 타는 모양.

③ ▭ $t\varepsilon i33pa^{11}$: 도마 혹은 크고 두터운 나무 판.

④ ⌘ $nt\int'o^{33}pa^{33}$: 음식이 놓여있는 식판.

⑤ ⌒ dzi^{11} : 다리橋.

⑥ ⌘ $va^{11}ts a^{11}$: 노예가 변한 귀신.

⑦ ⌘ $ja^{33}wa^{33}$: 손을 닮은 (종교 의식에 사용하는) 법기法器.

⑧ □ $z u^{33}$: 요괴를 가둘 수 있는 상자.

⑨ ⌘ $\eta ua \lrcorner^{33}$: 소(牛).

[1] 다시 말하지만, 발음은 IPA(International Phonetic Alphabet), 즉 국제음성기로 표기하였으며, 그 옆 오른쪽 위 귀퉁이의 숫자는 성조이다. 11은 높은 음이 이어지는 성조, 33은 중간 음이 이어지는 성조이다.

⑩ vu^{11}ts'ua^{11} : 도끼.

⑪ sa^{11}ti^{11}pu^{33}nba^{33} : 술을 담는 용도의 꽃 장식 항아리.

⑫ hto^{11}tʂɛ^{11} : 종교사가 법사를 집행할 때 물건을 바치는 용도의 삼각형 선반.

⑬ ʑɿ^{11}ka^{33}tsa^{11} : 삼거리.

⑭ tsua^{33}ja^{11} : 시체를 드는 들것.

⑮ p'ɛ^{33}ngu^{11} : 가재도구, 생활 용기.

⑯ ə^{11}bɛ^{33} : 흰 소라, 법사를 집행하는 도구.

⑰ psɿ^{11}ma^{11} : 개구리 혹은 두꺼비.

⑱ o^{11}ma^{11} : 태양.

⑲ ɬa^{11}pɛ^{11} : 달.

⑳ nda^{33}ma^{11} : 화살.

㉑ nk'ua^{11}ji^{11} : 갈고리, 고리.

㉒ tʂɿ^{11} : 별.

㉓ ba^{33}p'u^{33} : 방패, 법사를 집행하는 도구.

㉔ np'o^{11}pa^{11} : (종교 의식에 사용하는) 법기法器.

㉕ si^{11}pu^{11}t'ɛ^{33}hkɛ^{11} : 나무가 바람에 의해 부러짐.

㉖ si^{11}psɿ^{11} : 상수리나무의 잎.

㉗ tsa^{11} : 손잡이가 달린 도자 항아리, 술을 담는 용도.

㉘ ʑo^{33}m̩^{11}dzɿ^{11} : 귀신을 나타내는 기호.

②   ts'i^{33}nʧʻa^{11} : 보검, 보도寶刀.

③   ji^{33}ʐɿ^{11}nuɑ^{33}pu^{33} : 상서로운 별 무리.

이상 30개의 사파자는 모두 단체자單體字즉, 단독으로 이루어지는 글자들인데, 이들이 실제 사용될 때에는 이야기책의 그림처럼 한 화폭에 여러 개의 단체자가 함께 표현된다.

△ 사파문 전승자인 楊德隆씨가 『虐曼史達』를 쓰고 있다.
▷ 『虐曼史達』의 일부.
사진은 南網(http://www.yunnan.cn/)에서 인용하였음.

2. 沙巴文 圖畫

다음 그림은 『虐曼史答학만사답』(o^{11}ma^{11}ʂɿ^{11}ta^{11}오마스다)로서, 사파문의 경서經書이며, 제9폭이다. 그러나 그림이 아니라 문자이다.

이 그림의 의미는 직역하면 '태양을 보다', 혹은 '날짜를 보다'의 의미이나, 실제로는 일종의 천상을 점치는 역법曆法의 경서이다.

이를 풀어쓰면 다음과 같다.

"正月月白九個日, 狗日子, 火屬一天, 霧地下有天亮不亮, 雲一股升起, 寶刀一把出現, 法器一個出現天, 日子好一天, 陶罐一個出現星星, 二個死, 一個出現, 太陽不好一天, 太歲地下有一天."

우리말로 옮겨보면 다음과 같다.

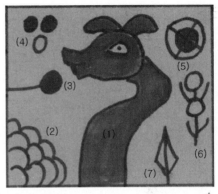

△
『虐曼史答』(omaʂta), 사파문의 경서 제9폭

"정월正月 초아흐레初九날은 개狗에 속하는데 이 날은 화일火日이다. 이른 새벽 지하에는 안개가 끼고 날이 밝을 무렵 한 줄기의 구름이 일어난 후, 보도 한 자루와 법기 한 개가 출현하니, 이 날 오전은 매우 좋은 날이다. 정오부터 두 별이 장차 스러지려하고 단 하나의 별만이 빛이 남아 있으며, 태양은 이상한 조짐이 나타나니, 판단컨대 지하에 태세신太歲神이 있으니, 일을 시작하지 않는 것이 좋겠다."

다시 그림 안에 표시한 (번호)를 대입해 풀어 해석하면 다음과 같다.

"그림 가운데의 (1) 개(狗)의 머리는 해당 날이 개에 속함을 의미하며, 개의 몸은 홍색紅色인 것은 해당 날이 금목수화토金木水火土 오행五行의 '화'火[2]임을 의미한다. 이소인들은 관습적으로 한 달 가운데 앞의 보름은 ɬa¹¹ə¹¹[스라얼] 즉 '흰 달'月白을, 뒤의 보름은 ɬa¹¹nuɑ¹¹[스라누아] 즉 '검은 달'月黑이라 칭한다.

그림의 좌하左下 모퉁이의 (2) xə¹¹zu³³[셔얼쮜]는 해당 날의 이른 새벽에 안개가 있음을 의미하는데, 만약 그림의 우하右下 모퉁이에 이것이 있다면 이는 늦은 밤에 안개가 있음을 의미한다.

2] 사파 도화문자에서 다섯 가지의 색깔은 五行을 의미하는데, 黃色은 土, 白色은 金, 綠色은 木, 藍色은 水, 紅色은 火를 대표한다.

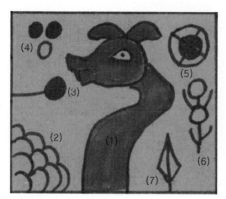

△
『虐曼史笤』(omaʂıta),
사파문의 경서 제9폭
(해석의 편의를 위해
동일한 그림을 중복
게재함)

3] 위 단체자

㉗ ──○ tsɑ¹¹ (손잡이가
달린 도자 항아리, 술을 담는
용도)에 해당함.

4] 위 단체자

㉔ ⬇ npʻo¹¹pa¹¹ (종교 의
식에 사용하는 法器)에 해당
함.

5] 위 단체자

㉙ ⬇ tsʻi³³nʧˠa¹¹ (보검, 寶
刀)에 해당함.

6] 이상 문장의 번역은 「尔苏
沙巴图画文字」(孙宏开, 『民族
语文』,1982年 06期.)를 참
조하였음.

(3) tsɑ¹¹[짜]는 손잡이가 달린 도자 항아리3]
인데, 그림에서는 홍색으로 칠해져 있으며, 이
항아리는 술을 담는 그릇으로서 해당 날에 술을
마실 가능성이 있음을 의미할 뿐 아니라 동시에
해당 날이 다른 날에 비해 좋은 날인 것도 암시
하고 있다.

그림 左上의 (4) 세 개의 별 tʂı¹¹[즈]는 가운
데 두 개는 흑색인데, 이 별은 이미 죽어 빛을
내지 않으며, 나머지 한 개의 별은 白色으로서 아직 빛을 발하
고 있음을 의미한다.

右上의 (5) o¹¹ma¹¹[오마]는 태양인데, 가운데의 ×는 족쇄가
채워져 있음을 의미하며, 이로 인해 날씨가 좋지 않음도 암시
하고 있다.

그러나 다행히 운 좋게 해당 날은 요괴를 진압하는 (6)
npʻo¹¹pa¹¹[느포빠] 법기법기4]와 (7) tsʻi³³nʧˠa¹¹[츠느취아] 보도寶刀5]
가 있어서 하루 종일 큰 의외의 사건은 일어나지 않았음을 의
미한다.6]

이처럼 사파문은 일곱 개의 글자로 하나의 긴 이야기를 이
루는 형태로 이루어져 있다. 즉, 고정적인 순서가 없이 순환식
고리 형태의 순서로 읽어야 한다.

사파문의 그림이 아닌 문자로서의 특징은 다음과 같다.

① 각 상황이나 그림 가운데 동일한 객관적 사물을 표시할
때 비록 필획이 다소 차이가 나는 것을 허용할 수는 있어도,

그 서사 형체는 기본적으로 동일하다. 또한 형체와 의미는 고정적이다.

② 사파문 경서는 비록 종교사인 사파만이 이해할 수 있으나, 각지에 흩어져있는 종교사가 사용하는 여러 사파문 경서는 동일한 객관적 사물을 표시하는 사파자로 이루어져 있으며, 그 형체나 독법은 대체적으로 일치한다. 이는 사파문이 언어적 사회성과 약종속성의 서법 내지는 독해 규칙을 가지고 있음을 의미하며, 동시에 개인이 임의로 창작한 것은 아님을 의미한다.

③ 임의적으로 견물화물見物畵物하지는 않는다. 사파문은 그 창조가 시작된 이래 1949년 중화인민공화국의 건립 전에 멈추었으며, 그 발전은 속도가 완만하다. 단체자의 자수는 비록 정식 통계는 아니지만 대략 200여개이다.

그러나 리우오한劉堯漢(추슝이족문화연구소楚雄彝族文化研究所) 및 송쟈오린宋兆麟(국가박물관國家博物館 연구원) 등에 의하면 사파문의 기본자는 100여개이며, 변체자變體字를 더하면 수백 개라고 하였다.[7]

3. 沙巴文 字素[8]

'자소'字素(Grapheme)는[9] 리푸李圃의 『갑골문 문자학』甲骨文文字学(1995)과 기타 사전적 정의에 의하면 '낱글자'로 이해할 수 있다. 즉, 어떤 언어의 문자 체계에서 의미상 구별할 수 있는 가

7] 이 부분은 朱建军의 「符号学角度的文字分类研究」(『中国海洋大学学报』, 2010年)에서 참조한 刘尧汉·宋兆麟·严汝娴·杨光才의 「一部罕见的象形文历书-耳苏人的原始文字」(1981)와 宋兆麟의 「耳苏人的图画巫经」(2003)을 재인용·참조하였음.

8] 이 「2. 沙巴文 字素」는 郑飞洲의 「尔苏沙巴文字字素研究」(『中文自学指导』, 2002年 04期)를 인용하여 재정리하였음.

9] 字素와 아래의 字級에 관한 정의는 중국의 문자학자인 李圃 의 『甲骨文文字学』(学林出版社, 1995)을 참조하였음.

장 작은 단위를 가리킨다. 그래서 '문자소'文字素라고 부르기도 한다. 하나 또는 둘 이상의 문자가 결합한 것이다. 더 쉽게 말하면 글자는 발음과 의미의 결합체인데, 이때 발음은 의미를 변별할 수 있어야 하고, 그 발음과 의미를 갖는 형체가 곧 자소이다. '음위'音位라고도 하는 '음소'音素와 무관하지 않다.

한 문자의 체계적 규모를 추산할 때 자소라는 최소 변별단위의 개수로서 판단할 수 있다. 이것이 변형되면 안 된다. 즉 의미의 최소단위를 상실하기 때문이다. 예를 들어 음소 /p/를 표시하는 데 사용되는 pin의 p, hopping의 pp, hiccough의 gh는 모두 한 자소의 구성원이다. 한자의 경우 통상적으로 자형字形으로 계산하는데, 상형과 지사 즉 문자文字에서 문文은 한 개의 문자로 이루어진 근원자소에, 회의와 형성 즉 자字는 두 개의 문자가 결합한 파생자소에 해당된다. 한자는 자소의 개수가 대략 1,000개이다.

1) 沙巴文 字素의 성질

정페이조우鄭飛洲는 「이소 사파문자 자소연구」爾蘇沙巴文字字素研究 (2002)에서 사파문의 자소를 아래와 같이 39개로 설정했다.

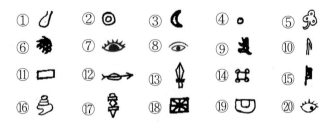

이 자소들은 모두 단독적으로 사파문을 이루는 능력을 갖추고 있다. 단, 갑골문자와 비교하면 대단히 적은 수이다.[10]

이들 개별 사파문의 자소도 일정한 조자방법에 의해 기타 자소와 함께 혹은 동일 자소가 중복 출현하는 방식으로 문자를 이룬다. 예를 들면 다음과 같다.

ᜱ – 식품

밀가루로 만든 빵 같은 형상의 이것은 이소인들이 선조나 신령에게 제사를 지낼 때 사용하는 식품이다. 하나의 자소가 단독으로 구성된 글자이다. ▭은 목판木板 즉 '음식을 담아 나르는 작은 그릇'이며, 역시 하나의 자소가 단독으로 글자를 이룬다. 반면 ᜱ는 음식의 받침대食品盤로서 이소인이 목판 위에 음식을 놓아두었음을 나타내는 글자로서, ᜱ과 ▭의 두 자소가 합쳐지는 방식에 의해 만들어졌다.

⊙ – 별

동그라미의 이 모양은 별의 상형으로서, 하나의 자소이다. 반면, ⁊⊙⊙⊙⊙(六排星, 여섯 개의 별이 나란히 늘어선 별)과 ⁊⁊(북두칠성) 등은

10] 李圃는 그의 저서 『甲骨文文字學』(學林出版社, 1995)에서 갑골문자 가운데 독립적으로 글자를 이루는 자소는 약 238라고 추정하였다.

두 개 이상 여러 개의 동일한 자소로 만들어진 글자이다.

이처럼 두 개 혹은 두 개 이상의 자소로 이루어진 소위 '복소자'複素字[11]는 사파문 가운데 극히 드물다. 복소자를 구성하는 각 자소는 주로 '상위'上位 층면 즉 다른 자소의 조합보다 먼저 해석되는 역할로서 다른 자소와 함께 위치한다. 즉, 각 자소가 복소자의 조자 과정에 참여하는 과정에서 시종일관 모두 상대적으로 독립적인 단일 구조형식으로써 각각 어소음의적語素音義的 역할을 한다는 뜻이다. 이들은 모두 '고정성固定性(=은성穩性) 자소'[12]로서 새롭게 조합하거나 조자에 재참여하는 능력이 없다.

반면, 원래의 두 개 혹은 두 개 이상의 穩性자소가 임시적으로 조합하여 이루어내는 자소는 '활동성活動性(=活性) 자소'라 한다. 활동성 자소가 많다는 것은 문자의 조자능력이 풍부하다는 것인데, 현존하는 사파문 중에 이 활동성 자소는 발견되지 않고 있다. 이는 사파문의 자소 조합능력이 대단히 미약하다는 것을 의미하며, 심지어 동파문자보다 현저히 떨어진다.

동파문과 비교해보면 동파문 자소간의 관계가 비교적 단일적이다. 즉, 각 자소는 왕왕 동일한 층면에 위치하나, 그 가운데 활동성 자소의 존재가 부족하지 않다.

예를 들어 앞의 제7장 제2절 東巴文의 造字方法 및 特徵-⑤ 形聲에서 보았듯이 (æ²¹, 鷄 닭의 생략형)는 동파문자에서 하나의 글자를 이루는 자소인데, 다시 다른 하나의 자소로 이루어진 독소자獨素字인 (æ²¹, 岩 바위)와 공동으로

11] 複素字의 상대적인 개념은 獨素字, 즉 하나의 자소로 이루어진 자소이다.

12] 鄭飛洲는 그의 논문에서 穩性字素라 하였으나, 필자는 해독의 편의를 위하여 고정성 자소라 번역하였다. 아래의 活性字素 또한 활동성 자소라 번역한다.

[그림]($æ^{21}$, 岩, 이때 [그림]는 聲符)자를 이룬다. 이때 자소 [그림] 와 [그림]가 공동으로 상위 층면에 위치하면서 어소語素의 음의音 義를 따로따로 나타내고 있는데, 이들은 모두 고정성 자소이다. 그러나 [그림]($æ^{21}k'o^{33}$, 岩穴 바위 굴)라는 글자는 의부인 바위 의 자형과 성부인 [그림]$k'o^{33}$(角)의 소리를 결합하여 바위에 구멍 이 생겨 만들어진 동굴을 나타내고 있다. 이때 [그림]는 성부聲符와 의부義符의 역할을 겸하고 있다. 더 세밀히 풀어 보면, [그림]와 [그림]가 먼저 임시로 하나의 활동성 자소인 [그림]를 만든 이후 상위 층면에서 [그림]와 함께 [그림]가 구현하는 어소의 음의를 나 타낸다.

다시 말해 소위 '상위'上位란 두 개 이상의 자소가 결합된 복 소자가 다른 하나의 자소보다 그 뜻이 앞선다는 의미이다.

또 다른 예를 들어보겠다.

동파문의 '모녀'母女라는 의미의 [그림]($ə^{21}me^{33}mi^{45}$)는 '여자' 라는 의미의 고정성 자소 [그림](mi^{45}, 女)와 '어미'라는 의미의 활동성 자소 [그림]($ə^{21}me^{33}$, 母)가 공동으로 결합된 글자이다. 상위층면에 속한 활동성 자소 [그림](母)는 또 [그림](女)와 자음雌陰 (여성)의 의미를 나타내며 동시에 성부의 역할을 하고 있는 [그림] (me^{33})라는 두 개의 고정성 자소가 임시조합의 형식으로 구성 되어 있다.

동파문에는 또 두 개의 활동성 자소를 갖고 있는 글자가 있다. 예를 들면, '친척'이라는 의미의 ▨($ts'a^{21}$)는 모족母族의 의미의 ▨($k'o^{21}$, 母族)와 성부의 역할을 하고 있는 ▨($ts'a^{55}$, 咬)라는 두 개의 활동성 자소가 공동으로 상위층면에서 음의를 나타내고 있다. 동시에 이 두 개의 활동성 자소의 내부에는 심층의 결합구조를 볼 수 있다. 즉, ▨($k'o^{21}$, 母族)는 '사람'의 의미인 ▨(ei^{33}, 人)와 '울타리'라는 의미의 ▨($k'o^{21}$, 柵)가 임시로 결합하는 구조이며, ▨($ts'a^{55}$, 咬)는 또한 사람의 '입'을 나타내는 ▨($k'u^{33}$, 口)와 성부의 역할을 하고 있는 ▨($ts'e^{33}$, 鹽)가 임시로 결합된 구조이다.

이처럼 문자발전이 원시단계에 머무르고 있는 동파문자도 활동성 자소가 아직 발달하지 않은 상태이다. 그러나 이상의 예로써 동파문자의 조자 방법은 사파문에 비해 월등히 발전된 상태임을 알 수 있다.

2) 沙巴文 字綴의 기능

조자의 구성 성분에는 자소字素 이외에 '자철'字綴이 있는데, 이 자철은 사파문에도 보인다.

자철의 의미 또한 리푸李圃(1995)에 의하면 조자 과정에서 별음別音과 별의別義의 추가 성분이 더해지는 것이다. 이 추가 성분은 사물 및 사물 간의 관계에 의해 생성되는 일종의 허구적 의미일 뿐 실질적 의미는 아니다.

그래서 사파문의 자철도 갑골문자와 마찬가지로 '형음의가 일치하는 특성이 없으며, 더욱이 단독으로는 새로운 글자(新字)를 만들지 못한다. 다만, 자소에 더해져 원 자소의 음의를 바꾸어 새로운 글자를 만들 뿐이다.

예를 들면 다음과 같다.

⊗자는 자소 ◎에 자철 ✕를 더해 칼이 더해진 태양을 나타내 상서롭지 못함을 의미한다.

☺자는 자소 ◎의 가운데를 생략하고 다시 자철 ∵를 더해 미소 짓는 태양을 의미한다.

◉자도 자소 ◎의 가운데를 생략하고 다시 자철 〰를 더해 햇볕이 강렬함을 의미한다.

즉, 자철 ✕, ∵, 〰은 ◎자가 각각 ⊗, ☺, ◉자로 나뉘어져서 이로부터 다른 語素의 의미를 만들어내는 작용을 한다.

예를 더 들어보겠다.

☰자는 자소 ☐(木板)에 자철 ━가 더해진 새로운 글자로서 목판이 파열되었음을 나타내며, 파괴 혹은 찢어지거나 갈라짐을 의미한다. 자철 ━의 활용은 ☐자를 변하게 해서 원래 글자의 의미인 ☰과 구별된다.

⊠자는 자소 ☒(그릇)에 자철 ✳를 더해 구성된 새로운 글자로서, 술을 담는 꽃 장식 항아리를 나타내는데, ✳의 활용도 ☒의 의미에 변화를 발생시킨다.

　이상 각 글자들에 보이는 자철은 모두 형음의가 일치하지 않으며, 또한 독립적으로 글자가 되지도 못한다. 사파문의 자철도 여타 문자의 자철과 마찬가지로 추상적인 부호이며, 이는 글자를 만들 당시 복잡한 상황을 표현해야 하는 수요에서 발생하였을 것이다.

　그러나 사파문 자철의 개수는 갑골문이나 동파문에 미치지 못한다. 이는 사파문의 발생 시기에 그들의 추상적 사유능력이 아직 발달하지 못했으며, 결국 그로 인해 사파문의 자소 조자능력이 발달하지 못한 원인으로 작용했을 것이다.

　이외에 사파문의 자소는 그 변체變體가 다양하다는 특징을 들 수 있다. 예를 들어 '태양'은 ◉ 이외에 가운데를 메운 ◉의 형체가 있으며, '나무 고리'는 ℓ, ∫, ♪ 등의 형체가, '깃발'은 ⊦, ⊦, ⊢, ⊦, ⊦ 등의 형체가 있다. 또한 몇몇 자소의 형체는 혼동하기 쉬울 정도로 그 모양이 대단히 유사하기도 한데, 예를 들면 ☀(集會), ☜(추방당한 귀신)과 ☜(향로) 및 ⌒(교각)과 ☽(明月) 등이다. 이러한 현상은 사파문의 자소가 그다지 안정되지 못하다는 의미이며, 문자가 성숙하지 않다는 특징이기도 하다.

　요컨대, 사파문의 자소는 형음의가 일치하는 최소의 조자 단위이며, 독립적으로 글자를 만드는 능력이 있으나, 이들 자소는 모두 고정성 자소로서 그 수량과 조자능력은 동파문이나

364

갑골문에는 크게 미치지 못하다. 아울러 사파문 자철은 비록 새로운 글자(新字)를 만드는 역할과 별음別音 및 별의別義의 측면에서 홀시할 수 없는 작용이 있기는 하나, 그 수량은 대단히 적으며 오히려 자소가 더 큰 기능을 하지 못하도록 제한하기도 한다.

4. 沙巴文의 造字방법과 表詞方式

사파문의 조자방법은 사파문 자소의 성질 및 그 조합관계의 총괄이라는 기초 위에서 자소가 신자를 구성하는 방식의 서술을 통해 분석할 수 있다. 전통적 표사방식과 비교하면 자소의 조자방식의 분석이 새로운 글자를 만드는 방식을 더욱 분명히 설명할 수 있다. 그러나 사파문의 표사방식은 사파문이 갖는 독특한 특징으로부터 분석해야만 그 표사방식을 설명할 수 있다. 조자방식과 표사방식은 상호의존적이기 때문이다.

사파문의 표사방식은 상형象形, 지사指事, 회의會意와 의차義借 등이다.

1) 獨素 造字
① 象形

독소조자獨素造字 방법이란 하나의 자소가 독립적으로 새로운 글자를 만드는 방법을 의미한다. 사파문의 절대다수 글자가 이 방식으로 이루어진다. 독소조자의 자소는 항상 '상위'上位에 위치하며, 직접적으로 어소語素의 음의音義를 나타낸다.

이 자소字素는 객관사물의 직접적인 묘사로 이루어지며, 자소의 형체가 때로는 사물의 선체를 형상하거나, 사물의 일부를 취하기도 한다. 예를 들면,)❂((개구리)는 개구리를 위에서 내려다보는 형상이며, ⟩━━→(화살)은 화살촉, 화살대와 화살 꼬리의 세 부분으로 이루어져 있고, 朱(소)는 소의 머리로 소 전체를 대표하고 있는 것 등이다. 이렇게 독소조자방법으로 이루어진 글자들을 '단소자'單素字라고 한다.

사파문 단소자의 표사방식은 상형이 주를 이루며, 이 방식으로 기록한 것들은 대부분 명사다. 이들 상형자는 여타 고대 상형자의 조자방법 뿐만 아니라 그 자형 및 자의 또한 유사하다. 이는 인류가 사물에 대한 사유방식이 동일하기 때문이다.

② 義借

독소獨素조자로 만들어지는 사파문의 또 다른 표사방식은 의차義借이다. 의차란 '이미 만들어져 있는 형체를 차용하여 또 다른 의미 및 그와 유관한 단어를 기록하는 방법'이다.

사파문 가운데 이 의차로 이루어진 것들은 일반적으로 동사와 형용사 등이다.

예를 들면, ❤(집회)는 한 쪽 눈의 형상인데, 사파문에서는 '집회'나 '회의의 개최'를 의미한다. 즉, 강연자에게 시선을 집중하는 여러 사람의 치켜세운 속눈썹과 크게 뜬 눈으로 '회의의 개최'를 나타내고 있다.

👁도 한 쪽 눈의 형상이나, 사파문에서는 '바람'이나 '정신이상증세'를 의미한다. 이는 바람에 날리는 모래 즉 풍사風砂가 눈을 파고 들어오거나 또는 그래서 시신경이 비정상적인 상태를 차용하여 '정신이상상태'를 나타낸 것이다.

✋는 한 쪽 손의 형상인데, 사파문에서는 의식衣食이 충분한 '부유'의 의미로 쓰인다. 즉, 재산은 노동에 의지하고 노동은 손을 떠날 수 없기에, 손이 있다는 것이 곧 부유의 원천이기 때문이다.

🪝는 나무로 만든 갈고리의 형상이나, 사파문에서는 '수렵의 획득물이 풍족함'을 의미한다. 나무 갈고리는 이소인들이 사냥한 동물을 걸어놓는 용도이기 때문에 생겼다.

의차는 고로古老한 표사방식이어서 이러한 방식이 상당수를 차지하는 것이 당연하겠으나, 사파문에서는 뜻밖에 위의 몇 가지 예만 보인다. 사실 글자의 형체로 보자면 이들은 상형과 조금도 다르지 않다. 그러나 자형이 나타내는 의미로 보자면 의차와 상형은 다르다. 즉, 상형자의 자형은 기록하고자 하는 단어의 모양을 직접적으로 표시하면서 자형을 통해 그 의미를 드러내고 있는 반면, 의차자는 간접적으로 그 의미를 나타낸다. 즉, 자형으로만은 그 차용된 의미를 직접적으로 드러내지 못하기 때문에 의차자의 자형과 그것이 나타내고자 하는 의미 사이에는 의미상의 연관성이 있을 따름이다.

고대 한자의 경우에도 의차가 존재하는데, 사람의 정면 모습을 상형한 것으로 '大'대를 써서 '크다'라는 의미를 표현한 것과, 코의 형상으로 '自'자를 써서 '자신'을 나태낸 예가 그것이다. 그러나 갑골문 시기의 이러한 용법은 그 이후 더 이상 만들어지지 않았다. 이는 갑골문 이후 한자가 더욱 성숙한 의음意音문자로 발전하였기 때문이며 나아가 가차假借와 형성形聲이라는 방법으로 더욱 복잡한 의미라도 얼마든지 수월하게 나타낼 수 있었기 때문이다.

결국 의차는 보다 복잡한 의미를 표시해야 하는 사유와 조자의 과정으로 보면 비교적 미숙한 방식이라 할 수 있다. 의차가 나타내는 글자의 의미는 상형자에 비해 그 구조가 복잡하기 때문이다. 그럼에도 불구하고 사파문에 가차와 형성자는 존재하지 않는다. 이는 사파문이 아직 표형表形의 단계에 머물러 있음을 의미한다.

반면, 동파문에는 가차자가 보편적으로 존재한다. 비교적 원시적이라 할 수 있는 동파문은 비록 형성자가 아직 성숙되지는 않았더라도 의차자도 대량으로 사용되고 있다. 사파문이 동파문 보다 훨씬 고로하다는 증거이기도 하다.

한편, 사파문 단소자單素字 가운데 ♯($\textzh{z}o^{33}m^{11}dz\textzh{1}^{11}$) 귀신을 나타내는 기호인데, 표사 방식으로 보면 지사자이다. 특히 사파문 가운데 유일한 하나의 순수하게 부호로만 이루어진 지사자이다. 지사자의 수량이 상대적으로 많으며 추상의 정도가 비교적 높은 고대 한자에 비해 추상의 정도가 대단히 낮으며 비교적 원시적인 동파문과 비교해 보아도 사파문의 지사는 아직 맹아적 단계에 머물러 있음을 알 수 있다. 이는 사파문의 체계 특히 상형의 체계가 완전하지 못함한 것과 관련이 깊다.

2) 合素 造字

두 개 혹은 두 개 이상의 자소가 결합되어 새로운 글자를 만드는 방법을 합소조자合素造字라 한다. 이 방법은 사파문이 이미 만들어진 문자가 갖는 사물에 대해 발생할 수 있는 내재적 의미 관계의 합성이다. 즉 회의의 방식과 유사하다.

예를 들면 앞에서 제시한 ♔(食品盤)은 음식(♔)과 목판(▭)이 결합한 형태이며, ⚬(三星)은 별(◦) 세 개가 결합한 모습이다. 이들은 독립적 조자 능력을 갖춘 자소가 직접적으로 그 의미를 나타내는 동일한 상위 층면에서 1차적으로 합성된 것이다. 합소조자법으로 만들어진 새로운 글자를 '합소자'合素字라고 한다.

합소자는 새로운 글자를 만들어 낸 후 이들은 다시 새 글자의의 바탕이 되며, 다시 이 글자와 관련된 새로운 의미를 만들어낸다. 그러나 고대한자와는 달리 사파문 합소자의 의미는 각 자소의 의미에 간단한 의미가 더해졌을 뿐, 의미상 질적인 큰 변화는 없다.

표사방식으로 보면, 사파문은 이 합소조자의 방식이 있기 때문에 회의자에 속한다. 그러나 그 수량은 일부에 그친다. 이는 사파문의 자소 조합능력이 제한적이라는 의미이며, 동시에 사파문의 발전 정도가 그다지 높지 않은 것에 기인한 결과이다.

3) 加綴 造字

독소조자와 합소조자는 모두 자소 및 자소조합의 기초 위에서 이루어진 반면, 가철조자加綴造字는 기존의 자소에 자철이나 기타 성분을 더하는 방식으로 구성된다. 예를 들면 다음과 같다.

앞에서 제시한 ⊗, ⊙, ⊛ 등은 ◎을 자소로 하면서 ✕, ⋮, ⁘ 등의 자철이 더해져 이루어진 새로운 글자들로서, 이들 자철은 대부분 추상적 부호이다. 자철의 첨가로 인해 새로운 글자는 기존 글자의 의미와 구별될 뿐 아니라, 해당 사물과 개념의 특징을 돌출적으로 나타낸다. 자소 ☐(木板)에 자철 ━ 이 더해진 ☲자와 ☖(그릇)에 자철 ※이 더해진 ☒도 같은 예이다.

☽과 ●은 기존의 자소 ☽과 ◎에 검정색을 칠해 '어두운 달'과 '선명하지 않은 별'이라는 의미를 나타냈다. 이러한 표사 방법을 '색표의'色表義 혹은 '색별의'色別義라 부른다. 동파문의 경우 의미를 구별하는 색깔은 흑黑과 백白 두 가지에 국한되나, 사파문의 경우는 홍紅·황黃·남藍·녹綠·백白·흑黑의 여섯 색깔로 구분하여 보다 그 범위가 넓다.

즉, 사파문은 하나의 글자라도 그 색깔에 따라 의미가 달라지는데,[13] 특히 황黃은 흙土, 백白은 쇠金, 녹綠은 나무木, 남藍은 물水, 홍紅은 불火을 대표하는 오행五行과도 관련이 있다. 또한 이들 색깔은 날짜에 따라 동물이나 사물의 속성이 달라짐을 의미하기도 한다. 예를 들면, 개狗의 몸에 홍색이 칠해져 있다면 그 날은 개의 날에 속하여 화일火日이다. 그릇과 조합하기도 하기도 하는데, 술을 담는 용도인 손잡이가 달린 항아리에 홍색을 칠하면 그 날은 술을 마실 수 있는 날이며 동시에 그 날은 길한 날이 될 것임을 예시하는 것 등이다.

이처럼 사파문에서 비교적 광범위하게 색깔로 의미를 구별하는 것은 동파문의 흑색과 고대한자의 흑색과 마찬가지로 문자가 그 형태가 고정되기 전 각 사물의 다른 측면을 나타내고자 하는 의식의 반영이다. 이는 동시에 인류의 문자가 단순한 도화문자로부터 벗어나는 특징이기도 하다.

결국 사파문이 각 색깔로 의미를 나타내는 이러한 방법은 사파문이 동파문에 비해 더욱 도화문자에 가까우며, 동파문보다 더 오래된 원시적 단계에 머물러 있음을 의미한다.

4) 變素 造字

변소조자變素造字란 자소의 줄임, 간략, 획의 변형 혹은 방향의 바꿈 등 기존 자소의 형체에 일정한 변화를 주어 새로운 글자를 만드는 방법이다.

예를 들면 ◖은 잔월殘月의 의미인데, ☽(달)의 간략형이며, ⌢은 ☽의 방향을 바꾸어 명월明月의 의미를 나타내었으며, ⋔는 부러진 나무의 모양인데, 획의 변형이다.

이러한 조자방법은 기존 글자를 변형시키되, 기존 글자보다 복잡한 추상적인 의미를 나타낸다. 즉, 본연의 상형성은 변형시키지 않으면서도 새롭게 나타내고자 하는 의미를 용이하게 표현할 수 있다. 그러나 이는 사파문 표사방식이 원시적임을

13] 앞 2절에서 언급했듯이, 예를 들면 별과 달은 흑색으로 그려 '선명하지 않거나 어두움'을 나타내며, 백색으로 그린 것은 '밝음'을 나타내서 吉祥如意의 의미로 인신된다.

직접적으로 보여주는 예이기도 하다.

사파문의 경서에도 방위로써 의미를 나타내는 방법이 있는데, 앞에서 본 오마스다(『虐曼史答』) 제9폭의 (2)안개는 좌하左下 모퉁이에 있으면서 이른 새벽에 안개가 있음을 의미하는데, 만약 그림의 이것이 우하右下 모퉁이에 있다면 이는 늦은 밤에 안개가 있음을 의미한다.

하지만 이 변소자자는 조자방법의 범주에 들기엔 무리가 있다. 즉, 이 방법은 자소의 조합 혹은 자소의 변형이라기보다 글자의 경전에서의 방향을 바꾸는 방법으로 의미를 나타내기 때문이다. 다만, 자소를 더욱 광범위하게 활용하여 사유를 넓힌 점은 조자방법의 발전으로 인정된다. 즉, 조자방법이 비록 낙후하지만 복잡한 사유를 나타내야하는 필요성을 글자의 형체를 유지하면서 방향이나 방위를 옮기는 간단한 방법으로 처리한 것이다.

이상의 분석을 통해 사파문의 조자방법은 단소자를 기본으로 하며, 표사방법은 상형을 위주로 한다는 것이다. 소수의 차의와 회의 그리고 지사자를 포함하고는 있으나, 고대 한자와 동파문이 갖는 가차나 형성은 발견되지 않는다. 이는 사파문이 아직 단순한 표형과 표의의 단계에 국한되어 있음을 의미한다. 동시에 사파문의 의차 및 색채를 광범위하게 이용하는 자소변의는 사파문이 비교적 고로한 문자임을 보여주는 또 다른 증거이기도 하다.

  사파문은 또한 상대 갑골문에 비해 아직 원시적이며, 동파
문과 비교하더라도 낙후되었다고 할 수 있다. 이에 동파문과
비교해 볼 필요가 있다.

제3절 東巴文과의 關係

동파문과 사파문 모두 상형문자이다. 그리고 아직 문자로서 체계적인 구조를 갖추었다고 하기엔 무리가 있다. 앞에서 논의한 바에 의하면 사파문은 동파문보다 더 원시적이며 고로한 문자라고 하였다. 그렇다면 이 두 문자 사이엔 어떤 관계가 있을까?

왕위앤루王元鹿[1]의 『중국 고문자와 납서 동파문의 비교연구』 漢古文字與納西東巴文的比較研究(1988)에 의하면 이소 사파문과 납서 동파문은 밀접한 관계가 있으며, 사파문에서 동파문의 초기 형태를 볼 수 있기에 동파문은 사파문으로부터 발전해 왔다고 하였다.

여기엔 두 가지 가능성이 있다. 즉, 왕위앤루의 견해처럼 동파문이 사파문으로부터 발전한 것인가? 아니면 이 두 개의 문자가 공통의 연원을 가지고 있는가이다. 이제부터 이 두 관점에 대한 논의를 시작하겠다.[2]

[1] 1946年 9月 出生, 江苏 苏州人이다. 주요 연구 분야는 比較文字学, 普通文字学, 中国民族文字와 古文字学이다. 이 교수의 논문은 앞 7장 동파문과 관련해서도 참고한 바 있다.

[2] 이하 논의는 华东师范大学 中国文字研究与应用中心 소속의 刘杨翙, 「尔苏沙巴文与纳西东巴文的关系」(『湖州师范学院学报, 2013年04期)를 참조하여 기술함을 밝힌다.

1. 東巴文은 沙巴文으로부터 발전해 온 것이다.

사파문과 동파문이 동원同源관계라면 사파문은 동파문의 초기 형태를 반영할 것이고, 동파문은 사파문의 기초 위에서 한 단계 높은 표의문자로 발전하였을 것이다. 이러한 가정은 아래의 몇 가지 근거를 통해 확인할 수 있다.

1) 민족사적 증거

납서인과 이소인은 모두 고대 강족羌族이다. 그래서 이 두 부족은 강족으로부터 두 갈래로 나뉘었거나 혹은 두 부족은 대단히 긴밀한 사이일 것이다.

현재 이소인의 현 거주지가 바로 고대 강족이 서북방에서 남방의 파촉巴蜀 일대로 이주한 경로에 위치하고 있을 뿐 아니라, 이소인의 거주지인 멘닝冕寧과 무리木裏에 납서족도 분포하고 있다. 동파교와 사파교 또한 서로 돌과 호랑이를 숭배하며 흰 색을 길상吉祥의 색으로 여기는 것도 동일하다.

2) 문자와 기호의 필기적 근거

문자는 일반적으로 내용과 형식 즉 문자체계와 기호체계의 두 측면으로 나누어 분석한다. 문자체계란 어느 한 문자의 성질을 결정하는 중요한 요소이며, 다음의 두 측면으로 나타난다. i) 문자가 언어를 기록하는 방식, ii) 문자부호와 그것이 기록한 언어와의 대응관계이다. 기호체계에 대해서는 iii) 기호의 행태 및 서사의 도구에서 살펴보겠다.

이에 사파문과 동파문의 관계를 비교해 보면 다음과 같다.

① 문자가 언어를 기록하는 방식

사파문과 동파문은 모두 표의문자로서 언어를 기록하는 방식이 동일하다. 다만 동파문이 사파문에 비해 그 방식이 훨씬 성숙해 있다는 점만 다르다. 조자방법에 있어서 두 문자는 모두 다량의 상형의 방법을 취하고 있으며, 동시에 그 근거가 대단히 유사하다. 즉, 사파문은 象形, 會意 및 示意의 방법이 있으며, 동파문도 마찬가지이다.

쑨훙카이孫宏開의 「이소 사파의 도화문자」尔苏沙巴图画文字(1982)[3]를 보면 다음과 같이 사파문과 동파문 가운데 서로 자형과 의미가 대단히 유사한 글자들을 들고 있다.

[3] 孫宏開, 「尔苏沙巴图画文字」, 『民族语文』, 1982年06期.

이소 사파문과 납서 동파문의 유사 자형 비교

연번	이소 사파문		납서 동파문	
	형체	의미	형체	의미
1		가죽 부대, 자루		가죽 부대 (끈이 있음)
				가죽 부대 (가죽의 털을 묘사)
2		도마		도마
3		화염이 활활 타는 모양		화염 혹은 불구덩이의 모양
4		노예가 변한 귀신		귀신 (죽은 사람 이 서 있는 모양)
5		소(牛)		소
6		도끼		도끼
7		삼각형 선반(종교사가 법사를 집행할 때 물건을 바치는 용도)		창대를 겹친 모양 (東巴 즉 종교사가 하는 제사의식을 진행할 때는 신좌神座 앞에 창이나 화살 등 무기를 세운다.)

8		삼거리		교차로
9		흰 소라 (법사를 집행하는 도구)		흰 소라
10		태양		태양
11		달		달
12		화살		화살
13		보검, 보도寶刀		칼
14		별		별
15		법기法器. (종교 의식에 사용)		마귀를 제압하는 공이(杵)
16		개구리 혹은 두꺼비		개구리

위 두 문자 사이에 발음의 유사성은 찾기 어려우나. 형체는 대단히 유사함을 발견할 수 있다. 이는 결코 우연이라 볼 수 없다. 이러한 유사성은 다른 민족 간에는 찾아보기 힘든 것도 이소인과 납서족 두 부족의 문자가 동원관계에 있다는 것을 증명하기에 충분하다.

문자가 언어를 기록하는 방식에 있어서도 다음의 차이를 볼 수 있다.

먼저, 사파문은 발음이 글자에 반영되는 경우가 아직 완벽히 구비되지 않은 상태이다. 반면 동파문은 가차자나 형성자로써 표음문자로 향하는 표의문자의 과정에 있다. 그러나 사파문은 상형을 위주로 하는 표의문자의 단계에 머물러 있다. 지사자가 사파문에는 없는 것도 같은 경우이다.

다음으로, 사파문과 동파문이 공통으로 갖는 조자수단을 보면 동파문은 적지 않은 회의자가 있는 반면, 사파문의 회의자는 그 수량이 많지 않다. 이는 사파문의 조자능력이 다양하지 못하며, 동시에 동파문에 비해 원시적인 문자라는 이야기이다.

셋째, 사파문은 여섯 가지의 색으로 의미를 나타내는 '색표의'色表義의 방법이 광범위하고도 보편적으로 사용되는 반면, 동파문은 흑백의 두 색만이 있는 것도 사파문이 원시적 도화문자에 가깝다는 증거이다.

넷째, 사파문의 방위로서 의미를 나타내는 방법은 주로 공간에서 그것들이 어떻게 조합되는가에 의거한 것으로서 글자가의 상하좌우 방향과는 다르다. 반면 동파문의 방위는 독립성이 강하여 글자의 방향에 의해 결정된다. 이 또한 사파문이 원시적이라는 또 다른 증거이다.

이로써 사파문은 동파문의 초기상태를 반영하고 있으며, 동파문은 사파문의 기초 위에서 발전·형성한 것이라 볼 수 있다.

② 문자부호와 그것이 기록한 언어와의 대응관계

사파문과 동파문 모두 정확히 언어를 기록하기엔 부족하다. 앞에서 본 사파문의 경서인 『오마스다』虐曼史茶 제9폭을 해석하는데 모두 81개 음절이 사용되었으며, 색깔과 방위를 합치면 모두 13개 글자이며, 이들 문자 부호가 기록하고 있는 음절은 20개이다.[4] 한편 동파문의 경서 『흰 박쥐 취경기』白蝙蝠取经记의 제1절은 11개의 동파문이 34개의 음절을 기록하고 있으며, 이들 문자부호가 기록하고 있는 음절은 모두 16개이다.[5]

이는 사파문과 동파문이 모두 문단(語段)문자로서, 곧 이 둘의 근원이 동일하다는 증거이다. 단, 문자가 기록하는 언어의 정확도는 사파문이 조금 떨어진다.

사파문 경서의 글자와 단어의 대응관계를 보면, 평행은 동파문과 유사하다. 그러나 글자의 방향은 고리 모양의 원형이다. 사파문의 각 상자는 하루 동안의 일을 기록하고 있으며, 대부분 여러 이야기가 있다.

반면, 동파문 경서의 각 상자는 하나에서 세 가지의 이야기가 있으며, 하나의 상자에서 글자의 방향은 일반적으로 왼쪽에서 오른쪽으로 혹은 위에서 아래를 향하고 있으며, 기본적으로는 원형이 아닌 일직선의 선형이다.

일반적으로 문장을 기술하는 방식은 사파문처럼 고리모양의 원형이 아니라 동파문처럼 일직선의 선형이다. 이 점 또한 사파문이 동파문에 비해 초보적인 형태라 할 수 있다. 즉, 동파문의 선형은 사파문의 원형을 탈피하여 발전한 것이다.

③ 기호의 행태 및 서사의 도구

기호의 행태란 글자를 어디에 쓰는가 하는 재료와 글자를 어떻게 쓰는가 하는 방향 등을 이른다. 이러한 부호의 행태는 문자의 발전단계를 반영하고 있으므로 사파문과 동파문의 관

4] 孫宏開, 「尔苏沙巴图画文字」, 『民族语文』, 1982年06期.

5] 傅懋勣, 『纳西族图画文字 《白蝙蝠取经记》研究』, 北京, 商务印书馆, 2012.

계를 살피는 데 하나의 근거가 된다.

사파문 경서와 동파문 경서를 비교하면 두 가지 모두 다음과 같은 공통점이 있다. 우선, 경서의 종이가 장방형이며, 한 페이지는 서로 연관되는 장방형의 상자로 나뉘어져 있다. 동시에 일정한 개수의 글자들이 이 네모 상자 안에 분포되어 있으며, 문자의 간격도 일정한 규칙이나 기준이 없다.

또한 사파문과 동파문 모두 도화적 성질을 띠고 있기에 여러 색을 이용하고 있으며, 문자의 배열도 그 순서가 일정하지 않고 주로 사건을 기록하는 시간 순서에 의해 기록하고 있다. 글자를 기록하는 배열이나 형식도 일정하지 않다.

서사의 도구를 보면, 사파문과 동파문은 죽필竹筆과 유사한 필기도구를 사용한다. 선은 비교적 가늘며 글자는 뚜렷하다. 한 글자를 쓰는 데 있어서 두 문자 모두 일정한 필순과 필획이 있는데, 왼쪽에서 오른쪽으로, 위에서 아래로, 안쪽에서 바깥쪽을 향하고 있으며, 반대의 방향으로 쓰기도 한다. 글자의 길이와 폭은 비례하나 크기는 일정하지 않고 임의적이다.

이상, 민족사 및 문자와 기호의 필기체계에 근거하여 보건대, 사파문과 동파문은 동원同源과계에 있으며, 동파문은 사파문의 기초 위에서 발전하였다고 할 수 있다.

2. 沙巴文과 東巴文은 동일한 문자로부터 발전해 온 것이다.

사파문과 동파문이 동원 관계가 있음을 밝혔다. 그러나 과연 동파문이 사파문으로부터 발전한 것인가, 아니면 두 문자가 동일한 원시 조상으로부터 각각 분화된 것인가라는 문제가 남아있다. 전자는 동원同源관계의 문제이며, 후자는 친속親屬관계의 문제이다.

먼저, 민족적 관계로써 보자면 이소인과 납서족은 모두 고대의 강족羌族으로부터 기원하고 있다. 그런데 이 부족은 서북쪽에서 남쪽으로 이동하는 과정에 몇 개의 갈래로 나뉘어졌으며, 이소인과 납서족이 그 가운데 하나이다. 지리적 위치로 보자면 이소인의 북쪽에 위치하고 있으니, 이는 이소인의 거주 기간이 납서족에 비해 이르다는 의미이다.

이때 이소인의 문자는 그대로 고정되어 발전을 멈추었을 것이고, 이 문자가 지금 우리가 보고 있는 이소 문자이다. 반면, 남쪽으로 이동을 더한 납서족은 이 기간 동안 강족 문자의 발전에 따라 함께 현재의 동파문처럼 발전하였을 것이다.

다시 말해 두 문자가 고정 즉 발전을 멈춘 시점이 서로 다르기에 한 문자는 비교적 원시적이며, 다른 한 문자는 비교적 성숙한 형태라 할 수 있다.

이처럼 사회적 분화가 낳은 문자를 우리는 친속관계의 문자로 간주할 수 있다.

다음으로 경서를 기록하는 문자 부호의 관계로써 볼 수 있다. 사파교와 동파교라는 두 원시종교는 서로 다른 교리教理와 종교적 형식, 서로 다른 경서經書를 가지고 있다. 그래서 이 경서를 기록하는 부호는 하나는 도화에 가까운 도화문자이며, 다른 하나는 부호화된 상형문자이다. 도화문자가 발전하면 상형문자가 된다.

이에 사파문과 동파문은 다음과 같이 독립적인 발전 과정을 겪었을 가능성이 있다. 그 하나는 두 문자가 협의적 동원관계에 있었으나, 동파문은 사파문으로부터 발전해 나왔고, 사파문은 동파문의 초기단계일 가능성이다. 다른 하나는 두 문자가 광의적 동원관계 즉 친속관계로서, 두 문자가 하나의 공통된 문자로부터 분화되어 각기 독립적으로 발전했을 가능성이다. 당연히 이는 이론적으로만 가능할 뿐이다.

다시 말해 이 두 문자의 관계를 결정짓기에는 다음과 같은 어려움이 있다는 이야기이다. 먼저, 사파문의 문헌자료가 제한적이며, 이소인의 역사는 현재 제대로 알려져 있지 않다. 그래서 두 문자의 관계를 분석하기 위해서는 새로운 자료의 발견 이외에 인류학, 민족학 및 역사학의 도움이 필요하다. 다만, 위의 논의를 통해 이소 사파문자와 동파 납서문자는 친속관계가 있다는 것만큼은 분명하며, 최소한 광의적 동원관계라는 것만큼은 분명하다 할 수 있다.

부록

부 록

▷ 『說文解字』의 540 部首
▷ 『康熙字典』의 214部首
▷ 『漢語大字典』의 200部首

『說文解字』의 540 部首

* 방점이 찍혀있는 부수는 소속 글자가 없는 단독 부수 즉 제부수이다.

卷一 14개 (단독 부수 1개)

一部 丄部 示部 三部 王部 玉部 玨部 气部 士部 丨部 屮部 艸部 蓐部 茻部

卷二 30개 (단독 부수 1개)

小部 八部 釆部 半部 牛部 犛部 告部 口部 凵部 吅部 哭部 走部 止部 癶部 步部
此部 正部 是部 辵部 彳部 廴部 延部 行部 齒部 牙部 足部 疋部 品部 龠部 冊部

卷三 53개 (단독 부수 없음)

㗊部 舌部 干部 谷部 只部 㕯部 句部 丩部 古部 十部 卅部 言部 誩部 音部 辛部
丵部 菐部 収部 䢅部 共部 異部 舁部 臼部 晨部 爨部 革部 鬲部 䰜部 爪部 丮部
鬥部 又部 𠂇部 史部 支部 聿部 聿部 畫部 隶部 臤部 臣部 殳部 殺部 几部 寸部
皮部 㲋部 攴部 教部 卜部 用部 爻部 㸚部

卷四 45 (단독 부수 없음)

夏部 目部 䀠部 眉部 盾部 自部 白部 鼻部 皕部 習部 羽部 隹部 奞部 萑部 丫部
苜部 羊部 羴部 瞿部 雔部 雥部 鳥部 烏部 𠦒部 冓部 幺部 絲部 叀部 玄部 予部
放部 受部 叔部 歺部 死部 冎部 骨部 肉部 筋部 刀部 刃部 韧部 丯部 耒部 角部

卷五 63개 (단독 부수 2개)

竹部 箕部 丌部 左部 工部 玨部 巫部 甘部 曰部 乃部 丂部 可部 兮部 号部 亏部
旨部 喜部 壴部 鼓部 豈部 豆部 豊部 豐部 虍部 虖部 虎部 虤部 皿部 △部 去部
血部 丶部 丹部 青部 井部 皀部 鬯部 食部 亼部 會部 倉部 入部 缶部 矢部 高部
冂部 𩫖部 京部 亯部 㫗部 富部 㐭部 嗇部 來部 麥部 夊部 舛部 舜部 韋部 弟部
夂部 久部 桀部

卷六 25개 (단독 부수 3개)

木部 東部 林部 才部 叒部 之部 帀部 出部 朮部 生部 毛部 㞋部 𠌶部 華部 禾部
稽部 巢部 桼部 束部 㯻部 口部 員部 貝部 邑部 䢣部

卷七 56개 (단독 부수 3개)

日部 旦部 倝部 㫃部 冥部 晶部 月部 有部 朙部 囧部 夕部 多部 毌部 弓部 𣂪部
卤部 齊部 朿部 片部 鼎部 克部 彔部 禾部 秫部 黍部 香部 米部 毇部 臼部 凶部
朩部 枾部 麻部 尗部 耑部 韭部 瓜部 瓠部 宀部 宮部 呂部 穴部 㝱部 广部 厂部
曰部 冃部 㒳部 网部 襾部 巾部 市部 帛部 白部 㡀部 黹部

卷八 37개 (단독 부수 없음)

人部 匕部 匕部 从部 比部 北部 丘部 㐱部 壬部 重部 臥部 身部 㐆部 衣部 裘部
老部 毛部 毳部 尸部 尺部 尾部 履部 舟部 方部 儿部 兄部 先部 皃部 兂部 先部
禿部 見部 覞部 欠部 歙部 次部 旡部

卷九 46개 (단독 부수 3개)

頁部 百部 面部 丏部 首部 県部 須部 彡部 彣部 文部 髟部 后部 司部 卮部 卩部
印部 色部 卯部 辟部 勹部 包部 茍部 鬼部 由部 厶部 嵬部 山部 屾部 屵部 广部
厂部 丸部 危部 石部 長部 勿部 冄部 而部 豕部 希部 彑部 豚部 豸部 舄部 易部
象部

卷十 40개 (단독 부수 2개)

馬部 廌部 鹿部 麤部 怠部 兔部 萈部 犬部 狀部 鼠部 能部 熊部 火部 炎部 黑部
囪部 焱部 炙部 赤部 大部 亦部 矢部 夭部 交部 允部 壺部 壹部 幸部 奢部 亢部
夲部 夰部 亣部 夫部 立部 竝部 囟部 思部 心部 惢部

卷十一 21개 (단독 부수 2개)

水部 沝部 瀕部 〈部 〈〈部 川部 泉部 灥部 永部 辰部 谷部 仌部 雨部 雲部 魚部
鱟部 燕部 龍部 飛部 非部 卂部

卷十二 36개 (단독 부수 없음)

乙部 不部 至部 西部 鹵部 鹽部 戶部 門部 耳部 臣部 手部 㸚部 女部 毋部 民部
丿部 厂部 乁部 氏部 氐部 戈部 戉部 我部 亅部 珡部 乚部 亡部 匚部 匸部 曲部
甾部 瓦部 弓部 弜部 弦部 系部

卷十三 23개 (단독 부수 1개)

糸部 素部 絲部 率部 虫部 蚰部 蟲部 風部 它部 龜部 黽部 卵部 二部 土部 垚部
堇部 里部 田部 畕部 黃部 男部 力部 劦部

卷十四 51개 (단독 부수 13개)

金部 幵部 勺部 几部 且部 斤部 斗部 矛部 車部 自部 𨸏部 𨺅部 厽部 四部 宁部
叕部 亞部 五部 六部 七部 九部 内部 嘼部 甲部 乙部 丙部 丁部 戊部 己部 巴部
庚部 辛部 辡部 壬部 癸部 子部 了部 孨部 厶部 丑部 寅部 卯部 辰部 巳部 午部
未部 申部 酉部 酋部 戌部 亥部

卷	1	2	3	4	5	6	7	8	9	10	11	12	13	14	계
부수數	14	30	53	45	63	25	56	37	46	40	21	36	23	51	540
단독부수	1	1	0	0	2	3	3	0	3	2	2	0	1	13	31

『康熙字典』의 214部首

子集

上(1획~2획) : 一 丨 丶 丿 乙 亅 二 亠 [8개]

中(2획) : 人(亻) [1개]

下(2획) : 儿 入 八 冂 冖 冫 几 凵 刀(刂) 力 勹 匕 匚 匸 十 卜 卩 厂 厶 又 [19개]

丑集

上(3획) : 口 囗 [2개]

中(3획) : 土 士 夂 [3개]

下(3획) : 夊 夕 大 女 [4개]

寅集

上(3획) : 子 宀 寸 小 尢(尤兀尣允) 尸 屮 [8개]

中(3획) : 山 巛 工 己 巾 [5개]

下(3획) : 干 幺 广 廴 廾 弋 弓 彐(彑彐) 彡 彳 [10개]

卯集

上(4획) : 心(忄 㣺) [1개]

中(4획) : 戈 戶 手(扌) [3개]

下(4획) : 支 攴(攵) 文 斗 斤 方 无 [7개]

辰集

上(4획) : 日 曰 月 [3개]

中(4획) : 木 [1개]

下(4획) : 欠 止 歹(歺) 殳 毋 比 毛 氏 气 [9개]

巳集

上(4획) : 水(氵氺) [1개]

中(4획) : 火(灬) 爪(爫) 父 爻 爿 片 牙 [7개]

下(4획) : 牛 犬(犭) [2개]

午集

上(5획) : 玄 玉(王) 瓜 瓦 甘 生 用 田 疋 [9개]

中(5획) : 疒 癶 白 皮 皿 目(罒) 矛 矢 [8개]

下(5획) : 石 示 禸 禾 穴 立 [6개]

未集

上(6획) : 竹 米 [2개]

中(6획) : 糸 缶 网(罒兂罓罓) 羊 羽 老 而 耒 耳 聿 [10개]

下(6획) : 肉(月) 臣 自 至 臼 舌 舛 舟 艮 色 [10개]

申集

上(6획) : 艸(艹) [1개]

中(6획) : 虍 虫 [2개]

下(6획) : 血 行 衣 襾 [4개]

酉集

上(7획) : 見 角 言 [3개]

中(7획) : 谷 豆 豕 豸 貝 赤 走 足 身 [9개]

下(7획) : 車 辛 辰 辵(辶) 邑(阝) 酉 采 里 [8개]

戊集

上(8획) : 金 長 門 [3개]

中(8획) : 阜(阝) 隸 隹 雨 靑 非 面 革 韋 韭 音 [11개]

下(9획) : 頁 風 飛 食 首 香 [6개]

亥集

上(10획) : 馬 骨 高 髟 鬥 鬯 鬲 鬼 [8개]

中(11획) : 魚 鳥 [2개]

下(11~17획) : 鹵 鹿 麥 麻 黃 黍 黑 黹 黽 鼎 鼓 鼠 鼻 齊 齒 龍 龜 龠 [18개]

集	子	丑	寅	卯	辰	巳	午	未	申	酉	戌	亥	합계
上	8	2	8	1	3	1	9	2	1	3	3	8	
中	1	3	5	3	1	7	8	10	2	9	11	2	
下	19	4	10	7	9	2	6	10	4	8	6	18	
부수數	28	9	23	11	13	10	23	22	7	20	20	28	214

『漢語大字典』의 200部首

1劃 [5개]
一 丨(丨) 丿 丶 乙(一乛乚)

2劃 [21개]
十 厂(厂) 匚(匸) 卜(卜) 冂(刀) 人(入亻) 八(丷) 勹 匕 儿 几(几) 亠 冫 冖 凵 卩(㔾)
刀(⺈ 刂) 力 厶 又 廴

3劃 [28개]
干 工 土(士) 寸 廾 大 尢(尢允) 弋 小(⺌) 口 囗 巾 山 彳 彡 夕 夂(夊) 广 宀 彐(彑)
尸 己(巳) 弓 子 屮 女 幺 巛

4劃 [34개]
王(玉) 无(旡) 木 支 犬(犭) 歹(歺) 戈 比 牙 瓦 止 攴(攵) 日(曰冃) 水(氵氺) 牛(牛)
手(扌) 毛 气 片 斤 爪(爫) 父 月(月) 氏(民) 欠 殳 文 方 火 斗 户 心(忄⺗) 爿(爿)
毋(母)

5劃 [18개]
示(礻) 甘 石 目 田 皿 生 矢 禾 白 瓜 疒 立 穴 疋(⺪) 皮 癶 矛

6劃 [27개]

耒 老(耂) 耳 臣 両(覀西) 而 至 虍(虎) 虫 网(罒冈) 肉 缶 舌 竹(⺮) 臼 自 血 舟 色 衣(衤) 羊(⺷⺶) 米 聿(⺻聿) 艮 艸(⺿⺾⺶) 羽 糸(纟)

7劃 [20개]

走 赤 車(车) 豆 酉 辰 豕 頁(页) 見(见) 里 足(⻊) 邑(阝) 身 辵(辶辶) 釆 谷 豸 角(⻆) 言(讠) 辛

8劃 [9개]

青 長(长镸) 雨 非 隹 阜(阝) 金(钅) 門(门) 隶

9劃 [13개]

革 頁(页) 面 韭 骨 香 鬼 食(飠饣) 音 風(风) 首(⾸) 韋(韦) 飛(飞)

10劃 [5개]

鬥 髟 馬(马) 鬲 高

11劃 [7개]

黃 麥(麦) 鹵(卤) 鳥(鸟) 魚(鱼) 麻 鹿

12劃 [4개]

黹 鼎 黑 黍

13劃 [3개]

鼓 黽(黾) 鼠

14劃 [2개]

鼻 齊(齐)

15劃 [1개]
齒(齿)

16劃 [1개]
龍(龙)

17劃 [2개]
龠 龜(龟)

『康熙字典』의 214개 부수 가운데 亅 二 爻 玄 用 內 舛 鬯의 8개 부수가 없어지고, 匚 入 士 夊 曰 行의 6개 부수가 匸 人 土 夂 彳 日부수에 합병됨. 총 14개 부수가 사라지거나 합병되면서 결과적으로 200개 부수로 확정.

김태완

▌약력

• 전남대학교 중어중문학과 교수
• 전남대학교 중어중문학과 졸업, 같은 대학에서 문학 석사, 문학 박사학위 취득(『上古漢語聲母體系研究』-研究史를 中心으로)
• 고대한어 음운론으로 박사학위를 취득하였으며, 현재 그 경계를 중국의 문자학으로 넓혀 연구중.

▌저·역서

• 『甲骨文과 中國의 象形文字』(2012, 학고방)
• 『동아시아의 생사관』(2009, 전남대학교 출판부, 공저)
• 『한자, 한문 그리고 중국문화』(2008, 전남대학교 출판부, 공저)
• 『허신의 고뇌, 창힐의 문자』(2007, 전남대학교 출판부 / 2007년 문화관광부 우수학술도서상 수상)
• 『중국 고대 학술의 길잡이-≪漢書·藝文志≫註解-』(2005, 전남대학교 출판부, 공저)
• 『중국학입문』(2005, 전남대학교 출판부, 공저)
• 『중국 고대문학 사상과 이론』(2003, 전남대학교 출판부, 공저)

▌논문

• 「六書 再解釋 : 指事와 會意의 '見'의 '견/현' 讀音 및 形聲의 '名'과 會意와 轉注의 '類'의 意味 고찰을 중심으로」(2013, 중국인문과학)
• 「고대자형으로 본 '樂'의 구조와 의미 고찰」(2013, 한국공연문화학회)
• 「甲骨文에 보이는 十二地支와 열두 띠」(2010, 동북아문화연구)
• 「'祭'와 '祀'로 본 古代人의 祭祀樣式 탐구」(2010, 중국인문과학)
• 「東Asia文字的Typography傳統-漢字與韓字」(2010, 中國文字博物館)
• 「簡體字 再論(1)(2010, 용봉논총)
• 「古代字形을 통해 본 '吉·凶·福·禍'의 형성 및 의미 분석」(2009, 중국어문학논집)
• 「女書文字 小考」(권용채·김태완, 2009, 중국인문과학)
• 「生死와 관련한 古代字形의 분석을 통한 고대 중국인의 생사관 탐색(2008, 중국인문과학)
• 「納西 東巴文字에 담겨진 納西族의 生死觀」(설영화·김태완, 2008, 중국인문과학)
• 「『說文解字』部首의 四書 귀납원칙 및 部內字 배열원칙과 部首와의 관계 고찰(2007, 중국인문과학)
• 「納西 東巴文字의 符號標識 分析」(2007, 중국인문과학)
• 「中國 上古時期와 高句麗의 語音 비교」(2007, 중국인문과학) 등.

IMAGE와 중국의 상형문자

초판 인쇄　2015년 1월 20일
초판 발행　2015년 1월 30일

저　　자| 김태완
펴 낸 이| 김미화
펴 낸 곳| 🕮 InterBooks

주　　소| 서울시 은평구 대조동 221-4 우편번호 122-844
전　　화| (02)356-9903　편집부(02)353-9908
팩　　스| (02)386-8308
홈페이지| http://hakgobang.co.kr/
전자우편| interbooks@naver.com, interbooks@chol.com
등록번호| 제311-1994-000001호

ISBN　　978-89-94138-42-8　93720

값 : 22,000원

이 도서의 국립중앙도서관 출판시도서목록(CIP)은 서지정보유통지원시스템 홈페이지(http://seoji.nl.go.kr)와 국가자료
공동목록시스템(http://www.nl.go.kr/kolisnet)에서 이용하실 수 있습니다. (CIP제어번호 : CIP2015001737)